인하대 고조선연구소 연구총서 ❻

인하대 고조선연구소 연구총서 ❻
13세기 만주고찰을 위하여

책임저자 복기대
공역 남주성 윤한택 허우범
펴낸이 계원숙
발행일 2020년 12월 28일
펴낸곳 우리영토
출판인쇄 디자인센터산 032-424-0775
출판등록 제52-2006-00002
주소 인천광역시 연수구 한나루로 86번길 36-3
대표전화 032-832-4694

ISBN 978-89-92407-42-7

책값은 뒤표지에 있습니다.
지은이와의 협의하에 인지를 붙이지 않습니다.

※ 이 책은 2020년 롯데장학재단 지원으로 연구되었음을 밝힙니다.
※ 본문의 지도는 구글지도를 인용하여 재작성하였습니다.
   (지도 정리 : 인하대학교 대학원 융합고고학과 이상화)
※ 출판사 및 저자의 허락없이 내용의 일부 또는 전체를 무단 전제하거나 SNS·매체수록 등을 금합니다.

13세기 만주고찰을 위하여

송막기문(松漠紀聞)

선화을사봉사금국행정록(宣和乙巳奉使金國行程錄)

요동행부지(遼東行部志)

압강행부지(鴨江行部志)

서 문

　필자는 고려의 국경선이 현재 중국 동북 3성 지역에 있었다는 몇 편의 논문을 발표한 이래로 이에 대하여 많은 분들이 공감하는 것을 보았다. 이 분위기는 인하대 고조선연구소로 이어져 더 많은 연구 결과를 낼 수 있었고, 여러 사람이 관심을 갖게 되면서 점점 연구자가 늘어가는 기반이 되었다. 이런 분위기가 형성되면서 더욱 구체적인 연구를 해야겠다는 책임감도 느끼고, 관심 있는 분들에게 더 많은 자료를 제공해야겠다고 생각하게 되었다. 연구자들과 협의한 결과 우선 해야 할 일이 당시 즉 고려시대의 만주지역 관련 기록을 많은 사람에게 알려 연구에 도움을 주는 것이 좋겠다는 의견이 모였다. 이 의견에 따라 당시 자료들을 선별하였는데 우선 다음과 같은 자료들을 골랐다.

　송나라 때 홍호가 지은 『송막기문』, 금나라 관리였던 왕적이 행정 감찰을 다니면서 각 지방의 특징을 기록한 『요동행부지』와 『압강행부지』, 그리고 송나라 입장에서는 변방의 짐승 같은 사람들로 생각해왔던 말갈족의 후예 여진족이 세운 금나라 황제의 생일을 축하하기 위하여 사절로 갔던 송나라 허항종의 기행문인 『선화을사봉사금국행정록』을 선별하여 번역, 출판하기로 하였다. 이들 자료의 공통적인 시대적 특징은 모두 금나라 때 기록이라는 것이다. 즉, 이 자료들은 모두 금나라 때 그 지역의 지명이나 자연환경, 그리고 정치적인 문제 등등을 모두 담고 있다는 특징이 있다. 이 기록 중에는 고구려에 관한 것들도 있고 발해에 관한 것도 있고 고려에 관한 것들도 있다. 특히 허항종의 기록에는 고려와 금나라의 국경선이 명확하게 기록된 것을 찾아볼 수 있다. 이러한 자료들은 한국학계에서 자료가 모자라 연구에 어려움을 겪고 있는 발해사 관련이나 여진족에 관한 자료들로 매우 중요한 것들이라 생각된다. 이외에도 꼭 고려와 연결이 되지 않더라도 당시 만주지역의 역사를 이해하는 데 많은 도움이 되는 자료들이다.

번역과정에는 남주성교수님, 윤한택교수님, 김태경박사님, 남의현교수님, 허우범박사님, 그리고 필자 등이 참여하였다. 이분들은 이미 다른 서적들을 여러 번 번역한 경험이 있는 분들이다. 그러므로 번역을 진행하면서 의문이 드는 것들은 수시로 상의하면서 일을 진행하였다. 특히 어려웠던 부분은 왕적의 『요동행부지』에 실려 있는 많은 시(詩)였다. 이 부분은 많은 시를 지어본 윤한택교수님께서 큰 도움을 주셨다.

앞서 말한 바와 같이 이런 번역과정은 여러 선생님과 토론을 해가면서 진행하였고, 서로 간의 의견을 제시해보는 발표회를 갖기도 하였다. 많은 분이 참여한 발표회는 우리끼리 진행하는 과정에 놓친 것을 확인할 수 있는 기회가 되기도 하였다.

다른 자료들에 대한 번역은 큰 문제가 없었는데 유독 문제가 된 것이 왕적의 『압강행부지』였다. 이 책은 금나라 때 『요동행부지』를 쓴 왕적의 또 다른 기록인데 아마도 『요동행부지』와 같은 시기에 기록된 것이 별도로 전해지는 것으로 보인다. 이 『압강행부지』는 아주 짧은 글이기도 하지만 문제는 그 내용이 너무 간단하여 도대체 무슨 말을 하고자 하는지 이해가 가지 않은 것이 대부분이라는 것이다. '압강(鴨江)'이라는 강 유역과 관련 있는 기록이기 때문에 후대의 주희조, 김육불, 장박천 등이 주석을 내면서 새로운 『압강행부지』를 만들어 내는 결과를 초래했다. 그들은 지금의 압록강을 왕적의 압강과 같은 강으로 해석을 하면서 이 글을 풀어나갔다. 그러나 글 어디에도 현재 압록강과 관련한 내용은 확인되지 않고 있다. 제목은 『압강행부지』인데 현재 압록강에 대한 기록은 나오지 않고, 계속하여 요양일대를 돌고 있으면서 기록의 이름은 '압강'으로 남겨 놓았기 때문이다. 그래서 이들은 이 글을 해제하고 주석을 다는 과정에서 여러 책을 참고하면서 어떻게든 지금의 압록강 부근과 연결을 시키고자 노력하였다. 그중에 눈에 띄는 것은 『만주역사지리』를 참고로 하고 있다는 것이다. 이 『만주역사지리』는 1913년 일본의 시라토리 쿠라키치가 중심이 되어 만든 만주 지역의 역사지리서이다. 1905년 러일전쟁을 하면서 일본의 국운이 하늘 높은 줄 모르고 치솟던 '언덕 위에 구름이 이는 시대'는 일본이 사방으로 진출을 모색하는 시기로 일본 학자들이 일본 정부의 계획에 동참하여 역사를 조작하던 시기이다. 이 책은 이 과정에서 만들어졌다. 즉 일본 정부가 나서서 직접 다른 역사를 조작한 첫 사례라고 볼 수 있는 것이다. 그러므로 그 신뢰성이 현저히 떨어지는 책을 참고로 한 것이다.

전체적인 작업은 원문 번역을 우선으로 하고 사람 이름과 같이 확실한 것을 제외하고는 주석을 달지 않았다. 특히 지명 같은 것은 주석을 달지 않았는데 그 이유는 아직 주석을 달 정도로 구체적인 지역을 확인하지 못했기 때문이다. 지명관련 주석은 일단 잘못 달아 놓으면 그 피해가 막심하다. 그 대표적인 것이 역도원의 『수경주』와 안사고의 『사기정의』, 정약용의 『강역고』 같은 주석서들이다. 이들의 주석은 대부분이 본인들이 생각을 정리한 것으로 훗날 이들로 말미암아 많은 역사지리들이 왜곡되었고, 동시에 잘못된 역사의 출발점이 되었던 것이다. 그러므로 많은 연구를 하고 여럿의 결과를 모아 주석을 달아야 한다는 의견들이 대부분이어서 이 책에서는 지리 주석을 달지 않았다. 훗날 기회가 되면 여러분들과 상의하면서 달도록 할 것이다.

이런 과정을 거치는 동안 많은 어려움이 있었다. 번역하는 과정도 그렇고, 자주 만나면서 의견을 조율하는 과정, 그리고 문제가 생기면 전문가들에게 찾아가서 물어보고 하는 과정들이 있었다. 완성하고 나서 출판을 하려고 하여도 여러 출판사에서 어렵다는 의견들이 나왔다. 이런 와중에 우연치 않게 롯데장학재단의 허성관 이사장님과 소대봉 국장님을 만날 기회가 있었다. 이런저런 얘기를 나누는 과정에서 우리가 자료를 선별하여 번역을 하고 있다고, 출판에 많은 어려움이 있다는 얘기도 나왔는데 며칠 후 소대봉 국장님께서 재단 내부회의에서 이 책을 내는 데 도움을 줄 수 있게 되었다는 연락을 해왔다. 참으로 고마웠다. 누구도 쳐다보지 않은 일을 선뜻 지원해주기로 결정한 롯데재단에 깊은 감사의 말씀을 드린다. 그럼에도 출판의 결정까지 어려움이 많이 있었는데, 인천의 작은 출판사 〈우리영토〉에서 맡아 주었다. 여러 어려움 속에서도 책 출판에 나서준 〈우리영토〉에 깊은 고마움의 말씀을 드린다.

본 연구소는 계속하여 이와 관련한 책들과 연구서를 계속 내고자 한다. 덧붙이고 싶은 것은 이런 번역본이 처음 나왔기에 적지 않게 부족함이 있을 수 있다는 것이다. 그러나 번역이라는 것이 늘 그렇지만 계속 보완해가면 된다. 많은 번역서가 그렇다. 우리가 많이 아는 『논어』, 『맹자』, 『주역』, 『사기』, 『삼국사기』, 『삼국유사』 등등이 그 예이다. 그 이유는 이미 누군가가 해냈기 때문에 이를 참고로 하면 되기 때문이다. 그러나 처음 번역은 함부로 손을 대려고 하지 않는다. 그 이유는 어렵기 때문이다. 그리고 자칫 잘못하면 욕을 먹기 때문이다. 그런 위험을 무릅쓰고서라도 뭔가 처음 번역을 한다는 것은 여전히 쉽지 않은 일이다. 그럼에도 누군가는 해야 한다는 필요성으로 이 일을 한 것이다. 독자들의 많은 이해를 바라는 바이다.

2020년 12월 28일
인하대 고조선연구소장
복 기 대

목차

1. 송막기문(松漠紀聞) 15

2. 선화을사봉사금국행정록(宣和乙巳奉使金國行程錄) 103

3. 요동행부지(遼東行部志) 145

4. 압강행부지(鴨江行部志) 229

송막기문(松漠紀聞)

송막기문(松漠紀聞)*

남 주 성 역주**

1.
송(宋) 홍호(洪皓) 著
홍적(洪適) 교간(校刊)
홍준(洪遵) 보유(補遺)

여진(女眞)은 옛 숙신국(肅愼國)이다. 동한(東漢) 시대에는 읍루(挹婁)로 불렸고, 원위(元魏) 시대에는 물길(勿吉)이라 불렸으며, 수·당(隋唐) 시대에는 말갈(靺鞨)이라 하였다. 그들은 수나라 개황(開皇)[1] 연간에 사신을 보내 조공하였다. 문제(文帝)는 이에 연회를 열어 노고를 위로하였다. 사신들 일행은 어전에서 일어나 춤을 추는데, 몸을 굽히고 꺾고 하는 것이 전투를 하는 모습이었다. 황제는 옆의 신하들에게, "천하에 이와 같은 인물들이 있어 항상 군사를 일으킬 뜻을 갖고 있구나."라고 말하였다.

그 무리는 여섯 부로 나뉘는데, 흑수부(黑水部)가 곧 지금의 여진이다. 흑수의 강물을 한 움큼 쥐어 보면 약간 검은 빛이다. 거란은 혼동강(混同

---

* 번역에 사용한 원문은 『維基文庫』에 실린 것을 저본으로 하였다.(역자주)
** 본 번역문은 『거란소자사전』(조선뉴스프레스, 2019)을 펴낸 김태경 박사가 교정을 보고 주석을 보완하여 주셨기에 감사드린다.
1) 開皇 : 隋 文帝 楊堅의 年号 (581年 二月~600年 十二月)(백도백과)

江)2)으로 불렀다. 강은 매우 깊고, 좁은 곳은 60~70보 정도이고 넓은 곳은 100여 보나 된다.

당 태종이 고구려를 정벌할 때 말갈이 고구려를 도와서 힘써 싸웠다. 당나라의 주필산 승리 때 고연수·고혜진의 무리와 말갈병 10만여 명이 항복해 왔다. 태종은 모두 풀어주었는데 유독 말갈병 3천명은 구덩이에 묻었다. 개원(開元)3) 연간에 그 추장이 조공을 보냈는데 발리주자사(勃利州刺史)의 벼슬을 주고 흑수부를 두었다. 부장을 도독·자사로 임명하고 조정에서 장사(長史)를 두어 감독하였다. 부(府)의 도독에게 이(李)씨 성을 내렸다. 당 세조에 이르기까지 조공이 끊이지 않았다. 오대시대(五代時代)에 처음으로 여진이라 불렀다. 그 뒤 후당(後唐) 명종(明宗) 때 발해가 등주를 침공해 왔는데 이를 물리쳤다.4)

2.

그 뒤 거란 황제의 이름을 피하여 여직(女直)이라 하였다.5) 일반에서 다시 와전되어 여질(女質)이라 하였다. 혼동강의 남쪽에 사는 이들을 숙여진(熟女真)이라 불렀는데 거란에 복속하였다. 강북에 사는 이들은 생여진(生女真)이 되었는데 이들 또한 거란에 신복하였다. 뒤에 추장으로서 황제의 조명(詔命)을 받은 수령들은 태사(太師)라 불렀다. 거란은 빈주(賓州)6)로부터 혼동강 북쪽의 80리에 성채를 세워 지켰다.7) 나는 항상 빈주

---

2) 송화강(松花江)은 당시 혼동강(混同江)으로 불렸다.(『松漠紀聞批注』, 李文信 遺注, 李仲元 整理)
3) 開元 : 唐 玄宗(李隆基) 년호(713~741)(백도백과)
4) 後唐 明宗(李嗣源)은 재위 기간이 926년~933년이고, 발해가 등주를 공격한 것은 발해 2대 武王 때인 732년 9월(唐 玄宗)이므로, 본문은 착오이다.
5) 거란황제 耶律宗眞(요나라의 제7대 황제 : 1016~1055)이며, 묘호는 흥종(興宗)이다. 그의 이름에 眞자가 들어있어서 이를 피하여 거란에서 女眞을 女直으로 고쳐서 부르고 쓰게 한 것이다.(역자주)
6) 길림(吉林) 농안현(農安縣) 東北 홍석루(紅石壘)(백도백과)
7) 이때 거란이 세운 채(寨)는 곧 영강주(寧江州)로서 길림성(吉林省) 부여현(夫餘縣) 삼분하진(三岔河鎭) 석두성자촌(石頭城子村)이다.(『松漠紀聞批注』, 李文信 遺注, 李仲元 整理)

에서 강을 건너서 그 성채를 지났는데, 수비대는 이미 없어졌고 사람들이 사는 집만 수십여 호가 남아 있다. 여진의 추장은 신라인으로서[8] 완안씨(完顏氏)라 하였다. 완안은 한어로 왕이다. 완안씨가 일을 능숙하게 처리하기에 여진인들은 그를 따르고 수령자리를 넘겨주었다.[9] 형제가 세 사람인데 하나는 숙여진의 추장이 되어 만호(萬戶)라 불렸다. 또 하나는 다른 나라로 갔다. 완안의 나이 60세쯤에 여진이 여자를 시집보내 아내로 삼게 하였는데 그녀 또한 60세였다. 그 후 두 아들을 낳았는데 맏이가 호래(胡來)이다. 그로부터 추장직을 세 사람이 이어서 했는데, 양가태사(楊哥太師)에 이르러 아들이 없었다. 그 조카 아골타(阿骨打)의 동생으로 시호를 문열(文烈)[10]이라 하는 사람을 양자로 삼았다. 그 뒤 양가가 아들 달랄(闥辣)을 낳으니 문열을 다시 본가로 돌려보냈다.

3.

금주(金主)[11]의 9대조 이름은 감복(龕福)인데 경원황제로 추존하고 시조라 하였으며 배위(配位)는 명의황후(明懿皇后)라 하였다. 8대조는 이름이 와로(訛魯)인데 덕황제(德皇帝)로 추존하고 배위는 사황후(思皇后)라 하였다. 7대조는 이름이 양해(佯海)인데 안황제(安皇帝)로 추존하고 배위

---

8) 『흠정만주원류고』에는 다음과 같이 기록되어 있다. "금나라 시조의 휘(諱)는 합부(哈富)(이전에는 함보(函普)로 기록)로 처음에 고려에서 왔다. 살펴보건대, 『통고』와 『대금국지』에 모두 본래 신라에서 왔고 성은 완안씨라고 하였다. 신라와 고려의 옛 땅은 서로 뒤섞여 있었다. 『요사』와 『금사』에서 이따금씩 두 나라를 구분하지 않고 부르고 있다. 사서에 전하는 것을 살펴보건대, 신라왕의 성은 김씨로서 수십 대를 이었다. 곧 금나라 시조가 신라에서 왔다는 것은 의심할 바가 아니다. 나라 이름도 마땅히 따랐다."(『흠정만주원류고』 권 상, 남주성 역주, 글모아. p.266.)
9) 『고려사』에는 다음과 같이 기록되어 있다. "옛날 우리 평주(平州)의 승려 금준(今俊)이 여진(女眞)으로 도망쳐 들어가 아지고촌(阿之古村)에서 살았는데, 이 사람이 바로 금의 선조이다."라고 하였다.(『고려사』 卷十四 世家 卷第十四 睿宗 10년 1월 : 국사편찬)
10) 문열(文烈) : 金 太宗 완안성(完顏晟)이다.(역자주)
11) 금 희종 원안단(金 熙宗 完顏亶, 1119~1150)을 말한다. 황제를 주라 부른 것은 적국의 황제를 인정하지 않고 낮추어 부른 것으로 『송막기문』 진제에서 그렇게 기록하였기에 번역시에 그대로 하거나 의미가 잘 통하지 않는 경우 왕, 임금 등으로 번역하였다.(역자주)

는 절황후(節皇后)라 하였다. 6대조는 이름이 수활(隨闊)인데 정소황제(定昭皇帝)로 추존하고 묘호는 헌조(獻祖)라 불렀으며 배위는 공정황후(恭靖皇后)라 하였다. 5대조는 패근(孛菫)12)으로 이름이 실로(實魯)인데 성양황제(成襄皇帝)로 추존하고 묘호는 소조(昭祖)라 불렀으며 배위는 위순황후(威順皇后)라 하였다.

고조 태사의 이름은 호래(胡來)인데 혜환황제(惠桓皇帝)로 추증하고 묘호는 경조(景祖)이며, 배위는 소숙황후(昭肅皇后)라 하였다. 증조 태사의 이름은 핵리파(核里頗)로서 성숙황제(聖肅皇帝)로 추존하고 묘호는 세조이며 배위는 익간황후(翼簡皇后)라 하였다. 증숙조 태사의 이름은 포랄속으로 목헌황제(穆憲皇帝)로 추증하고 묘호는 숙종이고 배위는 정선황후(靜宣皇后)라 하였다.

증계조 태사는 이름이 양가(楊哥)로서 효평황제(孝平皇帝)로 추존하고 묘호는 목종(穆宗)이고 배위는 정혜황후(貞惠皇后)라 하였다. 백조부 태사는 이름이 오랄속(吳剌束)으로 공간황제(恭簡皇帝)로 추존하고 묘호는 강종(康宗)이며 배위는 경희황후(敬僖皇后)라 하였다. 할아버지의 이름은 민(旻)이며 세조의 둘째 아들로 함옹(咸雍)13) 4년 무신년에 태어났으니 곧 아골타(阿骨打)이다.14)

거란을 무너뜨렸으며 시호를 대성무원황제라 하였으며 묘호는 태조이다. 태조와 한 어머니에서 난 동생 두 사람이 있으니 첫째가 오걸매이고 다음이 살이다. 아골타가 죽자 오걸매가 황제가 되고 이름을 성(晟)으로

---

12) 패근 : 금나라 건국을 전후한 시기의 여진족 추장에 대한 호칭이다.(김태경, 『거란소자사전』, 조선뉴스프레스, 2019, p.358.)
13) 咸雍 : 요나라 道宗 耶律洪基의 두 번째 年號 (1065~1074)
14) 아골타(阿骨打) : 중국 금(金)나라 태조의 초명(初名). 성은 완안(完顔). 이름은 민(旻). 여진(女眞) 출신으로 12세기 초에 여진을 통일하고, 1115년에 회령(會寧 : 흑룡강성 하얼빈시 아성구)에 도읍하여 국호를 대금국(大金國)이라 칭하였다.(네이버백과)

바꾸었으며 시호는 문열황제이고 묘호는 태종으로15) 배위는 명덕황후(明德皇后)이다. 금주(金主)의 이름은 단(亶)인데16) 아골타의 손자로 승과17)의 아들이다. 승과는 경선황제(景宣皇帝)로 추존되었고, 단(亶)의 왕비는 도고탄씨이다.

4.

아골타는 아들이 8명이다. 정실이 승과를 낳았는데 차례로 보면 다섯째가 되고 또 일곱째 아들을 낳았으니 그가 연경유수 역왕의 아버지이다. 정실이 죽자 계실을 들여 아들 둘을 낳았다. 장자가 이태자로서 동원수가 되어 허왕에 봉해졌으며, 남쪽 연(燕)으로 돌아가서 죽었다. 다음으로 여섯째를 낳으니 포로호라 불렀으며, 연왕 태부영상서성사가 되었다. 장자 고론(固䃞)은 측실 소생으로 태사양국왕 및 영상서성사(領尙書省事)가 되었다. 셋째는 삼태자로 불렀는데 좌원수가 되었고 사태자와 동모 형제이다. 사태자가 곧 올출(兀朮)인데 월왕 행대상서령이 되었다. 여덟째는 형왕(邢王)인데 연경유수가 되었다. 마상 격구를 하다가 말에서 떨어져 죽었다. 고론 이하는 모두 노비가 되었다. 승과가 죽자 그 처를 고론이 거두었는데18) 현 왕(熙宗)은 고론가에서 양육되었다. 오걸매(吳乞買)가 죽음에 이르자 그 아들 송국왕이 고론 및 점한(粘罕)19)과 왕위를 다투었는데 현

---

15) 금나라 제2대 황제. 본명 완안성(完顏晟), 여진 이름은 오걸매(吳乞買)이다. 태조(太祖) 아골타(阿骨打)의 동생이다. 나라의 영토를 급속히 확대하고 국력을 크게 증강시켰다.(네이버백과)
16) 금 희종 완안단(金 熙宗 完顏亶, 1119~1150) : 금나라의 제3대 황제(재위 : 1135~1149). 여진 이름은 합랄(合剌). 아골타(阿骨打)의 적장손(嫡長孫)이다.(네이버백과)
17) 완안종준(完顏宗峻) : 아골타의 다섯 번째 아들이나 정실에게 태어났기에 嫡長子가 된다.(백도백과)
18) 고구려와 같이 형사취수(兄死取嫂)의 풍속이 있었음을 알 수 있다. 『삼국사기』에는 고국천왕(故國川王)이 죽은 뒤 왕비인 우씨(于氏)가 고국천왕의 막냇동생인 연우(延優)와 혼인함으로써 연우가 왕위(山上王)에 올랐다는 이야기가 실려 있다.(『三國史記』 권제16 고구려본기 제4 산상왕)
19) 완안종한(完顏宗翰)(1080~1137), 金朝 宗室 名將, 1115년 요나라를 쳐서 멸망시키고, 1126년 북송을 공격하여 휘종·흠종 두 황제를 포로로 잡았다.(백도백과)

왕이 적통이라 하여 임금으로 세웠다.

오걸매는 을묘년에 죽었다. 장자는 종반(宗磐)으로 송왕 태부 영상서 성사가 되었다. 등왕·우왕과 더불어 오실(悟室)20)에게 피살되었다. 차자가 현인데 기왕(沂王)과 연경유수가 되었다. 다음이 등왕과 우왕이다. 원왕(袁王) 살(撒)은 암판(揞의 발음은 암, 揞板은 크다는 뜻이다) 패극렬이라고 부르는데 오걸매 때에 저군(儲君)21)이 되었고, 일찍이 남인(南人)22)을 주살할 것을 도모하였다. 달랄(闥辣)은 노왕에 봉해지고 도원수가 되었는데 뒤에 주살되었다. 그 아들 태예마 또한 체포되었다가 사면되어 풀려났다. 서자 오예마의 이름은 욱이고 자는 면도인데 현재 평장이 되었다.

5.

점한(粘漢)은 오걸매의 8촌 형제인데 이름이 종간이며 어릴 때 이름은 오가노이다. 본래 점한이라고 부른 것은 그 모습이 한족 사람과 비슷하기 때문이다. 그 아버지는 아로리이재이다. 점한이 서원수가 되고 뒤에 비록 귀하게 되었으나 아버지 관직을 이어받아서 '아로리이재 패극렬 도원수'라 불렀다. 패극렬은 높은 벼슬아치라는 뜻이다. 그 서제의 이름은 종헌으로 자는 길보인데 독서를 좋아하고 매우 현명하였다.

오실(悟室)은 여진인이다. 오(悟)는 오(鄔)로도 쓰고 오실(悟失)이라고도 하였다. 이름은 희윤(希尹)으로 진왕에 봉해지고 좌상이 되었다. 송왕·연왕·등왕·우왕 등 72명의 왕을 죽였으며, 뒤에 올출(兀朮)23)에 의해 일족

---

20) 완안희윤(完顔希尹), 금나라 개국 공신, 1119년 태조(太祖)의 명을 받아 여진대자를 만들었다. 1126년 左副元帥 完顔宗翰을 도와 宋의 徽宗·欽宗 두 황제를 포로로 잡았다.(백도백과)
21) 태자를 말한다.(백도백과)
22) 남인은 송나라 사람을 말한다.(역자주)
23) 태조 아골타의 넷째 아들 완안종필(完顔宗弼, ?~1148) 여진 이름은 올출(兀朮), 금나라 명장으로 수 차례 남송을 공격하여 공을 세우고 宋 宰相 진회(秦檜)를 이용하여 송의 명장 악비(岳飛)를 제거하였다.(백도백과)

이 주살되었다.

6.

회골(回鶻)은 당나라 말기부터 점차 쇠퇴하여 우리 왕조(宋)가 강성할 때 진천(秦川 : 섬서)에 들어와 살면서 숙호(熟戶)24)가 되었다. 여진이 섬서(陝西)를 깨뜨리고 모두 연산(燕山)25), 감주(甘州)26)·량주(涼州)27)·과주(瓜州)28)·사주(沙州)29) 지방으로 옮겼다. 예전에는 각기 부족 단위로 모여서 장막을 치고 살았으며 뒤에 서하(西夏)의 기미지배를 받았다. 사군(四郡) 이외에 사는 자들은 자못 스스로 나라를 이루었는데 군장이 있었다.

그 사람들은 곱슬머리에 눈이 깊고 눈썹이 길고 짙다. 눈꺼풀 아래로는 구레나룻이 많다. 상점에는 에메랄드(瑟瑟) 구슬과 옥(珠玉), 비단으로는 두라면(兜羅綿)30), 모첩(毛氎), 융금(狨錦), 주사(注絲), 숙릉(熟綾), 사갈(斜褐)이 있다. 약으로는 올눌제(膃肭臍)31), 요사(硇砂)가 있다. 향으로는 유향(乳香), 안식(安息), 독누(篤耨)가 있다. 좋은 철로 도검 및 오금그릇과 은그릇을 잘 만든다.

많은 상인이 연(燕)에 장사하러 가면서 낙타에 물건을 싣고 하(夏)32)땅을 지났다. 하인(夏人)들이 열 개 중 하나를 지목하여 최상품을 가져가니

---

24) 숙호(熟戶) : 귀순하여 변방의 수비를 담당하는 민족을 말한다.(백도백과)
25) 燕山府 : 현 북경시. 宋 宣和 四年(1122) 金兵이 점령하여 燕京析津府라 하였고, 宣和 五年(1123) 宋에게 다시 귀속되어 燕山府로 고쳤다.(백도백과)
26) 감주(甘州) : 감숙 장액(백도백과)
27) 량주(涼州) : 감숙 무위(백도백과)
28) 과주(瓜州) : 감숙 주천(백도백과)
29) 사주(沙州) : 돈황(백도백과)
30) 두라면(兜羅綿) : 두라면은 두라금(兜羅錦)의 오기로 보인다. 두라금은 고대 인도에서 생산되던 비단이다.(역자주)
31) 올눌제 : 해구신(海狗腎)의 다른 이름(한외학대사전)
32) 하(夏) : 현재의 영하 회족자치구 일대(백도백과)

상인들이 몹시 괴로워하였다.

뒤에 좋은 물건과 나쁜 것을 모련(모련은 양털로 짜는데 가운데는 홑겹이고 양쪽 끝은 자루가 되게 털실이나 끈으로 묶는다. 매우 거친 것은 중간에 잡색털이 있으니 곧 가볍고 자질구레하다)에 섞어 넣었다. 그리하여 탈취하는 것을 제대로 구분하지 못하였다. 그 왕래가 점차 친숙해지자 비로소 세리에게 후하게 뇌물을 주며 몰래 그중에 하품에 표식을 하여 눈으로 흘겨 가리켰다. 더욱이 진보(珍寶)를 구분하는 데 능하여 번(蕃)·한(漢) 사람이 장사를 하여도 그 사람들이 중개를 하지 않으면 제값을 매기지 못하였다.

회골은 석가모니를 매우 받드는데 불당에 함께 모인다. 불당 가운데는 흙으로 빚은 불상이 있다. 매번 예배할 때는 양을 잡거나 술을 올리는데 흥이 나면 손가락에 피를 묻혀서 불상의 입술에 바른다. 혹은 불상의 발을 부여잡고 중얼거리는데 이를 친경(親敬)이라 한다.

7.

경전을 읊을 때는 가사를 입고 서천축어로 한다. 혹 연인(燕人)들이 이를 좇아서 기도하는데 효과가 많다. 부인들도 남자들과 한 무리를 이루는데 피부가 희고 윤기가 나며 푸른 옷을 입는데 중국의 도복과 같다. 그러나 얇고 푸른 비단으로 머리를 덮고서 얼굴만 드러낸다. 진천(秦川)에 살았을 때는 시집가지 않은 여인들은 먼저 한인(漢人)과 통정을 하였다. 아이를 여러 명 낳고 서른 살쯤 되어서 비로소 같은 종족과 짝을 맺는다. 매파가 와서 의논할 때 부모는, "내 딸은 누구누구와 사랑한다."고 하는데 상대가 많은 것을 자랑하였다. 풍속이 대개 그러하다.

연(燕)에 사는 사람은 모두 사는 곳에서 일로서 성공하였다. 금속과 에메랄드로 머리 장식을 잘 만드는데, 머리핀(釵頭)과 같은 형태이나 굽었으며 1~2촌 정도 되는데 옛날의 비녀 모습이었다. 금실과 에메랄드를 결합하여 귀걸이와 두건 장식 고리를 잘 만들었고, 숙금(熟錦), 숙릉(熟綾), 주사(注絲), 선라(綫羅) 등을 잘 짰다. 또한 오색의 실로 도포를 짰으며 이를 극사(尅絲)라 불렀는데 매우 화려하다. 또한 금실을 잘 꼬아서 별도로 1등품을 만드는데 등에는 색실로써 꽃과 나무를 수놓았다. 도포는 해가 지나면 색이 바래지므로 아름답지 않은데, 오직 달단(達靼)과 교환한다. 신유년에 금나라가 이들을 사면하여 서쪽으로 돌아가는 것을 허락하였으나 많은 사람이 남고 돌아가지 않았다. 오늘날 눈이 약간 깊고 구레나룻이 곱슬하지 않은 자들은 대체로 한인과 통정하여 태어난 이들이다.

8.

올숙(嗢熟)은 나라가 가장 작은데 처음 살던 곳은 알지 못한다. 뒤에 거란이 황룡부 남쪽33)의 100리 정도 떨어진 지역으로 옮겼는데 이를 빈주(賓州)34)라 하였다. 빈주는 혼동강 부근에 있는데 혼동강은 곧 옛날 속 말하로서 흑수35)이다. 부락은 여기 저기 흩어져 살고 있는데 부족장이 천호가 되어 거느린다. 거란과 여진의 귀족 자제들이나 부잣집 자식들이 한가위 달밤에 술에 취해서 술병을 들고서 서로 이끌며 말을 달리고 마시며 놀았다. 그들이 오는 것을 듣고 그 곳의 부녀들이 많이 모여서 구경을 하였다. 틈을 보아서 옆에 앉히고 술을 주면 마신다. 일어나 춤을 추고 노래

---

33) 올숙(嗢熟), 즉 오사(烏舍)이다. 후세에 오랍(烏拉)으로 부른다. 黃龍府南은 마땅히 黃龍府北으로 표기해야 한다. 황룡부(黃龍府)는 현 농안(農安)이고 송화강(松花江)은 당시 혼동강(混同江)으로 불렸다. 혼동강은 농안의 북쪽에 있다.(『松漠紀聞批注』, 李文信 遺注, 李仲元 整理) 『欽定四庫全書』(國學大師)
34) 빈주(賓州) : 吉林 농안현(農安縣) 東北 홍석루(紅石壘)(백도백과)
35) 송학강은 당시 혼동강으로 불렸는데 혼동강이 흑수라고 기술하여 현재 흑룡강으로 인식될 우려가 있다. 그런데 흑룡강의 다른 이름인 '아무르'는 거란어로 '흑수'라는 의미를 가진다.(劉鳳翥, "阿穆河"源於 契丹語의 "黑水"說, 『송요금사논총』 제1집, 중화서국, 1985.)

를 부르며 술을 마시는데 흥을 돕기도 한다. 만나기를 서로 약속하고 희롱을 주고받다가 이를 태워서 돌아간다.

집으로 돌아가지 아니하고자 하는 자에 대하여는, 그 가족들이 말 발자국을 따라서 수 리 정도 쫓아가다 그친다. 데리고 간 사람은 부모도 탓하지 않는다. 수년간 머물러 자식이 생기면 비로소 차와 음식 술을 갖추어 수레 여러 대에 싣고 친정으로 돌아가 부모를 뵙는데 이를 배문(拜門)이라고 한다. 자식을 얻어서 갖추는 예절이다. 그 풍속에 남녀는 스스로 짝을 찾는데 납폐물이 좋으면 혼인을 하게 된다. 음식은 모두 나무 그릇을 쓰며 독충을 넣어 두는데, 경험이 없는 자는 중독되므로 그릇 위를 손가락으로 세 번 두드리면 독충이 스스로 숨는다. 간혹 중독되어 죽기도 한다.

부족 중에 이씨 성이 많다. 나는 근자에 그 천호 이정(李靖)과 서로 알게 되었다. 이정의 아들 두 명 또한 과거를 보기 위해 공부하고 있다. 그 질녀는 시집가서 오실(悟室)의 며느리가 되었다. 이정의 누이 금가는 금주(金主)의 백부 고론의 측실이 되었다. 고론의 정실에서 난 아들이 없고 금가 소생의 아들 나이가 올해 약 스무 살 남짓 된다. 자못 선비를 맞아서 접대하기를 좋아하고, 유학 서적 읽기를 좋아하였는데 광록대부 이부상서가 되었다.

그 아버지가 죽자 우문허중, 고사담, 조백린에게 묘지(誌)를 부탁하였다. 고사담과 우문허중은 조백린이 가난하기에 조백린에게 이를 하도록 하였다. 두 사람은 글을 쓰고 편액과 지문을 새겼는데 글씨가 매우 두터웠다. 일찍이 연지(燕地)에 있을 때 알게 되었는데 바둑·장기와 차를 달이는 법을 배웠다. 이정은 광록지동주의 벼슬에 올랐고 서화(書畵)에 소질이 있었는데 지금은 죽었다. 그가 논의하는 것은 들을만했으며 의복을 입는 방식도 한인과 같았다.

9.

발해국(渤海國)은 연경이나 여진의 도읍에서 모두 1,500리 떨어져 있다.36) 성(城)의 바닥은 돌로 깔았으며 동쪽은 바다와 나란히 있다. 그 나라 왕은 예전부터 대(大)를 성으로 썼다. 유력한 가문은 고(高)·장(張)·양(楊)·두(竇)·오(烏)·이(李)씨 등으로 불과 몇 뿐이다. 부곡(部曲)이나 노비같이 성이 없는 자들은 모두 그 주인의 성(姓)을 따른다.

부인들은 모두 사납고 투기가 심하다. 대체로 다른 성씨와 서로 연대하여 십자매를 맺는다. 번갈아 가며 그 남편을 감시하고 첩을 두거나 다른 여자와 사귀는 것을 용납하지 않는다. 만약 그러한 것을 들으면 반드시 서로 모의하여 그가 사랑하는 이를 독살한다. 한 남자가 그 같은 일을 저지르는데 그 부인이 알지 못하고 있으면 다른 아홉 사람이 떼를 지어 몰려가서 욕을 한다. 다투어 투기하는 것을 서로 자랑으로 여긴다. 그리하여 거란, 여진 여러 나라는 모두 창녀가 있고, 양인들도 모두 소실과 시비가 있으나 오로지 발해에는 이러한 것이 없다.

남자들은 지모가 많고 다른 나라 사람보다 날래고 용감함이 뛰어나서 "발해 사람 셋이면 호랑이 한 마리를 당해낸다."는 말이 있다. 거란의 아보기가 그 나라 왕 대인선을 멸망시키고 각 장(帳)37)의 천여 호를 연(燕)으로 이주시켜 농토를 주어 세금을 내도록 하였다. 오가며 장사하는 것과 관문의 시장에서는 모두 세금을 받지 않았고, 전쟁이 있으면 앞장 세

---

36) 이 주석은 이문신이 발해의 중심지가 현재 흑룡강성 지역이라는 선입견을 갖고 낸 의견이라 보인다. 8세기 들어서면서부터 발해의 중심지는 기후가 좋은 남쪽으로 대거 이동하는 것으로 보인다. 그러므로 현재 북경에서 볼 때 1500리를 말하는 것은 바로 현재 길림성 중부 지역이나 요녕성 지역을 말하는 것인데, 발해의 대외관계 기록을 비교해보면 맞는 말이다. 이문신의 주석은 다시 생각해볼 필요기 있다.

37) 장(帳) : 요나라 시대에는 '장'과 '房'이라는 용어를 사용하여 가문을 구분 표시 하였는데, 여기서는 '여러 가문' 또는 '여러 부족' 정도로 이해함이 타당하다.(역자주)

웠다. 요나라 천조(天祚)38) 때 전란이 일어나 요나라가 망하자 옛 발해의 부족들이 모여서 다시 대씨를 왕으로 세웠다.39)

금나라 사람들이 이를 토벌할 때 군대가 도착도 하지 않았는데, 그 나라 귀족 고씨가 성을 버리고 항복해 와서 그 허실을 말해주어 성이 함락되었다. 거란이 이주시킨 백성이 늘어나 5천여 호에 이르고 뛰어난 군사가 3만에 이르렀다. 금나라 사람들은 그들을 통제하기 어려울 것을 걱정하여 해마다 산동으로 수자리를 살도록 보냈다. 매번 옮길 때 수백 가구에 불과하였으나 신유년에 이르러서는 모두 몰아서 보냈다.

10.

그 사람들은 대다수 부유하고 편히 산 지 2백 년이 넘는다. 왕왕 연못 둘레에 모란을 심는데 많게는 2~3백 본이나 된다. 수십 줄기가 무더기로 자라기도 하는데 모두 연지(燕地)에는 없는 것이므로, 겨우 10포기를 1천 혹은 5천 전에 사갔다. 그들이 옛날에 살던 곳은 거란에 귀속되고 옛 동경40)에는 유수를 두었다. 소주(蘇州)·부주(扶州) 등이 있는데 소주는 중국 등주·청주와 서로 마주하여 매번 큰 순풍이 불 때마다 닭과 개 짖는 소리가 은은히 들린다.

아보기의 장자 찬화(贊華)는 이곳에 동란왕으로 봉해졌는데 인황이라 불렀다. 거란의 황제가 되지 못한 것을 원망하여 부시(賦詩)를 지었는데, "작은 산이 큰 산을 누르니 큰 산은 힘이 없구나. 고향 사람 보기 부끄러우니 이곳에서 외국에 망명하리라."고 하였다. 마침내 소주에서 큰 배를 타고 바다를 건너 후당의 명종에게 귀순하였다. 말을 잘 그렸고 경서를

---

38) 遼 천조제(天祚帝) 야율연희(耶律延禧) : 요(遼) 왕조 최후의 황제(재위 1101~1125)(네이버백과)
39) 1030년 대연림(大延琳)이 요양을 중심으로 일으킨 발해 부흥운동을 말하는 것으로 보인다.(역자주)
40) 여기에서는 발해 동경(東京)이 아니고 거란의 동경(요양)을 가리키는 것으로 보인다.(역자주)

좋아하여 배에 싣고 갔다.41)

그 나라는 처음에 당나라 제도를 모방하여 관청을 두었으며 나라에 스님들이 적다. 조숭덕이라는 사람은 연(燕)에서 도전운사(都轉運使) 벼슬을 하였는데, 60세가 되지 아니하여 벼슬을 그만두고 스님이 되었다. 스스로 큰 절을 짓고 연(燕)의 죽림사(竹林寺) 혜일(慧日) 스님을 주지로 청하면서, 스님들에게 3년 치 비용을 제공하기로 약속하였다. 죽림은 사명(四明)42) 사람인데 조씨와 나는 서로 안 지 꽤 오래되었다.

11.

옛 숙신성은 4면이 약 5리 남짓 된다. 성가퀴가 아직도 남아 있다. 발해국 수도 밖 30리에 있으며 또한 돌로 성의 하부를 쌓았다.43)

12.

황두여진은 모두 산에 사는데 합소관(合蘇館) 여진이라 부른다. (합소관은 하서에도 있는데 8개의 관이 황하의 동쪽에 있으며 지금은 모두 금인(金人)에 속한다. 금의 율성, 오화성과 강을 사이에 두고 서로 가까이 있다. 3개의 성과 8개의 관은 예전에 거란에 속하였는데 지금은 서하(西夏)에 속한다. 금인이 약속하기를, "관숭을 취하는 데 군사를 주면 3개의 성과 8개의 관을 주어 보답하겠다."고 하였다. 뒤에 약속을 깨고 다시 8개의 관을 빼앗았다. 그러나 3개의 성은 하서에 있어서 여러 차례 다투었

---

41) 야율배(耶律倍, 거란 이름 突欲) : 요 태조 야율아보기의 장자로서 황태자에 책봉되었으나 발해 지역을 통치하는 동란국왕(東丹國王)에 봉해져서 현지로 보내졌다. 태조 사후 태조의 황비 소태후(술율평)의 의사에 따라 둘째 아들 야율덕광(耶律德光, 2대 태종)이 황제가 되었다. 후당의 명종은 야율배에게 망명하기를 청하여 후당으로 망명(망명 후 李贊華로 개명)하였다가 그곳에서 죽었다.(강영매 역, 『중국역사박물관』 7, 2004, p.3. 위키백과)(역자주)
42) 사명(四明) : 절강성 영파(백도백과)
43) 숙신성은 발해왕성이 있던 흑룡강성 영안시 서남 경박호 호변에 있었다고 한다.(백도백과)

으나 얻지 못하였다. 한 개 성의 이름은 잊었다.)

그 사람들은 충성스럽고 용감하고 사나워서 생사를 구분하지 않는다. 금인은 출전할 때 마다 무거운 갑옷을 입혀서 앞장을 세웠는데 이를 경군(硬軍)이라 불렀다.44) 뒤에 이러한 군역이 더욱 가혹해지고 봉록은 적게 지급되었다. 노략질로 얻은 것을 다시 (금인에게) 빼앗기게 되자 분함을 이기지 못하여 천회 11년45) 마침내 반란을 일으켰다.

금인이 군사를 일으켜 이를 토벌하는데, 다만 산 아래를 막고 지킬 뿐 감히 그 소굴로 올라가지 못하였다. 2년이 지나서 나아가 싸웠으나 패하여 다시 항복하였는데 이들이 곧 황두실위(黃頭室韋)로 의심된다. 금나라는 이들을 황두생여진으로 불렀는데 콧수염과 머리카락이 모두 황색이며 눈동자는 녹색이 많다. 또한 머리카락은 대부분 황색이나 은색도 많다. 거란 황제의 이름을 피하였는데46) 마침내 황두여진이라 불렀다.47)

13.

맹골(盲骨)은 『거란사적(契丹事跡)』에서 몽골국(朦骨國)으로 불렀는데, 곧 『당서(唐書)』에서 몽올부(蒙兀部)라고 불렀다.

대요국 도종황제48) 시기에 한인이 『논어(論語)』를 강론하면서 '북극성

---

44) 『통고』: 황두여진은 모두 산에 살았으며 합사(哈斯)라고 불렀다. 그 사람들은 용감하고 사나웠으므로 거란은 싸우러 갈 때마다 이들을 중무장시켜서 앞장을 서도록 하였다."(「흠정만주원류고」 상, 글모아, 남주성 역주. p.275.) 『통고』에서는 황두여진을 전쟁에 앞장 세운 것이 요나라라고 하였는데, 황두여진은 요와 금 양국으로부터 전쟁에 동원된 것으로 보인다.(역자주)
45) 金 太宗 연호. 天會 十一年(1133)(백도백과)
46) 『大金国志』에는, "본래 여진(女眞)인데 요나라 7대 황제 흥종(興宗)의 본명인 야율종진(耶律宗眞)의 이름 진(眞)을 피휘(避諱)하여 여직(女直)으로 바꾸었다"고 하였다.(백도백과)
47) 우리나라에서도 제천 황석리 고인돌, 정선 아우라지 고인돌 무덤에서 백인유골들이 발견된 바 있다.(역자주)
48) 遼 道宗 耶律洪基(1032~1101) 第八代 皇帝 1055年 帝位, 묘호 道宗, 국호를 大遼로 변경(983년 遼를 契丹으로 개칭한 바 있음.)(백도백과)

이 있는 곳을 뭇별들이 둘러싸고 있다'는 대목에 이르렀다.49) 이때 도종이 묻기를, "나는 북극의 아래가 중국이라고 들었다. 이곳이 어찌 그곳인가?" '이적(夷狄)에 임금이 있다'는 대목에 이르러서는 급히 읽기만 하고 감히 풀이하지 못하였다. 또 말하기를 "상고대에 훈육(獯鬻)과 험윤(獫狁)이 방탕하고 예법이 없기에 이(夷)라고 불렀다. 나는 문물을 닦아 빛남이 중화와 다르지 않으니 어찌 싫어함이 있겠는가?"라고 하면서, 마침내 이를 풀이하도록 하였다.

도종 말년에 아골타가 조공을 왔을 때 오실(悟室)이 따라왔다. 요나라 귀인과 쌍륙(雙陸)놀이를 하는데, 귀인이 주사위를 던져 이기지 못하자 멋대로 말을 옮겼다. 아골타가 매우 분노하여 허리에 찬 소도를 빼어 놀이판에 칼을 꽂으려고 하자 오실이 급히 칼집을 잡았다. 아골타는 칼자루를 잡아 그의 가슴을 찔렀는데 죽지 않았다. 도종이 노하자 신하가 그가 사납다고 하여 다 같이 그를 죽이도록 권하였다. 도종은 "내가 지금 멀리서 온 사람에게 믿음을 보여야 하니 죽이면 안 된다."고 하였다. 왕연(王衍)이 석륵(石勒)을 놓아주고,50) 장수규(張守珪)가 안록산(安祿山)을 풀어주었다가51) 뒤에 해를 입은 이야기를 하였으나 도종은 듣지 않고 마침내 그들을 돌아가게 하였다.

요나라에 반란이 일어났을 때 오실을 중용하여 책략가로 삼았다. 아골

---

49) 『논어(論語)』 위정(爲政) : 子曰 爲政以德譬如北辰居其所而衆星拱之(역자주)
50) 왕연은 西晉 말의 중신이고, 석륵은 노예 출신으로 5호 16국 시대 後趙를 세웠다. 석륵이 소년 시절 성문에 올라서 소리를 지른 적이 있는데 마침 왕연이 인근에서 그 소리를 듣고 천하를 소란시킬 인물임을 알아보고 그를 잡고자 하였으나 잡지 못하였다. 그 뒤 석륵은 노예 생활을 거쳐 군도(群盜)의 수령이 되었다. 흉노의 유연(劉淵)이 한국(漢國)을 세우자 장군으로 임명되어 진군의 사령관 왕연과 결전을 벌여 왕연을 사로잡아 죽이고 왕위에 올라 후조를 세웠다.(백도백과)
51) 어린 시절 불우하게 지내던 안록산(703~757)이 양도둑을 하다가 붙잡혔는데 당시 유주절도사이던 장수규(684~740)가 인물됨을 알아보고 양사로 서두이 충에하였다. 안록산이 뒤에 출세하여 平虜·范陽·河東 절도사를 겸임하고 755년 당나라에 반란을 일으켰다.(백도백과)

타가 죽게 되자 그의 아들이 고론에게 소속하였는데 직무를 잘 수행하였다.

14.

대요국이 강성할 때 은패를 받은 사신이52) 여진에 왔는데 매일 저녁 반드시 시침들 여자를 요구하였다. 그 나라의 옛 풍습으로 일반 백성의 집(下戸)을 숙소로 정하면 출가하지 아니한 여자로 하여금 모시게 하였다. 뒤에 해동청(海東青)53)을 구하러 사자의 왕래가 끊임없이 이어지게 되었다. 대국 사신의 위세를 부려 아름다운 부인만을 선택하였는데 남편이 있거나 문벌이 높은 것도 상관하지 아니하였다. 여진이 마침내 분노하여 반란을 일으켰다.

처음에 여진은 병기만 있고 갑옷은 없었다. 요나라의 황실 근친 중에서 무리를 이끌고 반란을 일으킨 자가 있었는데 그 나라의 국경 사이로 들어왔다. 여진의 한 추장이 설득하여 사로잡아 갑옷을 입은 병사 5백을 죽이고 갑옷을 얻었다. 여진은 그 추장에게 상을 주어 아로갑이재(그것은 세 번째 품관으로, 상공으로도 부른다)로 삼았다. 군사를 일으켰을 때 뛰어난 기병이 1천기였는데, 그 중 5백의 갑옷을 이용하여 영강주(寧江州)54)를 쳐서 무너뜨렸다. 요나라는 5만 군사로 이를 방어하였으나 이기지 못하자 다시 군사를 갑절로 보냈으나 이 또한 패배하자 군사를 더 늘려서 보냈

---

52) 요나라에서 외방에 나가는 사신 중 귀인에게는 금패(金牌)를, 그다음 직위에는 은패(銀牌)를 수여하였다.(백도백과)
53) 『북맹회편(北盟會編)』: 오국(五國)의 동쪽은 대해와 접하고 해동청이 난다. 여진은 언제나 갑마 일천여 인을 동원하여 오국의 경내 즉 동해의 둥지로 들어가 이것을 얻었으며, 오국과 싸움을 벌이고 나서야 얻을 수 있었다.(『흠정만주원류고』, 하, p.96, 글모아, 남주성 역주)
　해동청: 거란에서는 해동청을 '송굴(Sogur)'이라고 불렀다.(김태경, 『거란소자사전』, p.77.)
54) 영강주(寧江州): 길림성 서북부 松原市 夫餘縣 石頭城子 伯都纳古城이라는 설이 있고, 일설로는 길림성 송원시 동남 大城子라고도 한다.(張修桂 외, 『遼史地理志汇释』, p.12.)(백도백과)

는데 20만에 이르렀다.

여진은 중과부적이라서 항복을 꾀하였다. 대수령 점한(粘罕)·오실(悟室)·루수(婁宿)55) 등은, "나는 요나라 사람을 이미 많이 죽여서 항복하면 반드시 고초를 당한다. 죽음으로 항거하는 것만 못하다."고 말하였다. 이때 날랜 병사가 3천에 이르렀는데, 요군을 연파하여 병기와 갑옷을 더욱더 많이 갖추었고 그들과 더불어 싸워서 또 이겼다.

15.

요나라 천조는 이에 번병(蕃兵)과 한인병사 50만을 일으켜 직접 정벌하였다. 대장 야율여도고(耶律余都姑)가 모반하여 황제를 폐하고 서장자 조왕을 세우고자 하였는데 역모가 누설되어 전방군사 10만이 항복하자 요나라 군사가 크게 놀랐다. 천조는 자기 나라 사람이 자신을 배반한 것에 크게 노하여 한인들에게 명하여 거란인을 만나면 즉시 죽이도록 명령하였다.

초기의 요나라 법제에는 거란인으로서 한인을 살해한 자는 형을 가하지 않았다. 그러나 상황이 이렇게 되자 한인들이 오래된 분함을 터뜨려 거란인을 보이는 대로 죽였다. 그 덕에 나라에 소란이 일어나니 다스릴 수 없었다. 여진은 승세를 타서 황룡부56) 50여 주를 공략하고 중경(중경은 예

---

55) 완안누실(完顔婁室) : 金朝 名將. 『요사』나 『금사』에는 누실(婁室)이라 나온다. 자는 알리연(斡里衍, 1077~1130)이다. 만호로서 황룡부를 지켜 도통이 되고, 완안고(完顔杲)를 따라 遼 中京(내몽고 영성 대명성)을 탈취하고 암모(闇母)와 서경(산서 대동)을 격파하여 거란 천조제와 황후를 사로잡았다.(김태경, 『거란소자사전』, 조선뉴스프레스, 2019. p.328.)
56) 황룡부(黃龍府) : 길림성 장춘시 농안현 경내에 치소가 있었다. 1127년 金은 宋의 徽宗·欽宗 두 황제를 사로잡아 이곳에 억류하였다.(백도백과)

전의 백습성(白霫城)이다)57)에 바짝 다가갔다. 천조가 두려워하여 사신을 보내 아골타를 국왕으로 인정하였다.

아골타는 사신을 억류하고 사람을 보내 열 가지를 요구하였는데, 황제로 책봉할 것과 형제국이 되는 것, 그리고 요나라 공주를 처로 맞이하는 것이었다. 사신이 수차례 왕복하면서 천조는 부득이 황제로만 인정하고자 하였다. 그러나 아골타의 요구는 더욱 강경해졌다. 천조가 노하여, "작은 오랑캐가 내 딸을 배우자로 원한다는 말인가?"라고 하면서 사신이 돌아가서 알리지 못하도록 가두었다.

천조는 이미 중경이 포위되자 상경으로 도망갔다. 다시 연(燕)을 지나 마침내 서하(西夏)에 의탁하였다. 서하인들은 비록 요와 장인과 사위 관계58) 나라이나 여진의 강함을 두려워하여 받아들이지 못하였다. 송나라는 처음 대관59) 연간에 임려(林攄)를 요나라에 사신으로 보냈는데, 요인들이 의식을 미리 익히도록 명령하였다. 임려는 그 지독한 연습을 싫어하여 접반사에게 '개잡종'이라 욕하였다.

16.

천조는, "대송은 형제의 나라이니 그 신하는 나의 신하이다. 지금 나의 좌우 신하를 욕한 것은 나를 욕한 것과 같다."고 말하고 그를 죽이려고 하였다. 조정에서는 분쟁이 일어날 것을 두려워하여 모두 눈물로 간하니 채찍으로 50대를 때리고 석방하였다. 천조가 의지할 데가 없어져서 사신이 장차 돌아가려고 하는데, 이러한 이유로 두려워하여 예를 더하도록 하

---

57) 중경대정부(中京大定府) : 內蒙古 赤峰市 寧城縣(백도백과), 요나라는 5경을 두었는데, ①상경임황부(현 내몽골 파림좌기 남쪽), ②중경대정부(현 내몽골 영성 서쪽), ③동경요양부(현 요령성 요양), ④남경석진부(현 북경), ⑤서경대동부(현 산서성 대동)를 말한다.(김태경, 『거란소자사전』, p.127.)
58) 西夏皇帝 李乾順의 비가 요나라 成安公主로 遼 天祚帝와는 장인과 사위의 관계이다.(백도백과)
59) 대관(大觀, 1107~1110) : 宋 徽宗의 年號(백도백과)

지 못하고 소발률(小勃律)60)로 달아났다. 거기서도 받아들이지 아니하자 밤에 돌아와 운중(雲中)61)으로 가려고 하였다. 새벽에 첩자와 마주쳤는데 누수(婁宿)군이 또 온다고 하자 천조가 크게 놀랐다.

 하늘에서 눈이 조금 내려 말과 수레가 모두 바퀴 흔적을 내어 적이 따라올 수 있게 되었다. 먼저 측근의 고관을 보내 항복을 권유하였으나 대답하지 않았다. 누수(婁宿)가 말에서 내려 천조 앞에 꿇어앉아, "노비가 예의를 차리지 못하고 무장하여 황제의 위엄을 범하였으니 죽어도 죄가 남습니다."고 하였다. 이에 술잔을 받들어 올리고 드디어 포로로 잡아서 돌아갔다. 해빈왕(海濱王)에 봉하고 동해에 거처케 하였다. 초기에 하서(河西)로 도주하였을 때 나라 사람들이 그 계부(季父)를 연(燕)에서 세웠는데 갑자기 죽자 그 처가 대리하였다. 뒤에 곽약사(郭藥師)와 함께 항복해 왔으니62) 소위 소태후(蕭太后)라는 자이다.

17.

 영강주에서 냉산(冷山)63)은 170리 떨어져 있다. 지역이 몹시 춥고 초목이 많은데 복숭아, 오얏 종류가 산을 이룬다. 8월이 되면 나무를 캐고 땅을 파서 묻고 흙을 수 척 높이로 덮는다. 늦봄에 이를 꺼내 뿌리에 흙을 두텁게 북돋아 준다. 그렇지 않으면 얼어 죽는다. 매년 춘수(春水)64) 때 강

---

60) 소발률 : 파키스탄 북부 키르키트 지역. 파키스탄지역은 대발률이라 불렀다.(백도백과)
61) 운중(雲中) : 山西 大同市와 朔州 懷仁 一帶(백도백과)
62) 곽약사 : 발해 철주 인으로 요나라 장수가 되었다가 요나라가 망하자 涿州·易州를 들어 宋에 귀순하였다. 다시 금군과 싸우다가 금군에 항복한 뒤 송을 공격하는 데 공을 세웠다.(백도백과)
63) 냉산(冷山) : 냉산은 홍호가 유배되었던 지역으로 현 흑룡강성 五常 경내(姜雨 외, 從「松漠紀聞」看 金初刑法特點, 內蒙古民族大學學報 제44-6, 2018, p.55.)
64) 춘수(春水.) : 요·금 때 황제가 봄·여름·가을·겨울 계절마다 궁을 나가서 사냥과 피서를 하였는데 이를 '날발(捺鉢)'이라 한다. 그중 봄날발을 '춘수'라고 불렀다.(『松漠之間-遼金契丹女眞史硏究』, 劉浦江, 2008. p.289.)

물이 풀리기 시작하면 요왕은 반드시 그곳으로 가서 얼음에 구멍을 뚫고 낚시를 하는 것과 매사냥을65) 즐거움으로 삼았다. 여진의 우두머리가 와서 방물을 바쳤는데 노랑가슴담비 가죽 종류 같은 것이다. 각각 그 물량과 품질에 따라 교환을 하였는데 이를 "여진무역"이라 불렀다. 뒤에 강제로 빼앗다시피 하는 일이 많아지자 여진이 원망을 하게 되었다. 아골타가 군사를 일으켜 먼저 이 주를 치자 요가 망국에 이르게 되었다.

요나라가 망하자 임아(林牙)관직의 대실(大實)66)이 항복하였다(대실은 어릴 적 이름이다. 임아는 한림학사와 같다. 오랑캐 풍속에 대개 어릴 적 이름을 관직 위에 붙였다). 뒤에 점한(粘罕)과 쌍륙을 하며 길을 다투었다. 점한은 마음속으로 그를 죽이려고 하면서도 말을 하지 않았다. 대실이 두려워하며 장막으로 돌아가서는 그 처를 버리고 다섯 아들을 데리고 밤에 달아났다. 아침에 날이 밝고 해가 높이 떴는데도 그가 오지 않자 점한은 이상하게 여겨 사람을 보내 그를 불렀다. 그 처가 말하기를, "어젯밤 술을 마시고 대인을 거스른 죄를 두려워하여 숨었습니다."라고 하였다. 그가 간 곳을 물었으나 말하지 않았다.

18.

점한이 대노하여 부락의 가장 천한 자와 짝지어주려 하자 처는 굴하지 아니하였다. 강요해도 갖은 말로 욕을 하자 마침내 쏘아 죽였다. 대실은 사막으로 깊이 들어가서 천조(天祚)의 아들 양왕(梁王)을 황제로 삼고 그를 도왔다. 여진은 옛 요나라 장수 여도고(余都姑)를 보내 군사를 거느리

---

65) 방익(放弋)은 화살에 줄을 달아 새를 쏘아 잡는 것이나, 여기서는 연렵(鳶獵, 매사냥)의 의미로 쓰였다.)「松漠紀聞」中 "放弋" 訓釋, 內蒙古師範大學文學院, 焦美奔, 張樹淸, 2009. 1, 語言文字修辭)
66) 「요사」에는 (야율)대석(大石)이라고 나온다. 즉 요나라 말기에 금나라 군대를 피해서 중앙아시아로 이주하여 서요를 건국한 이다.(역자주)

고 합동성(合董城)(그 성은 상경에서 삼천 리이다)에 둔전을 일구고 다스리게 하였다. 대실의 정찰 기병 수천 명이 군영 앞을 출입하였다. 여도고가 사람을 보내 말을 걸자 마침내 물러갔다.

사자(沙子)라는 것은 대개 불모지대로서 모두 평탄하고 광활한 사막이다. 바람이 불면 먼지가 일어나 분별할 수 없고, 평지가 잠깐 사이에 수장 높이의 모래가 쌓여 높아진다. 하천이나 샘은 전혀 없고 사람들이 갈증으로 많이 죽는다. 대실이 도망갈 때 3주가 걸려서 겨우 건널 수 있었다. 그래서 어진도 끝까지 추격하지 못하였다. 요인들은 수십만의 말을 몰아서 사막 밖에 방목하였다. 여진은 멀고 막힌 곳이라 취하지 못하니 모두 대실이 얻게 되었다. 지금 양왕과 대실은 모두 죽었으나 남은 무리가 아직도 그 땅에 살고 있다.

19.

합동에서의 부역은 산서와 하북으로 하여금 식량을 운송하여 군대에 보급토록 하였다. 내가 하음현(河陰縣)67)을 지날 때 현령은 병이 나아 홀로 마중을 나왔다. 회화나무 가지에 줄을 매고 푸른 도포를 그 위에 늘어뜨려 놓았다. 내가 앉도록 말하자 간곡히 사양하였다. 그 연유를 묻자 이실직고하기를, "현에서 식량을 보내는 시기를 놓쳐서 버드나무 가지 회초리로 백 대를 맞았는데 부끄러워서 감히 나가지 못합니다. 아무개 또한 이 벌을 당해서 매우 아프고 괴롭기에 앉지 못합니다. 상처가 아직 낫지 아니하여 암내를 풍기는 것이 두렵습니다. 그래서 회화나무를 두르고 이를 피하는 것입니다."라고 하였다.

---

67) 요나라 삭주(朔州) 속현, 현 산서성 산음현(山陰縣)(백도백과)

여도고가 항복하자 금나라는 서군대감군으로 삼았는데,[68] 오래도록 옮겨주지 아니하여 항상 불만을 가졌다. 그 군대가 합동에 있었는데 금패를 잃어버렸다. 금나라는 그와 임아(대실)가 몰래 합칠 것을 의심하여 마침내 그 처자를 인질로 삼았다. 여도고는 배반할 마음을 가졌다. 다음 해 9월에 반란하기로 연경 통군에게 약속하였다. 통군의 병사는 모두 거란인이다. 여도고는 운중에 있는 서군을 죽이기로 하고, 운중·하동·하북·연경군 수령인 거란과 한인에게 모두 약속하였다. 또한 군대에 있는 여진의 관리를 죽이도록 명하였다. 천덕군[69]의 군정장관이 가짜로 이를 허락하고 그 처를 보내 알렸다.

20.

당시 오실이 서감군이 되어 운중에서 연(燕)으로 왔다. 어렴풋이 그 일을 듣고 믿지 않고, 한인 통역 나야(那也)와 돌아왔다. 수백 리를 가다가 나야(那也)가 두 명의 기병이 급히 달리는 것을 보았다. 그가 기병에게 물었더니 대답 대신 "감군을 못 보았소?"라고 물었다. 나야가 대답하지 못하고 누구냐고 물었다. 그들이 대답하되, "여도고의 아랫사람이요."라고 했다. 이에 나야가 오실을 뒤쫓아 따라가서 말하기를, "두 거란인이 '여도고 하인'이라 하였습니다. 원래 서경에 있는데 어찌하여 감군을 알지 못할까요?(북인들은 운중을 서경이라 불렀다) 간사한 모략이 있을까 두렵습니다."라고 하였다.

마침내 말을 돌려 그들을 따라가서 잡고 신발 속을 뒤져서 여도고의 서

---

[68] 야율여도고(耶律余都姑) : 요나라 말년 장수, 그 처는 천조제(天祚帝) 文妃의 자매이다. 문비가 晉王을 낳자 진왕을 세우려 한다는 모함을 받고 금나라로 망명하였다.(백도백과)
[69] 천덕군(天德軍) : 요나라 천조 때는 영청책(永淸柵, 현 오라특전기 동북 고성)에 치소가 있었다.(백도백과)

신을 찾았다. 서신에는 "일이 이미 누설되었으니 형편을 보아서 손을 쓰라."고 되어 있었다. 다시 오실에게 달려가 보고하였다. 즉시 연으로 돌아가니 통군이 와서 뵈었다. 이를 포박하여 죽였다. 둘째 날 운중에 도착하였다. 여도고가 어렴풋이 알아차리고 부자가 사냥 간다는 핑계를 대고 하국(夏國)으로 숨어들었다.

하인(夏人)들이 "병사가 얼마인가?"고 물었다. 가까이 거느린 군사가 이삼백 명이라고 대답하자 받아들이지 않았다. 달단(達靼)으로 가자, 달단은 오실(悟室)의 명령을 먼저 받은 터라 그 수령이 가짜로 마중하고 장막에 음식을 마련하였다. 그리고 몰래 군사로 포위하였다. 달단은 활을 잘 쏘는데 갑옷을 갖추지 못한 여도고가 나가서 싸웠으나 이기지 못하고 부자가 모두 죽었다. 또한 그는 모반에 참여한 자를 모두 죽였다. 거란의 약삭빠른 한인 중 이름난 자는 모두 죽음을 면하지 못하였다.

21.

금나라 옛 풍속에 부모가 뱃속아이의 혼사를 미리 정하는 것이 많았다. 장성하여 비록 귀천의 격차가 커도 바꾸지 못하였다. 사위가 납폐를 할 때는 먼저 배문(拜門)70)할 것을 기별하고 한다. 척속이 함께 술과 음식을 가지고 가는데 적게는 십여 수레이고 많게는 그 열 배나 된다. 손님에게는 좋은 술을 내놓는데, 금과 은으로 만든 잔에 담아서 내고, 그 다음은 질그릇에 담아 100여 개를 늘어놓는다. 손님들이 물러나면 곧 나누어 준다.

남녀가 구분하여 앉아서 먼저 오금이나 은잔으로 마신다(가난한 자는 나무로 한다). 세 순배 마시고 대연지(大軟脂)·소연지(小軟脂)(중국의 한

---

70) 배문(拜門) : 결혼 후 처음 처가에 처음 가는 것(백도백과)

구(寒具)와 같다, 밀고(蜜餻)71)(잣, 호두를 꿀과 찹쌀가루에 버무려 네모 또는 둥글거나 납작한 곶감 모양을 만드는데 대략 절중(浙中)의 보계고(寶階餻)와 같은 종류이다)72)를 내놓았다. 한사람에 한 접시를 주는데 '다식'이라 하였다.

잔치가 끝나면 부자는 차를 달여서 남아 있는 큰 손님 여럿이 마시도록 하거나, 또는 두터운 치즈를 달여서 내었다. 신부 댁에서는 대소 구분이 없이 모두 갱(炕)73) 위에 앉고, 사위의 무리는 그 아래에서 절을 하는데, 이를 '남하녀(男下女)'라고 한다. 예식을 마치면 사위가 말 백 필, 적은 경우는 열 필을 끌어와서 그 앞에 늘어놓는다.

신부 아버지가 새끼와 암수를 구별하여 좋은 것, 즉 '새흔(塞痕)'은 남겨두고 나쁜 것, 즉 '랄랄(辣辣)'은 물리친다. 남는 것은 불과 열 필 중

---

71) 밀고(蜜餻) : 『大金國志』에는 밀고(蜜糕, 꿀떡)로 되어 있다.(역자주)
72) 시체화(柿蔕花) : 시병(柿餅)과 같다.(백도백과)

73) 갱(炕) : 중국식 온돌 침상(농촌지역에는 아궁이가 방 안에 있다.)(백도백과)

두세 필이다. 혹 모두 선택되지 못하면 비록 사위가 타는 것일지라도 내어서 수를 채운다. 말이 적게 남는 것을 수치로 여긴다.

22.

신부집에서도 또한 그 수를 보고 후하거나 박하게 답례하는데, 말 한 필에 옷 한 벌로 이에 보답한다. 사위가 모두 직접 맞이한다. 성혼이 되면 신부집에 남아서 종살이를 한다. 술을 돌리거나 음식을 주는 것도 모두 직접 한다. 삼년이 지나야 아내를 데리고 돌아간다. 신부집에서는 노비 수십 호(남종은 아해(亞海)로, 여종은 아해진(亞海軫)이라 부른다)와 소와 말 십여 무리(매 무리에 암컷 9마리, 수컷 1마리)를 신부의 지참금으로 보낸다.

남편은 아내를 '살나한(薩那罕)'이라 부르고, 아내는 남편을 '애근(愛根)'이라 부른다. 거란의 남녀가 절하는 것은 같은데, 한쪽 다리를 꿇고 다른 쪽 다리는 세우며 손을 움직여 절을 하는데 세 번 하면 그친다. 그들의 말에 '날골지'는 곧 꿇어앉는다는 뜻이다.

여진은 예전에 외지고 작아서 정삭(正朔)[74]이 미치지 못하였다. 백성들은 모두 세기와 년·월을 알지 못하였다. 물어보면 대답하기를, "내가 풀이 푸르게 되는 것을 몇 번 보았나."고 하였다. 대체로 풀이 한번 푸르게 되는 것이 한 해이다. 군사를 일으킨 이후 점차 중화풍에 물들었다. 추장의 생일은 모두 스스로 길일을 택하여 정하였다.

점한은 정월 초하루, 오실은 정월 보름밤, 오예마는 정월 첫 번째 뱀날로 하였다. 그 외 5월 5일, 9월 9일, 중추절, 중원(7월 15일)이나 하원(10월 15일), 4월 8일이 모두 그러하다. 또한 11월 1일을 쓰기도 하였는데

---

74) 책력(册曆): 옛날 제왕이 나라를 세운 뒤 새로 반포하는 역법(曆法)(네이버사전)

'주정(周正)'이라 하였다. 금주(金主)는 7월 7일 태어났는데 나라에서 이 날을 사용하는 것을 기피하였다. 현 조정에서 새해 축하사절을 저들에게 보낼 때 모두 거란의 고사를 좇아 하였는데 사신을 하지와 동지에 따로 보내지 않고자 했기 때문이다.

23.

금나라는 도둑을 매우 엄하게 다스리는데 잡을 때마다 처벌하는 것 외에 7배를 배상케 한다. 그러나 오로지 정월 16일 하루 동안은 멋대로 도둑질하도록 내버려 두어서 즐기도록 하였다.75) 첩실, 보화, 수레와 말을 훔쳐도 모두 형벌을 가하지 않았다. 이날 사람들은 엄밀히 방비하고 도둑과 마주쳐도 다만 웃음으로 보냈다. 가져갈 것이 아무것도 없으면 삼태기나 괭이 같은 자질구레한 것도 가져간다. 지체 높은 부인이 남의 집에 들어가게 되면, 주인이 손님을 맞이하는 틈을 노려서 그 여종과 첩실로 하여금 음식 그릇을 훔치게 한다.

다른 날 그 주인 이름을 알아내거나 혹은 도둑질한 자가 스스로 실토를 하는데, 큰 것은 다식을 갖추어 속죄를 한다(양, 술, 안주, 반찬 등을 말한다). 그 다음 것은 술병을 들고 가고, 작으면 떡으로 속죄를 한다. 집안의 여자를 훔쳐갈 때는 먼저 여자와 사적으로 약속하고 때가 되면 훔쳐간다. 여인이 남아 있기를 원하면 그에 따른다. 거란 이래로 그러하니 지금의 연(燕)도 이러하다.76)

---

75) 종투(從偸)는 요나라 때부터 이어진 풍습이다. 『거란국지』에 의하면 "정월 13일에는 백성들이 3일 동안 도둑질하는 것을 허용하는데, 북인들은 이를 '골리(鶻里)'라 불렀는데 한인들은 이를 번역하여 '투(偸)'라고 하였다."고 한다.(역자주)
76) 이러한 풍습은 조선시대에 행해졌다는 과부보쌈(박취縛聚)과 유사한 면이 있다.(역자주)

24.

여진은 예전에 년·월을 알지 못하였다. 관등절 저녁에도 불을 밝히지 않았다. 기유년에 어느 중화 승려가 붙잡혀서 그 대궐에 갔는데, 정월 보름날에 긴 장대에 둥근 등을 달았는데 놀이로 하는 것이었다. 여진왕 오걸매가 이를 보고 의심하여 "이 사람은 사람들을 불러 모아서 난을 일으키고자 하는 것이다. 날짜를 정하여 이곳에서 세우는 것을 신호로 삼는 것이다."라고 말하고 그를 죽이도록 명하였다. 수년 뒤 연(燕)에까지 꽤 알려졌는데 지금에 이르러서는 매우 성행한다.

오랑캐의 풍속은 부처를 매우 정성스레 받드는데 황제, 황후도 불상을 보면 합장을 한다. 공경들도 절에 가면 승려들이 상좌에 앉는다. 연경의 절들은 서로 바라보고 있다. 큰 것이 36곳으로 모두 강원(講院)이 세워져 있다. 남송에서 승려가 와서 처음 4개의 선원을 세웠는데 태평·초제·죽림·서상이다. 관직이 없는 귀족 집안에서는 승려가 많이 되었다. 가사와 발우(의발이다)가 매우 많다. 연수원주(延壽院主)는 거처하는 절이 28곳이다.

25.

승직은 정판록과 부판록이 있는데 혹은 사공이라고도 한다. (요나라 때 승려로서 관직이 올라 검교사공에 이른 이가 있어서 옛 명칭이 상존한다.) 나갈 때 말을 타고 인장을 차는데 가사(街司)[77]와 오백(五伯)[78] 각 두 사람이 앞에서 인도한다. 무릇 승려는 다스리지 않는 것이 없는데, 죄가 있는 자를 채찍질하였으며 그 무리는 이를 영광으로 여겼다. 출가자는 도첩(度牒)[79]을 사는 비용이 들지 않는다.

---

77) 가도사(街道司) : 왕성의 도로 구거를 담당하는 기관(백도백과)
78) 오백(五伯) : 관원의 가마를 앞에서 인도하는 역졸(배도백과)
79) 도첩(度牒) : 승려의 신분증명서(네이버백과)

금주가 아들을 얻자 사면을 하였는데, 연(燕)·운(雲)·변(汴)의 삼대(三臺)에 명령하여 중생을 구제하게 하였다. 스승을 모신 자는 모두 삭발한다. 노비로 종살이에서 벗어나고자 하는 자는 겨우 수천 속으로 요청하면 이를 얻을 수 있다. 도첩을 얻어 승려가 된 자는 자그마치 30만이다. 옛 풍속에 승려들의 간통을 금하지 아니하였는데, 근래의 법은 간통을 엄하게 다스렸다. 간통을 신고하는 사람에게 상금 3백에서 1천을 준다. 일찍이 아내가 있던 자는 속세로 돌아가도록 하였다. 평민과 통정한 자는 등에 매를 때리고 변방으로 내쳤다. 남승과 여승이 서로 통정하거나 품계가 있는 관리 집을 범하는 자는 모두 죽인다.

26.

포로호(蒲路虎)80)는 천성이 백성을 사랑하였다. 관할 지역에 있는 관리로 하여금 조세를 면제하거나 가볍게 하여 번인(蕃人)과 한인(漢人) 사이에서 인심을 얻었다. 단지 술이 과할 때가 있었다. 뒤에 동경유수(치소는 발해성)에 제수되었는데 황제가 칙령으로 금주하도록 하였다. 치소에 아직 도착하지 않았을 때 승려 하나가 길을 막고 색령혹으로 만든 주발(색령은 나무 이름이다. 무늬가 예뻐서 그릇으로 많이 쓴다)을 올리면서, "술잔으로 쓸만합니다."라고 하였다.

포로호가 말하기를, "황제께서 나를 보내실 때 술을 경계토록 하셨다. 너는 누구이기에 이 그릇으로 나를 유혹하는가?"라고 하면서, 좌우를 둘러보고 와발랄해(저들 말로 몽둥이로 뒤통수를 쳐서 죽이는 것이다)토록 명령하니 즉시 끌고 갔다. 형을 집행하는 자는 그가 허물이 없는 것을 안

---

80) 포로호(蒲路虎) : 금나라 종실. 이름은 완안종반(完顔宗磐), 금·태종 완안성(完顔晟)의 장자, 宋国王에 봉해졌다.(백도백과)

타깝게 여겨서 머리통을 칠 때 힘을 쓰지 않았다. 밤에 달아나도록 하고 죽었다고 보고하려고 하였다. 아직 끝나지 않았는데 다시 시킨 사람을 앞에 불렀다.

승려는 피가 흘러 흠뻑 젖었다. 포로호가 말하기를, "잔을 바친 뜻이 어디에 있는가?"라고 하니, 대답하기를, "대왕께서 인자하고 정직하시니 백성들이 기쁘고 다행스럽게 생각합니다. 그래서 감히 이를 바쳐 장수를 기원하는 것이지 다른 뜻은 없습니다."라고 하였다. 포로호는 뜻을 이해하고 석방하려고 하여 그 고향을 물었더니 발해라고 대답하였다. 포로호가 웃으면서 말하기를, "너는 내가 오는 것을 듣고 이런 것을 써서 혼돈케 하는구나, 어찌 사면할 것인가!" 하고 마침내 죽였다.

또 도로에서 남승과 여승 다섯 쌍이 함께 탄 수레를 만났다. 불러서 나무라기를, "너희는 무리 지어 놀면서 법을 어기고서도 감히 드러내놓고 내 앞에서 다니는가!"라고 하고는 모두 쏘아서 죽였다.[81]

27.

금나라 법에 한지(漢地)에 있는 이족 관리는 모두 '통사(通事)'를 두었다(즉 통역관이다. 혹은 통역하는 관인이 있다). 상하 경중이 모두 그 손을 거쳐 나오는데, 붓을 놀리는 것에 따라서 재물을 벌었다. 이삼 년이면 모두 부자가 되었기에 백성들은 고통스러웠다. 은주가대왕(銀珠哥大王)이라는 자가 있었는데('은주'는 육십 번째라는 뜻이다), 전쟁을 많이 치러서 매우 귀하게 되었으나 백성들을 위한 일 처리는 익숙하지 못하였다. 일찍

---

81) 여기서 말하는 "법"은 법률제도 상 승려계급에 대한 특수규정으로 보이며, 통상 간음죄가 사형의 대상은 아니다. 도사·승려들이 긴음히면 일반인에 비해 가중처벌하던 송나라 형법의 영향이 송막(松漠)에도 미쳐 사형에까지 이른 것으로 판단된다.(姜雨 외, 앞의 논문, p.56.)

이 연경 유수였을 때 수십 집의 백성이 부유한 승려에게 금 육칠만 꿰미를 빚졌는데 갚으려 하지 않자, 승려는 소송을 제기하였다.

　채무자들이 크게 놀라 통사에게 채무액 비율에 따른 뇌물을 주고 너그럽게 처리토록 청탁하였다. 통사가 말하기를, "너희 무리가 빚을 갚지 않으니 이제 비록 조금 지연시킨다 하더라도 종래는 면하지 못할 것이다. 진실로 내게 후사하면 너희를 위해 그를 죽음에 이르게 하겠다."라고 하고 흔쾌히 허락하였다. 승려는 고발장을 펼쳐놓고 무릎을 꿇고서 명을 기다렸다. 통사는 몰래 다른 종이를 바꾸고서 통역하기를, "오랫동안 비가 오지 않아서 가뭄이 들었는데, 승려가 분신하여 하늘을 감동시켜 백성들을 구하고자 한다."라고 하였다.

　은주가 웃으면서 서첩의 끝에 이른바 '새흔(塞痕)'이라고 썼다. 정청 아래에 있던 견룡관 스무 명이 그를 끌고 나갔다. 승려는 붙잡는 까닭을 알지 못했다. 통사가 말하기를, "새흔은 좋다는 것이다. 서찰대로 집행하라." 잠시 후 외성을 나가니 곧 채무자들이 나뭇단을 쌓아놓고 기다리고 있었다. 그들은 승려를 팔짱 끼고 위로 올려 사면에 불을 붙였다. 원통하다고 부르짖었으나 벗어나지 못하고 마침내 불에 타서 죽었다.

28.

　오랑캐의 옛 풍속에는 의식에 관한 예법이 없었다. 임금과 백성이 같은 냇가에서 목욕하고 등을 서로 밀어주는 것이 도리였다. 백성들이 비록 닭을 잡아도 임금을 불러서 같이 먹었다. 넓적다리는 굽고 가슴살은 삶았다(䐑脯의 음은 蒲脯이다. 저민 고기이다). 남은 고기는 고비나물과 함께 절구에 넣고 죽같이 될 때까지 찧는데 일상적으로 이루어졌다. 오걸매는 황제로 등극하고도 옛 풍습대로 좇아 하였으나 현 임금은 이를 고치려고 했다.

　금나라의 새로운 제도는 대저 중국 법률을 모방하였다. 황통 3년

(1143)82)에 이르러 그 법을 반포하였다. 새로 만드는 법은 윗사람들을 편리하게 하였다. 예를 들어, 처를 때려서 죽인 자로 기물을 쓰지 않은 경우 형을 가하지 않았는데, 이는 첩실이 많아서 정실이 투기하는 것을 우려하여서이다. 한인 부인이 침을 뱉거나 욕하는 것을 금하지 아니하였다. 옛날에는 이런 법이 없었는데 일찍이 노비들도 이와 같지는 않았다.

북인은 거듭하여 사면하였는데 기우(祈雨)를 위한 사면은 없다. 내가 명을 받은 15년 동안 겨우 두 번 사면하는 것을 보았는데 한번은 여도고가 반란했을 때, 한번은 황자가 태어났을 때이다.

29.

맹골인(盲骨子)은 키가 칠팔 척이고 고라니와 사슴을 잡아서 먹는다. 금인이 이전에 여러 무리를 잡아서 연(燕)에 데리고 왔다. 눈은 능히 수십 리를 볼 수 있는데 아주 조그만 것도 볼 수 있다. 대체로 연기나 불로 익혀 먹지 않기에 눈이 밝다. 금인과 강 하나를 사이에 두고 있으며 항상 강을 건너 남쪽을 쳐들어왔는데 방어하면 곧 되돌아가니 어찌할 수 없다. 금국 천회 14년(1136년)83) 4월, 중경에 적은 비가 내리고 천둥과 벼락이 크게 쳤다. 게떼 수십 마리가 토하(土河)84)로 뛰어들었는데 구조된 것은 겨우 두세 마리에 불과하고 거의 죽었다.

---

82) 황통(皇統) : 元年:1141年~末年:1149年, 金 熙宗의 세 번째 年号(백도백과)
83) 천회(天會) : 金 太宗 연호(元年:1123年~末年:1135年)(백도백과)
84) 토하(土河) : 內蒙古 老哈河(백도백과)

30.
송막기문속(松漠紀聞續)

냉산(冷山)은 연산에서 삼천리 떨어져 있다. 금국 도읍에서 이백여 리 떨어진 거리85)이다. 이는 모두 불모의 땅이다. 을묘년에 이름을 분간할 수 없고 몸의 높이가 일 장이 넘는 두 마리 용이 서로 몇 걸음 떨어져서 죽었다. 냉기와 비린내가 사람을 덮쳐서 가까이 갈 수가 없었다. 하나는 이미 뿔이 없는데 사람들이 잘라간 것 같고 하나는 이마에 구멍이 있었는데 크기가 약 동전 세 개에 상당하고 도끼로 찍은 흔적이 있었다. 오실이 사람을 보내 그 뿔을 자르고자 하였으나 상서롭지 못할까 여겨서 그만두었다.

무오년 여름, 희주(熙州) 야외 낙수(樂水)에 용이 삼일간 나타났다. 처음에는 수면에 푸른 용 한 마리가 나타났는데 꽤 오래 있다가 사라졌다. 다음 날 금룡이 발톱으로 어린애를 잡아서 들어 올렸다. 아이는 비록 용에게 희롱을 당해도 두려워하는 빛이 없었다. 셋째 날 금룡이 이전과 같이 나타났다.

한 임금이 백마를 타고 나타났는데, 붉은 소매에 옥대를 하였으며 소년이 과거에 급제한 것과 같았다. 말 앞에 두꺼비 여섯 마리가 있다가 3시 방향으로 사라졌다. 군의 사람들이 다투어 가서 보았는데 서로 매우 가까이 있는데도 바람과 물결의 해를 입지 않았다. 희주에서 그림을 그려 유예(劉豫)86)에게 보이니 유예가 기뻐하지 않았다. 조백린이 일찍이 이를 보

---

85) 『송사·홍호전(洪皓傳)』에도 이와 유사한 기록이 있는데, "冷山距金主所都僅百里, 地苦寒, 四月草生, 八月已雪"이라고 되어 있다.(역자주)
86) 유예(劉豫) : 북송 관리였다가 금나라에 의해 建炎 四年(1130) 세워진 괴뢰국 제나라 황제가 되었다가 뒤에 폐위되었다.(백도백과)

았다. 이해 5월, 변도87) 대강현에 하루 저녁 뇌우가 크게 일었다. 얼음 거북이 떨어져서 수십 리에 뻗쳤다. 거북의 크기는 같지 않았으며, 머리와 발에 팔괘문을 모두 띄고 있었다.

31.

아보기가 서루(西樓)88)에 기거할 때 양탄자로 두른 장막에서 잤다. 새벽에 일어나니 길이가 십여 장 되는 흑룡이 나타나 그 위를 구불거리고 있었다. 활을 당겨서 쏘니 즉시 공중으로 올라 꿈틀거리더니 죽어서 황룡부(黃龍府)의 서쪽 1,500리 거리에 떨어졌다. 길이가 수 척인데, 그 잔해가 금국 왕궁창고에 아직 있다. 오실의 장자 원상(源嘗)이 이를 보니 꼬리지느러미 지체는 모두 온전한데 두 뿔은 이미 사람들이 잘라가고 없었다. 내가 소장하고 있는 동우가 그린 출수룡의 모습과 비교해 보니 매우 비슷한데, 등 위의 갈기는 물고기 지느러미 같이 그리지 않았다.

오실의 셋째 아들 달달(撻撻)은 날쌔고 용감하며 지모가 있었는데 용력은 백 사람과 맞먹었다. 오실은 항상 그와 나라를 위한 방책을 의논하였다. 포로호(蒲路虎)를 죽일 때 달달이 조서를 받들고 가서 불러들였다. 직접 그 손을 잡고 죽여서 명위장군이 되었다.

정월 16일 노복을 협박하고 과부인 숙모집으로 들어가서 사통하였다. 오실이 궐하(闕下)에 있었는데(오랑캐 도읍이다) 그 장자가 알리자 병장기로 집에서 치도록 하였다. 오실이 도착하여 그 까닭을 물으니, 말하기를 "감히 함부로 도둑질을 하였습니다."라고 하였다. 오실이 포박하도록 명령하였다. 등에 곤장 100여 대를 때리고 석방하였다. 몸에 상처는 없었다.

---

87) 변도(汴都) : 하남성 개봉(백도백과)
88) 서루(西樓) : 上京臨潢府(今 內蒙古 巴林左旗 南波羅城)를 가리킨다.(백도백과)

32.

오랑캐 법에 포박한 자는 반드시 죽인다. 달달은 처음에 곤장만 맞을 것으로 생각하였는데 포박이라는 말을 듣고는 놀라서 마침내 맥이 빠졌다. 집에 돌아와서도 앉을 수 없었다. 탄식해서 말하기를, "나는 장차 가려고 한다."고 하였다. 사람들이 묻자, "포로호를 맞이하러 간다."고 말하고는 열흘 뒤에 죽었다. 오실이 통곡하여 말하기를, "내 왼손을 잘랐구나."라고 하였다. 이해 구월 오실 또한 연좌되어 죽임을 당하였다.

기미년 오월, 혜성이 노(魯)의 위치에 머물렀다. 오실이 점을 치도록 하니, 태사가 말하기를, "나의 분야[89]에 있지 않으니 외방에 작은 재난이 있으나 상해가 없습니다."라고 하였다. 칠월에 이르러, 노(魯)·연(兗)·송(宋)·등(滕)·우(虞) 등 여러 왕이 같은 날 죽임을 당하였다. 경신년, 별이 진(陳)의 위치에 머무르니 태사가 우문에게 알리고 우문이 오실에게 말하였다(오실은 이때 진왕陳王이다). 오실은 괴이하게 여기지 않았으나 구월에 이르러 죽임을 당하였다. 오랑캐 또한 천도에 따르는 것이 이와 같다.

33.

금인의 과거는 먼저 여러 주(州)의 현에서 나누어 시험을 본다. 시부(詩賦)를 보는 자는 논책(論策)도 겸하여 하루에 짓고, 경의(經義)를 보는 자는 논책(論策)을 겸하여 삼일에 지으니 이를 향시(鄕試)라 한다. 모두 그 현령이 시관이 된다. 응시자 중에서 잡범(雜犯)[90]은 떨어뜨린다.

수석 합격자를 '향원(鄕元)' 또는 '해원(解元)'이라 부른다. 다음 해 봄에 세 곳으로 나누어 비슷한 시험을 보는데, 황하에서 북으로 여진까지는

---

[89] 분야(分野) : 고대 천문에서 천상의 구역을 지상의 나라와 대응하게 구분한 것이다. 12개 분야로 나누었으며, 燕之分野, 屬幽州, 魯之分野, 屬徐州 등이 그것이다.(『晉書』「天文志」)(백도백과)
[90] 잡범은 서법과 글자 획을 틀리게 쓴 것을 말한다.

연(燕)으로 가고, 관서와 하동은 운중으로 가고, 황하 이남은 변(汴)에서 시험을 치르는데 이를 부시(府試)라고 한다. 시부(詩賦)를 보고 시무책을 논하게 한다. 경의(經義)는 즉 오도·삼책·일론·일률이다. 두 사람 중 한 사람을 뽑는데 수석 합격자를 부원(府元)이라 부른다.

가을이 되면 여러 곳의 합격자를 연(燕)에 불러 모아서 회시(會試)를 본다. 그리고 여섯 사람 중 한 명을 뽑는다. 수석 합격자는 '칙두(勅頭)' 또는 '장원(狀元)'이라 부른다. 또한 '삼갑'으로 나누는데 '상갑', '중갑', '하갑'이다. 칙두는 승덕랑에 보임시켰는데 중국 조정의 승의를 본받았다. 상갑은 모두 비단을 하사하고, 7년이면 봉직대부에 오르는데 이를 '정랑'이라고 한다. 제2·제3의 사람은 8년 또는 9년이 걸린다. 중갑은 12년, 하갑은 13년이다. 맡은 관직의 높고 낮음을 가리지 않고 모두 대부에 오른다. 중과 하갑은 녹색 옷인데 규정에 따라 은대를 하사한다.

34.

부시를 주관하는 관원은 황제의 허가를 받는데 상서성에서 공문을 내려보낸다. 지거(知擧)는 한 사람이고 동지(同知)는 두 사람인데, 또 미봉·등록·감문 등의 종류가 있다. 과장에서는 네 기둥을 사용하였는데 비단을 그 위에 걸었으며 이름하여 '지공루'라 불렀다. 최고 시험관이 이에 올라서 시험을 보게 한다.

혹 사사로이 일을 처리하는 자가 있으면 공무를 정지시키고 아무런 일도 주지 아니하며, 결사대(決沙袋)[91]의 벌을 가하는데 친척이라도 회피하지 못한다. 서법(書法)을 매우 중시하여 무릇 글씨를 쓸 때 서법과 글자

---

91) 결사대(決沙袋)라는 것은 『大金國志』에 의하면 요나라의 형벌제도를 이어받은 것인데, 가죽 주머니에 모래와 돌(沙石)을 채워서 곤장 끝에 내달아 죄인의 등을 때리는 것이다.(강우 외, 앞의 논문, p.57.)

점획의 좌우가 조금만 틀려도 모두 '잡범(雜犯)'으로 부른다. 이전에는 조사를 마치면 지거가 이름을 불렀다. 최근에는 상·중·하갑 열 명을 섞어 뽑아 조정에 들여보내서 한림원에 내려보내 다시 조사하게 하였으니 실로 사사로이 권세와 귀한 신분을 뽑아내기 위한 것이다.

채점을 할 때 불합격자는 방에 이름을 썼다. 시험 장소에서 공개하면 남은 사람은 선발된 것을 알게 된다. (뒤에 또 어시를 보는데 회시 합격자는 모두 국도로 간다. 시문은 다시 보지 않고 다만 회시 합격자를 전정(展庭)에서 순서를 부른다. 선비들은 이를 꽤 고생스럽게 여기고 많은 이가 가려고 하지 않는다. 곧 연(燕)에 가면 벼슬길의 지름길인데 어시제도는 마침내 끊어졌다.) 또 명경, 명법, 동자과가 있는데 뽑아서 쓰지 않고 부위(簿尉)92)에 그친다. 명경은 직성관(直省官)93)이 되어 재집(宰執)94)을 보좌하는 데 그치는데 붓과 벼루를 휴대한다. 동자과는 조헌보가 겨우 삼품에 오르는 데 그칠 뿐이었다.

35.

성부(省部)에는 '영사(令史)'95)가 있는데 진사 급제자가 이를 한다. 또 '역사(譯史)'96)가 있는데 연사(練事) 또는 관절(關節)로 하였다. 무릇 관리를 바꾸거나 또는 주의 태수를 제수할 때 영사가 고하고 역사가 이를 옮긴다. 큰 주는 수백 수천의 세배이고 수부(帥府)는 수천 꿰미가 든다. 올출(兀朮)이 여러 귀인을 제수하면서 재집(宰執)의 자제들로 보내도록 하

---

92) 부위(簿尉) : 主簿와 縣尉, 지방관청의 보좌 관원이다.(백도백과)
93) 직성관(直省官) : 唐五代에 三省에 설치, 百官이 宰相을 뵈러 갈 때 引接을 담당(백도백과)
94) 재집(宰執) : 宰相과 枢密院長의 합칭(백도백과)
95) 영사(令史) : (옛날에) 아전(衙前)·서리(胥吏) 등(等)을 통틀어 이르던 말(네이버사전)
96) 역사(譯史) : 다른 나라 문자를 번역하는 관리(백도백과)

였는데 수만 꿰미를 거두었다.

  북방은 몹시 추워서 가죽으로 옷을 많이 만든다. 쥐 한 마리를 잡아도 껍질을 벗겨 갈무리한다. 부인은 장식으로 양가죽 모자를 쓰는데 가격이 수천 냥에 이르며, 큰 양 세 마리의 가격과 같다. 담비 가죽은 귀하게 여기지 않는데 햇볕이나 불에 노출되면 껍질이 벗겨지고 색깔이 없어져 버리기 때문이다. 일찍이 한인들이 곡부(曲阜)에 가서 성인의 릉을 발굴하여 드러내려고 하였다. 점한이 이를 듣고 고경서(발해인)에게 묻기를, "공자가 누구인가?"라고 하니, 대답하기를, "옛날의 대성인입니다."라고 하니, 말하기를, "대성인의 묘를 어찌 드러내겠는가?"라고 하고 모두 죽였다. 그리하여 성인의 마을이 온전하게 되었다. 연경의 다관에서 쌍륙국(雙陸局)을 설치하였는데 대여섯 개 또는 많게는 열 개나 되었다. 노름꾼들이 국으로 갔는데 송인들 다관에는 바둑을 갖추었다.

36.

  여진에는 흰 작약꽃이 많은데 모두 야생이며 붉은 것은 전혀 없다. 경사가 있는 집에서는 싹으로 나물을 하는데 밀가루를 묻혀서 전을 부친다. 손님을 접대하거나 대소재(大小齋)를 지키는 데 쓴다. 그 맛은 연하고 좋은데 오래 보관할 수 있다. 생강은 없어 연(燕)에 가야 구할 수 있는데 한 량의 가격이 1,200이나 된다. 금인은 매우 귀하게 여겨서 함부로 내놓지 않는다. 큰 손님이 오면 실처럼 가늘게 잘라서 몇 가닥을 접시에 올려 두어서 진귀한 물건임을 나타내고 음식에는 섞지 않는다.

  수박은 모양이 박처럼 둥글다. 색깔은 매우 푸른 청록이다. 오래되면 누렇게 변한다. 오이류 중에 참외는 연하고 달다. 가운데 즙이 있는데 꽤 차다. 『오대사·사이부록』에는, "소똥을 밭이랑에 덮어서 씨를 심는다."고 되어 있다. 내가 가지고 돌아왔는데 이제는 채마밭을 금하지만 고향 동산에 있다. 몇 달을 보관할 수 있다. 다만 해를 넘기지는 못하고 또한 황색으로 변하지도 않는다. 파양(鄱陽)97)에 눈병으로 오래 고생하던 사람이 햇볕에 말려서 먹었더니 나았는데 대체로 그 성질이 차기 때문이다.

37.

장백산(長白山)은 냉산(冷山)의 동남쪽 천여 리에 있다. 아마도 백의관음(白衣觀音)이 사는 곳이다. 그 산의 짐승은 모두 희다. 사람이 감히 들어가지 못하는데 뱀에 물리는 해를 입는 것이 두렵기 때문이다. 흑수(黑水)가 이곳에서 발원하는데 예전에는 속말하(粟末河)라 불렀다. 거란의 덕광(德光)98)이 진(晉)을 격파하고 혼동강(混同江)으로 고쳤다. 그 풍속은 나무를 파서 배를 만드는데 길이가 팔 척 정도 되고 모양은 베틀의 북과 같아서 '사선(梭船)'이라 불렀다. 위에 상앗대 하나를 두고 멈추어서 고기를 잡는다.99) 수레를 건널 때는 네 척이나 세 척을 연결한다. 뒤에 오실이 송나라 사람을 얻어서 비로소 배를 만들었다. 중국의 양식을 운반하는 자들 중 많은 이들이 국도에서 오국성(五國城)100)으로 가서 물고기를 실어 왔다.

서루에는 부들이 있는데 물가에 무더기로 자란다. 줄기는 하나이고 잎은 버들과 같다. 길이가 팔 척에서 일 장 사이의 것을 골라서 화살을 만드는데 잘 휘지 않고 단단하다. 좌씨(左氏)101)가 말하는 '동택의 부들'이 이것이다.

---

97) 江西省 鄱陽縣(백도백과)
98) 요나라 2대 황제 태종 야율덕광(耶律德光, 902~947). 후당과 후진을 멸망시켰다.(백도백과)
99) 하나의 노를 사용하는 카약을 가리키는 것으로 보인다.(역자주)
100) 오국성(五國城) : 요나라 시기에 五國部 越里吉城을 말하며, 흑룡강성 依蘭縣에 있다. 송의 흠종, 휘종이 이곳에 억류되었다.(백도백과)
101) 『춘추좌전(春秋左傳)』의 저자 노나라의 좌구명(左丘明)을 말한다.(역자주)

38.

　관서의 양은 동주(同州)102)의 모래언덕에서 자란다. 큰 뿔이 위로 휘어져 귀에 닿아 있다. 가장 좋은 것은 와사세륵(臥沙細肋)이라고 한다. 북양(北羊)은 모두 얼굴이 길고 수염이 많다. 뿔이 있는 것은 백 마리 중에 두세 마리도 안 된다. 큰 것이 겨우 손가락 길이로서 4촌을 넘지 않는다. 모두 '흰양'으로 보이나 기실은 검은 것이 섞여 있다.

　또한 갈비뼈가 젓가락같이 가는 것이 매우 맛이 좋다. 성질은 겁이 많고 뿔로 받지 않으며 도랑이나 구덩이를 뛰어넘지 않는다. 훌륭한 양치기는 무리마다 반드시 고력양103) 몇 마리를 둔다(고력의 발음은 古力이다. 북인이 羖를 골骨로 잘못 불렀다). 용맹하기에 반드시 앞에서 행동한다. 개천을 만나서 앞에서 건너면 양떼가 모두 그 뒤를 따른다. 고력이 풍을 일으키는 것으로 여겨서 잡아먹지 않는다.

　달단에서 자라는 것은 큰 것이 당나귀와 같은데 꼬리가 크고 두터워서 부채와 비슷하다. 등마루에서 꼬리까지 무게가 5근 정도 된다. 모두 발기름과 비계로서 웅백(熊白)104) 대신으로 떡과 경단과 같이 먹는다. 여러 나라 사람들이 다른 물건으로 이와 바꾼다.

39.

　양은 바람을 따라서 가는데 큰바람이 일어날 때마다 무리가 흩어져 잃게 된다. 양치기는 말을 달려 찾아 나서는데 수백 리 떨어져서 찾기도 한다. 삼월과 팔월 두 번 털을 깎는다. 털을 깎을 때는 솜이 떨어지는 것처럼 만들려고 한다. 가위질을 잘못하면 풀로 묶은 것처럼 떨어진다. 털을

---

102) 陝西省 渭南市 大荔县 (古称 同州)(백도백과)
103) 고력양(羖𦍩羊) : 털이 길고 색깔이 검은 숫양외 한 가지(네이버사전)
104) 웅백(熊白) : 곰기름(熊脂). 곰의 등 윗부분의 흰 기름. 진미(珍味)의 하나이다.(백도백과)

비벼 꼬아서 실을 만들 수 있다. 봄철 털은 맞돈을 주지 않는다. 모전(毛氈)을 만들면 좀이 먹는다. 가을철 털이 가장 좋다. 가죽은 모두 갖옷을 만드는 데 쓰고 양을 잡으면 고기만 먹는다. 귀인이 귀한 손님을 맞을 때는 고기를 가죽에 싸서 내놓는데, 반드시 손가락으로 가리키며 자랑하여 말하기를, "이것은 숨겨두었던 양입니다."라고 한다.

회골콩은 키가 2척 남짓 된다. 줄기가 곧고 잎이 있으며 곁가지는 없다. 꼬투리의 길이는 2촌이며 꼬투리마다 2알의 콩만 있다. 하나의 뿌리에 겨우 6~7개의 꼬투리가 달린다. 색깔은 누렇고 맛은 밤과 같다.

발해의 게는 홍색이며 큰 것은 주발만하다. 집게발은 크고 두터운데 중국의 게와 같다. 석거(낙지), 망둥어도 있다.

40.

상경(上京)[105]에서 연(燕)까지 2,750리이다. 상경이 곧 서루[106]이다. 상경에서 30리를 가면 회령두포이고, 45리를 가면 제이포이다. 35리를 가면 아살포이고, 45리를 가면 래류하[107]이고, 40리를 가면 보타패근포이고, 70리를 가면 빈주이다. 혼동강을 건너서 70리를 가면 북역주이다. 혼동강 건너 50리를 가면 제주 동포이고, 20리를 가면 제주(濟州)[108]이다. 40리 가면 승주포이고, 50리 가면 소사포에 이르고, 50리 가면 위주이다. 40리 가면 신주의 북변이고, 50리 가면 몰아포이다. 50리 가면 해영[109]의 서변이

---

105) 상경회령부(上京會寧府) : 현 흑룡강성 하얼빈시 아청구 백성(백도백과)
106) "상경이 곧 서루이다."는 원문은 착오에 의한 것으로 보인다.
　　서루(西樓)는 거란의 상경(上京)으로 금나라 상경(上京)이 아니기 때문이다.
　　(『松漠紀聞批注』, 李文信 遺注, 李仲元 整理)
107) 지금의 拉林河이다. 松花江의 支流이다.(백도백과)
108) 熙宗 天眷二年 黃龍府를 濟州로 개명하였다.(백도백과)
109) 해영(奚營) : 해족의 진영을 말한다. 요 성종 시기에 구백해영(九百奚營)을 설치한 기록이 나오는데, 그 이후에도 해영에 관한 기록이 자주 나온다.(역자주)

며, 45리 가면 양상점이고, 45리 가면 협도점이다. 50리 가면 안주 남포이고, 40리 가면 숙주 북포이고, 40리 가면 함주 남포이다. 40리 가면 동주 남포이고, 40리 가면 은주 남포이고, 50리 가면 흥주이다.

41.

40리 가면 포하110)에 이르고, 40리 가면 심주(瀋州)111)이고, 60리 가면 광주(廣州)112)이다. 70리 가면 대구이고, 60리 가면 양어무(梁漁務)113)이고, 35리 가면 토아과이고, 50리 가면 사하이고, 50리 가면 현주(顯州)114)이고, 50리 가면 군관채이고, 40리 가면 척은채이고, 40리 가면 무주이고, 40리 가면 신성이고, 40리 가면 마길보락이고, 40리 가면 호가무이며, 40리 가면 동가장이고, 40리 가면 도화도이고, 40리 가면 양가관이며, 50리 가면 습주이고, 40리 가면 석가점이며, 40리 가면 래주이고, 40리 가면 남신채이고, 40리 가면 천주이고, 40리 가면 윤주이다.

42.

30리 가면 옛 유관이고, 30리 가면 신안이고, 40리 가면 쌍망점이고, 40리 가면 평주이고, 40리 가면 적봉구이며, 40리 가면 칠개령이고, 40리 가면 진자점이고, 40리 가면 영제무이고, 40리 가면 사류하이고, 40리 가면 옥전현이고, 40리 가면 나산포이고, 30리 가면 계주이다. 30리 가면 방군점이고, 35리 가면 하점이고, 40리 가면 삼하현이고, 30리 가면 로현이고,

---

110) 渾河의 지류이다.(백도백과)
111) 요령성 심양이다.(백도백과)
112) 광주는 고구려 때의 當山縣이며, 발해 때는 철리군(鐵利郡)이라 했다. 요 태조 때 철리부로 고쳤고, 성종 때인 개태 7년에 광주로 바꾸었다.(장수계 외, 『요사지리지휘석』, p.106.)
113) 廣寧府 望平縣, 요령 新民市 前当堡鎮 大古城子村(백도백과)
114) 요령성 北鎮(백도백과)

30리 가면 교정이며, 30리 가면 연(燕)이다. 연으로부터 동경까지 1,315리이며, 동경에서 사주(泗州)까지 1,034리이다. 운중(雲中)115)에서 연(燕)까지 산이 수백 리인데 모두 내리막길이며 그 지형이 매우 높아서 올라가면 하늘이 매우 가까워진다.

43.

오랑캐가 중국의 사신을 대접하는 규정은 매일 정사와 부사에게는 세주 20병, 양고기 8근, 과자 500전(錢)을 제공하고 그에 딸린 잡사에게는 500전과 흰 밀가루 3근, 기름 반근, 식초 2근, 소금 반근, 쌀가루 1근, 세백미 3근, 간장 반근, 장작 3단을 준다. 상사(上使)에게는 세주 6병, 양고기 5근, 밀가루 3근을 주고, 그에 딸린 잡사에게는 200전, 백미 2근을 준다. 중사(中使)에게는 항상 술 5병, 양고기 3근, 밀가루 2근을 제공하고 그에 딸린 잡사에게는 100전, 백미 1되 반을 준다. 하사(下使)에게는 항상 술 3병, 양고기 2근, 밀가루 1근을 주고, 그에 딸린 잡사에게는 100전, 백미 1되 반을 준다.

44.

천권(天眷) 2년(1139)116) 관제를 정할 것을 주청하는 『청정관제』 문서에 다음과 같이 쓰여 있다. "삼가, 관부를 두고 직책을 나누며 법과 제도를 만드는 것은 제왕이 마땅히 할 일이며 빼놓을 수 없는 것입니다. 예전에 제왕이 된 분들은 하나도 빼지 않고 모두 그러했습니다. 세상이 쇠함에 이를 때는 범법하고 방임분란하며 관리도 항상 지킬 수 없습니다.

---

115) 山西 大同(고금지명대조표)
116) 금나라 제3대 희종 때의 첫 연호(역자주)

일과 말은 어긋나고 진실로 명분도 없어집니다. 이에 이르면 다시 떨칠 수 없습니다. 성인이 만든 것을 뒤따라 잡으며, 폐단을 깎고 빠진 것을 보완하고, 때를 타서 일을 잘 처리하며, 다스리는 것을 갖춘 연후에 밝게 일신하게 됩니다. '무수히 변하나 거듭 관통하니, 선을 가렸다고 말한 것을 안다.'고 『시경』에 말한 것이 이를 말하는 것입니다.

성명영무(聖明英武)하신 태조황제는 나라를 다스리시는 데 문물을 아우르셨으니 일찍이 한가할 틈이 없으셨습니다. 태종황제께서 자리를 이으신 지 12년 동안 위엄과 덕망이 널리 미치고 온 세상이 태평을 누리며, 하늘의 판단은 백성으로부터 나오고, 밖의 사물에 얽매이지 않고 세상 흐름에 순응하시며, 처음으로 명철한 조서를 내리시고, 관직을 설치하여 군신이 본분을 지키게 하시어 장래에 모범이 되게 하고자 하셨습니다. 그로써 백성을 위해 준칙을 마련하셨습니다. 임금의 통치와 방략은 넓고 머니, 가히 들어서 행하며 그 끝을 이루니 바로 오늘입니다.

45.

엎드려 생각하건대, 황제폐하께서는 천성이 효도하고 덕이 있으시며, 선왕의 명을 받들어 공업을 이었으니, 관리에게 어떤 것을 명하실 때는 정밀하고 자세히 고치도록 말씀하셔야 합니다. 신들이 산가 생각할 때, 당나라 시대에 와서 직품과 작위, 관리를 뽑는 것과 공과를 조사하는 것과 관련하여 법과 호령이 정밀해졌습니다. 또한 일찍이 편협하게 될 것을 걱정하여 멀리 개원(開元) 연간에 적은 것부터 아래로 요와 송에 전하는 것까지 널리 조사하여 참고하였습니다. 오늘에 편함이 있는 것은 반드시 옛것에 얽매일 필요가 없으며, 법에 바르게 되어 있는 것은 또한 풍습에 따르지 않아야 합니다.

이제 먼저 관부 호칭과 품계와 직무를 정하여 황실 문서고에 올려서 황상께서 시간이 되실 때 보실 수 있게 하겠습니다. 공손히 황상의 판단을 기다리니, 잘못된 것은 바르게 고치시옵소서. 직언을 받아들여 대업을 이루시고, 명망이 있는 인물을 진실로 발탁하시며, 교화를 일으키어 백성을 풍요롭게 하는 것이 여기에 달려 있습니다.

무릇 이 책에 실리지 않은 것은 잠시 옛 관례대로 하시길 바라옵니다. 천천히 토론하여 이 주청과 이어 보십시오. 신들의 생각은 허술하고 빈약하여 멀리까지 생각이 미치지 못하니, 현명하신 명을 가로막을까 우려됩니다. 만약 조금이라도 취할 게 있다면 먼저 반포하여 시행하기를 엎드려 간청하옵니다."라고 하였다.

46.

회답하는 조서에 이르기를, "짐이 들어보아서 가한 것은 그대로 하고, 아닌 것은 고쳐야 한다. 일을 꺼리지 말고 고쳐야 한다. 말하기는 쉬우나 행하기는 어렵다. 다스림에 있어 빨리하고자 하는 욕심을 버려야 한다. 잘 살피고 난 뒤에 올려서 장차 고치지 않도록 한다. 이에 선황부터 이미 명을 반포하셨으니, 옛 법도를 살펴 조사하여 좋은 것을 따르며 백성들을 새롭게 하라.

조정에서 근본을 바로잡으며 우선 대성(臺省)의 관직을 세운다. 어찌 모든 관리의 직무를 지키는 일뿐이겠는가? 각각 이름이나 신분에 따라 도리를 지키니 이것이 일대의 문물과 제도로서 있지 않은 곳이 없다. 능히 일을 마무리하지 못했음은 이 작은 몸이 대통을 이어받았기 때문이다. 선왕의 공업을 떨어뜨릴까 두렵고 저녁에도 일에 잘못됨이 없도록 걱정을 하며, 조상(祖上)의 하던 일이나 뜻을 끊지 아니하고 이어서 가고, 거듭 명령을 조사(調査)하여 구(求)한다.

비록 법은 당나라 것이라고 하나, 마땅히 선후를 헤아려야 한다. 하(夏)에 이르러 고루함이 증감되어 특별한 길이 되었다. 적시에 절충하는 데 힘쓰며, 이제와 누세에도 힘쓰고, 여럿이 함께 풀어내어 삼가 성공에 이르도록 하라. 선택한 것을 먼저 실행하고 백성에게 오복을 펴서 주고 백성의 이야기를 들어서 판결하라. 집을 지음에 조상들이 이루어 놓은 훌륭한 업적을 소홀히 하지 말고 길이길이 이어받아야 하니, 차례로 법식을 따라 확정하는 것이 좋다.

그물에 강령(綱領)이 있어야 모든 것이 안정되어 작은 조목(條目)도 엉키지 않는다. 저절로 나머지 조목도 갖추었으니 이를 이어서 널리 펴도록 하라. 좋은 날을 선택하여 사시운행의 정확함을 취하고, 이로 말미암아 맞게 다스리며 높이 들어서 만세의 법도가 되도록 하라. 무릇 보고 들음이 있으면 함께 생각하고 지켜라."고 하였다.

47.

한림학사 한방(韓昉)이 지은 조서에 이르기를, "황조의 가르침은, 이어받은 자가 감히 잊지 않아야 한다. 성인은 자연에 순응하니 일을 할 때는 부득이한 경우이다. 짐이 천명을 받아 대대로 이을 대업이 이제 일기(一紀)117)가 되었다. 선왕의 공업을 공경히 편찬하는데, 백 가지가 되어도 느슨하거나 흩어지지 않게 해야 한다. 조정의 윗자리에 있으나 아직은 개국의 초기이다. 대신이 힘써 간절히 아룀에 비추어 사회의 질서와 국가의 법기(法紀)가 일어나지 못했으니 국가에서 무엇을 보일 것인가!

명분이 바르면 하는 말도 이치에 맞게 되고, 말이 옳게 되면 행동도 바르게 되어 일이 성공한다. 무릇 변하면 통하게 되고 통하면 지속된다.118) 그러므로 절약하여 백성을 부유케 하며, 마땅히 옛 관직을 따라서 정부를 연다. 호령을 바르게 하여 책임을 실효 있게 하고, 의례를 분명히 하고 관

---

117) 12년
118) 『주역』 '계사전' : "窮則變 變則通 通則久 : 다하면 변하고 변하면 통하며 통하면 지속된다."

직의 등급을 분명히 하여 위엄을 나타낸다. 하늘에 우레와 바람이 있듯이 관직의 임명을 어떻게 얻으려고 하지 않을 것인가.

사람들이 모두 안회(顔回)119)와 민손(閔損)120)이라면 관인(官印)과 명부(名符)를 준 연후에 가히 버릴 것이다. 무릇 이 몇 조항은 모두 지금 급히 해야 하는 일이다. 예악을 갖추는 것은 그 원류가 이에 있다. 조상께 고하고 반드시 행하니, 단행함에 차분함이 있어야 한다. 우러러 선제를 생각하니 또한 작은 정성을 굽어살피게 하소서.

48.

신을 어찌 속일 것인가, 바야흐로 하늘에 계시면서 문무를 드날리시며 때로는 짝이 다르게 하니 만약 입장을 바꾸어 보면 모두 그러하다. 길일을 택하는 것이 옳으니 위태함이 어긋나지 않는다. 하필 다시 만들 것인가, 대개 일찍이 이러한 말을 세 번 반복하고는 모두 실행하는 것이 가능하다고 하였다. 장차 한 번 변하면 왕도에 이른다.121) 이에 신하들의 공의에 따라 새로운 법을 만들어 쓴다.

이 옛 땅의 기풍은 자못 선민의 질박함을 숭상하며, 성품은 오랜 습관에서 이루어지는 것으로 갑자기 바꾸기는 어렵다. 정사에는 원인이 있으므로 아직은 예전대로 하는 것이 마땅하다. 점차 서로 본받게 하며 합치하여 하나가 되게 하는 것이다. 무릇 멀리 있는 사람과 가까이 있는 사람 모두에게 미치게 하는 것이 짐의 뜻이다. 법령을 개창하는 일은 마땅히 상서성에 명을 내려 편의에 따라 시행하도록 하라."고 하였다.

---

119) 안회(顔回) : 춘추시대(春秋時代) 노(魯)나라 사람으로, 공자(孔子)의 수제자(首弟子)(네이버백과)
120) 민손(閔損) : 공자의 제자로 공문(孔門) 칠십이현(七十二賢) 중 한 사람(네이버백과)
121) 子曰 : "齊一變至於魯, 魯一變至於道."(「논어」 옹야편) : 공자께서 말씀하셨다. "제나라는 한번 변하면 노나라와 같은 나라가 되고, 노나라는 한번 변하면 도 있는 나라가 된다."(노나라의 정치와 교육이 주나라의 그것을 부흥시킬 것을 염원한 말이다.)(네이버백과)

송왕·예왕 등 여러 왕의 형벌에 대하여 한방이 지은 조서에 이르기를, "주공(周公)이 동생인 관숙(管叔)과 채숙(蔡叔)을 죽이고,[122] 한나라가 연왕(燕王)을 벽지로 보낼 때는 용서가 없었다. 옛날에도 하지 않은 것이 아니다. 어찌 친척을 친애하는 도리가 도탑지 못함이 있을 것인가? 미워하는 마음은 참을 수 없다. 짐은 스스로 생각하여 어리고 우매함에도 외람되게 대통을 이었으니 모두 문열공으로 말미암는다. 대무원황제(태조)의 뒤를 잇고자 하나 덕이 모자라니 의리도 또한 그러하다. 골육간에 소원함을 꾀하지 않으나 (저들은) 벌과 전갈의 독을 품었다. 황백태사인 송국왕 종반은 황제와 동성 씨족으로 자리는 삼사(三師)의 으뜸이다.

비로소 짐이 대를 이어서 오직 협력하여야 함에도 방자하게 최고 품계에 올라서 큰 권력을 아울러 담당하면서 어째서 계획한 일을 그르치는가. 어찌하여 선하지 못한가. 소위 선제의 원자로서 임금이 되지 못한 화가 쌓이자 간사한 사람을 믿고 가까이하여 자라나 간악한 무리가 되었다. 몰래 찬탈을 기도하여 장차 경솔히 군사를 움직이려 하였다.

49.

황숙태부 영삼성사 연국왕 종준은 나라의 지친(至親)으로 짐과 한 몸인데도 안으로 패덕을 품고 밖으로 멋대로 교만하였다. 나의 분노를 펼쳐서 오로지 죽임으로 위엄을 취하겠다. 공공의 재산을 마음대로 처분하여 은혜로 인심을 사서 무리를 미혹하였다. 훈공이 있는 신하를 힘써 배척하여 조정을 저버리고자 하였으니 그 수다스러움도 간악한 것이다.

---

[122] 관숙(管叔)과 채숙(蔡叔)은 주나라 武王(周公)의 동생들이다. 상(商) 주왕(紂王)의 아들 녹보(祿父)를 도와 정국을 안정시키는 한편 감시자 역할을 맡겼으나 녹부와 함께 반란을 일으켰다가 주공에게 주살(誅殺)당했다.(네이버백과)

황숙 우왕 종영, 등왕 종위, 전전좌부점검 혼도, 회령소윤 호실라, 낭군 석가노, 천호 술이, 고초 등은 다투어 재앙을 열어 반란에 참여하고, 마음 대로 조급하게 역모를 도와 함부로 행동했다. 그는 뜻하는 것이 분수에 맞지 않는 희망일 뿐임에도 그것을 반드시 이루고자 했는데, 그것은 대신을 해치고 다음으로 종묘를 위태롭게 했다. 발단이 된 지 여러 해가 되어 거사 시기가 되었으나 단서가 일찍 노출되었기에 남은 것은 덮어버리고 엄중히 경계하며 엄숙하게 예문을 싣는다.

50.

무릇 임금과 어버이의 위엄을 보는 것은 젊은이와 신하의 본분임에도 업신여기고 돌아보지 않으니 미친 것이 심하여도 태연하다. 신명의 영을 믿고 우러르며 사직의 복을 열도다. 일전에 반역자 오십임(吳十稔)이 반란할 뜻을 품고 있어서 참수되어 죽었다. 이에 참살에 이른 무리는 곤궁한 당여(黨與)이다. 정상을 살펴보아 견문에 따라 믿음이 가며, 모두 증인으로 말미암아 본질이 드러났다. 감히 거짓으로 꾸며대는 말로 저항치 못할 것이다.

너그럽게 삼유(三宥)[123]를 펼치려 하나 공의로서 어찌 용서하랴. 병사 한 명도 귀찮게 하지 않고 무리의 흉악함은 모두 끊어졌다. 이달 삼일에 이미 각각 죄를 인정하여 형을 받았다. 아울러 유사로 하여금 호적을 없애도록 하라. 그릇됨이 스스로 넘치니 더 조사할 필요가 없다. 무리에게 관용을 보여서 일체 의심이 없도록 안정시키고자 하니, 백성과 같이 범죄자로서 죄수복을 입혀 옛날과 같이 하라. 흠재." 나는 상을 당한 것과 같이 소복을

---

123) 삼유(三宥) : 중국(中國) 주대(周代)에 죄를 용서하여 주던 세 가지 조건. 곧 불식(不識)·과실(過失)·유망(遺忘)(네이버사전)

하리니 그 정을 가히 알 것이다.

진왕 오실의 「가은제」 글에 이르기를, "학덕이 많고 지위가 높고 귀하시며, 거둥이 무겁고 친한 이를 항상 윗자리에 앉히고 종족에 은혜를 베푸는 것이 넉넉하였다. 짐은 내려 보아 군중의 민심을 가까이하고 공경히 받아 드러낸다. 이에 차례로 경풍(景風)이 불면 공이 있는 자에게 상을 행하니124) 숙거대는 요(曜)의 앞이다. 무릇 너는 조정에서 나의 말을 듣고 명령을 작성하라.

아버지와 한 항렬(行列)의 당내지친(堂內至親)을 위하여 관속을 갖추게 하라. 신분은 여러 조정에서의 정승으로서 오상과 구덕125)의 법규를 따르고 사보와 삼공126)의 으뜸이 되었다. 개국 때의 온갖 어려움을 당하여 집안의 스승 자리에서 부지런히 보좌하니, 조짐을 점칠 때 쓰는 가새풀과 거북을 올리는 것과 같고, 강을 건널 때는 배와 삿대를 준비하는 것과 같았다.

51.

우리 고매하신 임금님을 인도하여 하늘에까지 감동하여 통하게 하였다. 무리가 정통으로 돌아가 붙고 좋은 계책을 믿어 먼저 정한다. 온갖 법률과 제도의 밝음을 잇고 육관을 바르게 감독한다. 측근의 간사함을 꺾어 몸가짐이 얌전하고 조용하게 되어, 삭남(朔南)의 땅을 지시하여 돌아보게 된다.

---

124) 『淮南子·天文训』: 景風至, 則爵有位, 賞有功(백도백과)
125) 오상(五常) : 인(仁)·의(義)·예(禮)·지(智)·신(信)
　　구덕(九德) : 충(忠)·신(信)·경(敬)·강(剛)·유(柔)·화(和)·고(固)·정(貞)·순(順)(네이버백과)
126) 사보(四輔) : 임금의 좌우(左右) 전후(前後)에서 임금을 보좌(補佐·輔佐)하는 네 사람의 벼슬아치. 좌보(左輔)·우필(右弼)·전의(前疑)·후승(後丞).
　　삼공(三公) : 주대(周代)의 태사(太師)·태부(太傅)·대보(太保)
　　금나라 삼공은 태위(太尉)·사도(司徒)·사공(司空) 모두 정일품이다.(네이버백과)

덕을 세우는 사업을 나란히 힘쓰니 고금에 드문 윤리이다. 이에 기쁘게 내려 반포하기에 이르러 대신의 임명에 관해 물어보니, 상공에 임명하는 것에 가한 이가 아홉이고, 천하의 존자에 이른 이가 셋이다. 이미 모두 갖추어졌으니 더할 것이 없다. 이에 서책에서 널리 구하여 이로 인해 짐의 마음을 스스로 결단한다. 지팡이 짚고 조정에 나아가게 함은, 앞에 이미 뛰어난 공을 세웠기 때문이다. 앉아서 왕도를 논하니, 이제 다시 옛 제도와 문물을 드러낸다.

소상국(蕭相國)에게 불명예에 대한 조서를 내리고 안평왕은 교자를 타고 전각에 올랐다. 이에 아울러 은혜가 매우 넓고 두텁다. 나이 든 고관을 격려하였다. 어허! 무궁한 기틀을 세워서 무궁한 복을 누린다. 비상한 예우로서 석장을 내림은 비상한 공에 대한 보답 때문이다. 체면의 두터움을 공경하여 받들고 아울러 나라와 가문의 복을 마주한다."

52.

황후 배마신(裴摩申)씨[127]의 「사표(謝表)」에 이르기를, "곤룡포와 면류관의 구슬, 처음 임금의 궁궐에 임하여, 옥서에 금도장, 왕비의 방에 명예를 주시니 공손히 받아 돌아옵니다. 너무 당황하고 갈팡질팡하여 전율합니다. 삼가 생각하건대 왕도를 겸한 황제의 인덕을 널리 입었으니 일월 같은 황제의 뜻을 성실히 하고 마음을 바르게 가지겠습니다. 황제의 터전은 주왕의 기풍을 입고, 예를 제정하고 음악을 만드셨도다. 요임금과 황제 때의 예악과 제도처럼 빛나며, 일을 받들어 처리한 노력을 살펴 인정하시고, 광화의 사신을 내려보내시었다.

따뜻한 말로 찬예하시며, 아름다운 이름을 거듭하여 주시니, 삼가 받은

---

[127] 金 熙宗 皇后, 裴滿氏, 裴摩申氏라고도 쓴다.(백도백과)

명령이 매우 도타운 것을 돌아볼 때, 몸을 돌아보는 것이 부끄러워 칭호를 부르지도 못합니다. 황제의 가르침을 공근히 준수하고 정도의 마음을 행하기를 더욱 힘씁니다. 부녀자가 갖출 여러 가지 도를 닦기를 바라고 인륜의 질서가 교화되기를 우러러 돕겠습니다."라고 하였다.

53.

발해 「하정표(賀正表)」에 이르기를, "삼양이 계절을 따라 순응하여, 밝은 새해의 처음에 만수토록 헌수드립니다. 원단 대궐조회를 기쁘게 맞이합니다. 삼가 천명을 받은 복이 해와 같이 오르시도다. 통치를 새롭게 하시고, 때가 처음 시작되니 삼가 만수무강하시며, 왕조 운명이 영구하시고, 주나라 책력을 널리 펴시니 강복하시도다. 신은 다행히 태평성대한 때를 만났으니 마음속 깊이 감사하며 멀리서 말을 달려 선물을 보내어 축하하는 정성을 보입니다. 많은 손님이 모여 정월 초하루 기쁜 잔치를 진심으로 축하하길 우러러 바랍니다."라고 하였다.

54.

하국(夏國) 「하정표(賀正表)」에 이르기를, "북두칠성 가운데 자루가 되는 세 개의 별이 인(寅)의 방향을 가리키니 (곧 정월에)[128] 황제의 책력이 새롭게 되는 원단을 맞이하여, 갈대청을 태운 재가 관에서 날리고,[129] 황제의 계획이 바르게 법칙이 시작하는 처음에, 사계절의 선두를 쫓아 한 분에게 경하를 드립니다. 생각하건대 감화가 중국의 외방으로 흘러서 덕이 멀고 가까운 곳에 미쳤습니다.

---

128) 하(夏)나라는 이달을 정월(正月)로 삼았다.(네이버사전)
129) 옛날에 갈대청을 태운 재를 율관(律管) 안에 두어 기후의 변화를 점쳤다. 이를테면 동지(冬至)가 빠르면, 동지(冬至) 절기(節氣)를 맞추어 만든 대통 속의 재가 날아 움직인다고 한다.(네이버사전)

바야흐로 빛나는 질서로 절기가 비로소 따뜻해지니 절기에 응하여 은혜를 베푸십니다. 나라 안에만 정신을 집중하지 않고 정사를 먼 지방까지 힘써 행하시니, 천하가 걱정이 없고 만백성이 넉넉합니다. 이에 대궐의 초봄에 이르러 황제의 궁정에 복종하여 축하를 펼치는 처음에, 여러 제후가 헌수를 드리니, 남김없이 모두 써서 성의를 보이는 뜻이며, 여러 나라가 복을 드리고, 단단히 새해를 맞이하는 마음입니다. 신은 매우 (운운). 대사 무공랑 몰세호덕, 부사 선덕랑 이응 등은 표를 가지고 대궐에 나아가 아룁니다."라고 하였다.

55.

고려 「하정표(賀正表)」에 이르기를, "황제께서 진방(震方)130)에서 나시며, 바야흐로 삼양의 주기(主氣)를 맞이하여, 왕께서 봄에 행차하시니 대통일의 시작인 때문입니다. 천지 안에서 모두 즐거워하고 경하함이 같은 마음입니다. 삼가 믿고 올바르면 하늘이 호응하니,131) 천하를 소유하여132) 큰 자리에 오르셨습니다. 허물이 있는 자를 감화시키고, 만물에 순응하여133) 항상 새롭게 합니다.

화내지 않고 위엄을 드러내며, 여러 나라를 살피니 아랫사람을 거느리고 와서 복종합니다. 천명의 때에 응하여 즐거운 날을 되풀이하고, 온갖 복

---

130) 8방의 하나. 정동을 중심(中心)으로 한 45도 각도(角度) 안의 방위(方位). 곧 동쪽을 말함.(네이버 사전)
131) 중부괘(中孚卦) : 중(中)은 마음속을 말하고 부(孚)는 믿음이다. 중부는 마음속에서부터 우러나는 진실한 믿음을 의미한다.(네이버백과)
132) 대유괘(大有卦) : '대유'는 소유한 것이 많다는 뜻이다. 『주역』에서 '대(大)'는 양을 가리킨다. 이것은 자신을 비운 겸손한 천자에게 많은 현자들이 귀복(歸服)하는 상으로 '대유는 크게 형통하다'고 말한다.(네이버백과)
133) 이열중보(以閱眾甫) : 그것으로 만물에 순응한다.(『道德經』 21章)(네이버백과)

을 받아들입니다. 신은 다행히 창성한 시기를 만나서 멀리 외방에 있으면서 황상의 천만세를 축수합니다. 일찍이 위에서 알리시지 아니하여 참예하지 못하였으나, 억조의 인심과 같습니다. 다만 마음속으로 깊이 축원 드립니다. (운운)

　사신으로 조산대부 위위소경 경거도위 사자금어대 이중연(李仲衍)이 표를 받들어 칭송하고 축하하며 아룁니다.134)"라고 되어 있다.

---

134) 『고려사』 卷十六 世家 卷第十六 仁宗 9年 11月(1131년 11월 17일(유) 경술(庚戌), 금에 하정사를 보내다 庚戌 遣尙衣奉御李仲衍如金, 賀正.(한국역사정보통합시스템)

56.
다음은 『송막기문』 2권이다.

선친께서 봉명사신으로 15년간 깊고 막힌 궁벽한 사막에서 보고 들은 것을 수시로 모아서 기록하였다. 맹공(孟公) 유(庾)가 변도(汴都)에서 저술사업을 한다는 것을 듣고는 위협을 느끼고 돌아와 계책을 세웠다. 벌을 받을까 두려워 글들을 불살랐다. 사신으로 갔다가 기간이 오래되어 돌아왔으나 말 때문에 권신에게 죄를 얻을까 두려워 여러 아들도 말을 삼가라는 경계문을 차게 하고 부모를 공손히 봉양하였다. 감히 북방에서의 일을 입에 담지 못하였다. 덥고 거친 남쪽으로 옮겨가서 조석으로 수라상을 돌아가실 때까지 몸소 돌보게 되자 점점 먼 곳에서의 일을 이야기하게 되었다. 무릇 오늘 강약 이해를 따지지 않고 서찰을 잡아서 하나둘 기록한다.

오래지 아니하여 다시 개인이 역사를 쓰지 못하게 하였기에 선군 또한 침상에서 고치기 어려운 병이 들자 마침내 폐기하고 기록하지 않았다. 권신이 죽고 나서 말을 제한하는 법률이 느슨해졌으나 선친은 이미 한을 품고 저승에 가셨다. 남은 원고를 모으니 겨우 수십 가지였다. 소매를 뒤집어 얼굴을 닦고 한 편을 저술한다.

소흥[135] 병자년(1156년) 여름 장남 적(適) 삼가 쓰다.

---

[135] 소흥(紹興) : 宋 高宗 연호(1131~1162)

57.
송막기문보유(松漠紀聞補遺)

오랑캐 안에는 황제의 묘휘136)를 매우 엄하게 하여 사람들이 쓰지 못하게 하였다. 일찍이 어느 무관이 서원수를 경유하게 소장을 제출했는데 잘못하여 황제의 휘를 빼지 아니함으로써 곤장을 쳐서 멀리 유배를 보냈다. 무원(武元)137) 초에 휘가 민(旻)138)이었는데 뒤에 넓혀서 민(旻)자와 민(閔)자가 같다고 하여 민(閔)자도 휘로 하였다.

오랑캐 안에는 오직 중승(中丞)이 소송첩을 관리하는데 만약 법에 따라서 하옥을 하여야 할 사안이면, 춘산(春山)과 추수(秋水)139)(국도를 떠나 수백 리를 가서 물과 풀을 찾아서 거처하는 것) 시에는 밖에 있는 어가를 좇아간다. 근위병이 사망하면 그 백골을 가져와서 국도에 도착하면 그 집으로 돌려보낸다. 간관(諫官)은 다른 관리가 겸직을 하고 대관(臺官)은 모두 정원이 채워져 있다. 각 도에는 전운사140)가 있는데 과실을 탄핵하지 않고, 몰래 죄상을 조사하지도 않는다. 그러므로 관리가 부정과 뇌물을 받는 것이 거리낌이 없다.

오랑캐 법에는 문무관의 지위 고하를 막론하고, 관세와 주(州)의 상세원(商稅院)과 염철장을 감독하도록 일 년을 임기로 차출되는데, 성년 남자로 집이 가난한 경우 백 일이 안 되게 부린다. 이것을 '우요(優饒)'라고 부른다. 세금을 배로 늘려 부과한 자를 '득주(得籌)'라 부르고, 매 일 주

---

136) 묘휘(廟諱) : 임금의 죽은 후에 지은 휘(諱)(네이버사전)
137) 여진족 완안부(백도백과)
138) 금태조 완안아골타의 휘가 旻이다.(백도백과)
139) 본문의 春山秋水는 春水秋山으로 되어야 한다.(『松漠紀聞批注』, 李文信 遺注, 李仲元 整理)
140) 조사(漕使)(전운사(轉運使) : 中國 唐代 이후 各王朝의 곡식, 재화 등을 수송하는 업무 담당 중앙 관원 혹은 지방관원(백도백과)

(籌)마다 관직을 옮겨간다. 한 해에 십중팔구는 옮겨가는데 근래에는 이 법이 중지되어 세 관직을 넘지 못한다. 부자가 세금이 적게 부과되는 곳이 선택되면, 가재를 내어 붙여서 납부하여 옮겨가기를 기도한다. 옮기기를 원하지 않는 자는 부세가 많은 곳이다. 연간 정한 세금을 제하고 남는 것은 공공연히 나누어 가진다.

58.

오랑캐 법에서는 죄를 저지른 자는 문책하여 관직을 깎지 않고 염장감독으로 차출한다. 과세액이 비록 오르더라도 판매가 매우 더디게 되어서 비록 임기가 차서 떠날 때가 된 관원도 매진되지 않으면 부득이 일을 계속하여 맡아 한다. 십 년이 되어서 잘 조절하지 못한 자는 근무 성적을 심사하지 않는다. 한 임기에 한 관직을 옮기는데, 25개월을 한 임기로 하며, 임기가 차면 다시 제수하는데 벼슬의 빈자리가 나기를 기다리지 않는다.

북지의 한인 장헌보(張獻甫)가 태원도군(도감이다)이 되었는데, 그 매부 유사(劉思)와 시랑 고경예(高慶裔)는 매우 좋아하는 열 가지 물건이 있었다. 장에게 무소뿔로 장식한 각대가 있었는데 건국 초에 전왕(錢王)에게 바친 것으로서 '진국보대'라 불렀는데, 검고 누런 빛이 나고 중간이 용 모양이다.

거란은 골돌(骨咄)의 무소뿔을 귀하게 여기는데 뿔이 크지 않으며, 만 개 중 각대의 문양을 띤 것이 한 개도 안 된다. 상아처럼 황색을 띠고 있는 것을 칼로 파내면 가치를 따지기 어렵다. 천조제(天祚帝)는 이것으로 토골(중국에서는 요조피라 부른다)을 만들었는데 머리에 곧추세워 꽂는 것이다.

59.

녹정합(鹿頂合), 연(燕)의 이북에 있는 것은 수레를 만들 수 있다. 모름지기 묵은 뿔이 빠지기 전에 한다. 뿔을 잘 자르면 혈맥이 통하는데 겨울이 되면 바야흐로 뿔이 빠진다. 뿔의 윗부분이 '합정수(合正須)'인데 '합(合)'으로도 쓴다. 좋은 것은 人자 모양이고, 나쁜 것은 八자를 이룬다. 뼛골에 구멍이 있으면 좋지 않다. 북인은 뿔을 녹각합이라 한다. 정수리가 녹정합이다(남중국에는 녹갑합 뿐이다). 남쪽의 사슴은 부실하여 뼛골에 구멍이 있어서 수레를 만들지 못한다. 북지의 사슴이 늙지 않았을 때, 가을이 되기 전에는 적합하지 않다.

미각(麋角)과 녹각은 다르다. 미각은 낙타 뼈와 같아서 전신을 수레로 만들 수 있다. 무늬가 없는 것은 버리는데 살아있는 가지는 비교할 수 없다. 사슴은 모두 작은 사슴인데 머리뼈에 무늬가 있고 상하에 무늬가 없을 때 불길을 가하면 무늬가 만들어진다.

무소뿔에는 세 종류가 있다. 중투(重透)는 겉은 검은데 희고 궁근 테가 하나 있다. 가운데는 또한 검다. 이것을 얻기는 어렵다. 정투(正透)는 통서(通犀)라고도 부른다. 열투(例透)는 화서 또는 반서라고도 부른다. 여러 무소뿔 중 물고기가 노는 형태가 있는 무소뿔이 가장 귀하다. (수주(秀州)141) 주통직의 집에 정투 서대가 있는데 그중에 흰 점이 있다. 종이 등을 가까이하면 즉시 사라지는데 습기가 있어서 무소뿔로 의심된다.)

60.

요단(耀段)은 갈색이고 경단(涇段)은 흰색이다. 생사는 날실이 되고 양털은 씨줄이 된다. 요단은 좋지만 내구성이 없다. 풍단(豊段)은 백색과 갈색이 있는데 가장 아름답다. 타모단(駝毛段)은 하서(河西)142)에서 나는데

---

141) 嘉興府와 舊松江府(上海直轄市 吳淞江以南部分) 일대(백도백과)
142) 하서(河西) : 중국 간쑤성(甘肅省) 서반부 지역을 일컫는 말. 황하강 서쪽, 기련(祁連)산맥 북동 기슭에 우웨이(武威), 장예(張掖), 주취안(酒泉) 등의 오아시스 도시가 있다.(네이버백과)

갈색과 흰색이 있다. 가을털이 가장 아름답고 벌레가 먹지 않는다. 겨울에 털이 빠지는데, 위의 거친 털을 제거하고 솜털을 취한다. 모두 관서의 양인데, 그 지역 말로 '골양'이라 부른다. 북양은 단지 거친 털을 만든다.

선친 충선공의 『송막기문』은 큰형이 월(越)지역 흡(歙)현143)에서 판목의 글씨를 쓰고 책을 발간하는 사업을 지키면서 이를 새겼다. 틈이 나면 옛 서찰을 찾아보았는데 북방의 것은 열에 하나에 불과했다. 모두 지난해 방계 왕족을 모시면서 들은 것이다. 제목을 '보유(補遺)'라 하고 여기에 붙여 싣는다.

건도(乾道)144) 9년(1173년) 6월 2일
둘째 아들 자정전대학사 좌중대부 지건강부 강남동로안무사 겸 행궁유수 삼가 받들어 쓰다.

---

143) 흡(歙) : 安徽省 남부 黄山市 歙縣(백도백과)
144) 건도(乾道) : 宋 孝宗 年号(1165~1173)(백도백과)

松 漠 紀 聞

1.
宋 洪皓 著
洪適 校刊
洪遵 補遺

女真即古肅慎國也,東漢謂之挹婁,元魏謂之勿吉,隋唐謂之靺鞨 開皇中,遣使貢獻,文帝因宴勞之 使者及其徒起舞於前,曲折皆為戰鬪之狀 上謂侍臣曰:「天地間乃有此物,常作用兵意」其屬分六部,有黑水部,即今之女真 其水掬之則色微黑,契丹目為混同江 其江甚深,狹處可六七十步,闊處百餘步

唐太宗征高麗,靺鞨佐之,戰甚力 駐蹕之敗,高延壽 高惠真以眾及靺鞨兵十餘萬來降,太宗悉縱之,獨坑靺鞨三千人 開元中,其酋來朝,拜為勃利州刺史,遂置黑水府,以部長為都督 刺史,朝廷為置長史監之 賜府都督姓李氏,訖唐世朝獻不絕 五代時始稱女真 後唐明宗時,嘗寇登州渤海,擊走之

2.
其後避契丹諱,更為女直,俗訛為女質 居混同江之南者謂之熟女真,以其服屬契丹也,江之北為生女真,亦臣於契丹 後有酋豪受其宣命為首領者,號「太師」契丹白賓州混同江北八十餘里建寨以守,予嘗自賓州涉江過其寨,守禦已廢,所存者數十家耳 女真酋長乃新羅人,號完顏氏 完顏猶漢

言「王」也 女眞以其練事,後隨以首領讓之 兄弟三人,一爲熟女眞酋長,號萬戶 其一適他國 完顏年六十餘,女眞妻之以女亦六十餘 生二子,其長即胡來也 自此傳三人,至楊哥太師無子,以其侄阿骨打之弟諡曰文烈者爲子 其後楊哥生子闍辣,乃令文烈歸宗

3.

金主九代祖名龕福,追諡景元皇帝,號始祖,配曰明懿皇后 八代祖名訛魯,追諡德皇帝,配曰思皇后 七代祖名伴海,追諡安皇帝,配曰節皇后 六代祖名隨闊,追諡定昭皇帝,號獻祖,配曰恭靖皇后 五代祖孛菫名實魯,追諡成襄皇帝,號昭祖,配曰威順皇后 高祖太師名胡來,追諡惠桓皇帝,號景祖,配曰昭肅皇后 曾祖太師名核里頗,追諡聖肅皇帝,號世祖,配曰翼簡皇后 曾叔祖太師名蒲剌束,追諡穆憲皇帝,號肅宗,配曰靜宣皇后 曾季祖太師名楊哥,追諡孝平皇帝,號穆宗,配曰貞惠皇后 伯祖太師名吳剌束,追諡恭簡皇帝,號康宗,配曰敬僖皇后 祖名旻,世祖第二子,咸雍四年歲在戊申生,即阿骨打也 滅契丹,諡大聖武元皇帝,號太祖 同母弟二人,長曰吳乞買,次曰撒也 阿骨打卒,吳乞買立,更名晟,諡文烈皇帝,號太宗,配曰明德皇后 今主名亶,阿骨打之孫,繩果之子 繩果追諡景宣皇帝,亶之配曰屠姑坦氏

4.

阿骨打八子,正室生繩果,於次爲第五,又生第七子,乃燕京留守易王之父 正室卒,其繼室立,亦生二子,長曰二太子,爲東元帥,封許王,南歸至燕而卒 次生第六子曰蒲路虎,爲兗王 太傅 領尚書省事 長子固碻「力本切」,側室所生,爲太師,涼國王,領尚書省事 第三曰三太子,爲左元帥,與四太子同母 四太子即兀朮,爲越王,行臺尚書令 第八子曰邢王,爲燕京留守;打毬墜馬死 自固碻以下皆爲奴婢 繩果死,其妻爲固碻所收,故今主養於固

碖家 及吳乞買卒, 其子宋國王與固碖 粘罕爭立, 以今主為嫡, 遂立之 吳乞買, 乙卯年卒 長子曰宗磐, 為宋王 太傅, 領尚書省事, 與滕王 虞王皆為悟室所誅 次曰賢, 為沂王, 燕京留守 次曰滕王 虞王 袞王撒也, 稱摉「鄔感切」板「摉板, 彼云大也」孛極烈, 吳乞買時為儲君, 嘗謀盡誅南人

闍辣封魯王, 為都元帥, 後被誅 其子太拽馬亦被囚, 因赦得出 庶子烏拽馬名勖, 字勉道, 今為平章

5.

粘罕者, 吳乞買三從兄弟, 名宗幹, 小名烏家奴, 本曰粘漢, 言其貌類漢兒也, 其父即阿盧里移賷 粘罕為西元帥, 後雖貴, 亦襲父官, 稱曰阿盧里移賷孛極烈都元帥 「孛極烈」, 彼云「大官人」也 其庶弟名宗憲, 字吉甫, 好讀書, 甚賢

悟室者, 女真人 「悟」作「鄔」音, 或云悟失, 名希尹, 封陳王, 為左相 誅宋克, 滕 虞凡七十二王, 後為兀尤族誅

6.

回鶻自唐末浸微, 本朝盛時, 有入居秦川為熟戶者 女真破陝, 悉徙之燕山 甘 涼 瓜 沙 舊皆有族帳, 後悉羈縻於西夏, 唯居四郡外地者, 頗自為國, 有君長 其人卷髮深目, 眉脩而濃, 自眼睫而下多虬髯 土多瑟瑟珠玉, 帛有兜羅綿 毛毾 狨錦 注絲 熟綾 斜褐 藥有膃肭臍 硇砂 香有乳香 安息 篤耨 善造賓鐵刀劍 烏金銀器 多為商賈於燕, 載以橐駝過夏地, 夏人率十而指一, 必得其最上品者, 賈人苦之 後以物美惡雜貯毛連中, 「毛連以羊毛緝之, 單其中, 兩頭為袋, 以毛繩或綫封之 有甚粗者, 有間以雜色毛者則輕細」然所征亦不貲 其來浸熟, 始厚賂稅吏, 密識其中下品, 俾指之 尤能別珍寶, 蕃 漢為市者, 非其人為儈則不能售價 奉釋氏最甚, 共為一堂, 塑佛像其中, 每齋必刲羊, 或酒酣以指染血塗佛口, 或捧其足而鳴之, 謂為親敬

7.

誦經則衣袈裟, 作西竺語, 燕人或俾之祈禱, 多驗　婦人類男人, 白晢, 著青衣, 如中國道服　然以薄青紗冪首而見其面　其居秦川時, 女未嫁者先與漢人通, 有生數子年近三十始能配其種類　媒妁來議者, 父母則曰, 吾女嘗與某人某人昵, 以多為勝, 風俗皆然　其在燕者皆久居業成, 能以金相瑟瑟為首飾, 如釵頭形而曲一二寸, 如古之笄狀　又善結金綫相瑟瑟為珥及巾環, 織熟錦　熟綾　注絲　綾羅等物　又以五色綫織成袍, 名曰「尅絲」, 甚華麗　又善撚金綫別作一等, 背織花樹, 用粉緻, 經歲則不佳, 唯以打換達靼　辛酉歲, 金國肆眚, 皆許西歸, 多留不反　今亦有目微深而髯不虬者, 蓋與漢兒通而生也

8.

嗢熟者, 國最小, 不知其始所居, 後為契丹徙置黃龍府南百餘里, 曰賓州　州近混同江, 即古之粟末河黑水也　部落雜處, 以其族類之長為千戶統之　契丹　女真貴游子弟及富家兒月夕被酒, 則相率攜罇, 馳馬戲飲　其地婦女聞其至, 多聚觀之　間令侍坐, 與之酒則飲, 亦有起舞歌謳以侑觴者, 邂逅相契, 調謔往反, 即載以歸　不為所顧者, 至追逐馬足不遠數里　其攜去者父母皆不問, 留數歲, 有子, 始具茶食　酒數車歸寧, 謂之拜門, 因執子壻之禮　其俗謂男女自媒, 勝於納幣而昏者　飲食皆以木器, 好置蠱, 他人欲其不驗者, 乃三彈指於器上, 則其毒自解, 亦間有遇毒而斃者　族多李姓, 予頃與其千戶李靖相知　靖二子亦習進士舉, 其姪女嫁為悟室子婦　靖之妹曰金哥, 為金主之伯固碖側室　其嫡無子, 而金哥所生今年約二十餘, 頗好延接儒士, 亦讀儒書, 以光祿大夫為吏部尚書　其父死, 託宇文虛中　高士談　趙伯璘為誌, 高　宇以趙貧, 命趙為之, 而二人書　篆其文　額, 所濡甚厚　曾在燕識之, 亦學弈　象戲　點茶　靖以光祿知同州, 冒墨有素, 今亡矣　其論議亦可聽, 衣制皆如漢兒

9.

渤海國, 去燕京 女真所都皆千五百里, 以石累城足, 東並海 其王舊以大為姓, 右姓曰高 張 楊 竇 烏 李, 不過數種 部曲 奴婢無姓者皆從其主 婦人皆悍妒, 大氏與他姓相結為十姊妹, 迭稽察其夫, 不容側室及他游, 聞則必謀置毒死其所愛 一夫有所犯而妻不之覺者, 九人則羣聚而詬之 爭以忌嫉相夸, 故契丹 女真諸國皆有女倡, 而其良人皆有小婦 侍婢, 唯渤海無之

男子多智謀, 驍勇出他國右, 至有「三人渤海當一虎」之語 契丹阿保機滅其王大諲譔, 徙其各帳千餘戶于燕, 給以田疇, 捐其賦入, 往來貿易, 關市皆不征, 有戰則用為前驅 天祚之亂, 其聚族立姓大者於舊國為王, 金人討之, 軍未至, 其貴族高氏棄家來降, 言其虛實, 城後陷 契丹所遷民益蕃, 至五千餘戶, 勝兵可三萬 金人慮其難制, 頻年轉戍山東, 每徙不過數百家, 至辛酉歲盡驅以行

10.

其人大多富室, 安居踰二百年, 往往為園池, 植牡丹多至三二百本, 有數十幹叢生者, 皆燕地所無, 纔以十數千或五千賤貿而去 其居故地者令歸契丹, 舊為東京, 置留守, 有蘇 扶等州 蘇與中國登州青州相直, 每大風順, 隱隱聞雞犬聲 阿保機長子東丹王贊華封於此, 謂之人皇 王不得立, 鞅鞅, 嘗賦詩曰：「小山壓大山, 大山全無力, 羞見當鄉人, 從此投外國」遂自蘇乘筏浮海歸唐明宗 善畫馬, 好經籍, 猶以筏載行 其國初傚唐置官司, 國少浮圖氏, 有趙崇德者為燕都運, 未六十餘, 休致為僧, 自為大院, 請燕竹林寺慧日師住持, 約供眾僧三年費 竹林乃四明人, 趙與子相識頗久

11.

古肅慎城, 四面約五里餘, 遺堞尚在, 在渤海國都外三十里, 亦以石累城腳

12.

黃頭女真者皆山居, 號合蘇館女真 「合蘇館, 河西亦有之, 有八館在黃河東, 今皆屬金人, 與金粟城 五花城隔河相近 三城八館舊屬契丹, 今屬夏人 金人約以兵取關中, 以三城八館報之, 後背約, 再取八館, 而三城在河西, 屢爭不得 其一城忘其名」其人戇朴勇鷙, 不能別死生, 金人每出戰, 皆被以重札, 令前驅, 謂之硬軍 後役之益苛, 廩給既少, 遇鹵掠所得復奪之, 不勝忿, 天會十一年遂叛 興師討之, 但守遏山下, 不敢登其巢穴 經二年, 出鬭而敗, 復降, 疑即黃頭室韋也 金國謂之黃頭生女真, 髭髮皆黃, 目精多綠亦黃而白多, 因避契丹諱, 遂稱黃頭女真

13.

盲骨子, 『契丹事跡』謂之朦骨國, 即『唐書』所謂蒙兀部 大遼道宗朝, 有漢人講『論語』至「北辰居所而眾星拱之」, 道宗曰:「吾聞北極之下為中國, 此豈其地邪?」至「夷狄之有君」, 疾讀不敢講, 則又曰:「上世獯鬻獫狁蕩無禮法, 故謂之夷, 吾修文物, 彬彬不異中華, 何嫌之有?」卒令講之 道宗末年, 阿骨打來朝, 以悟室從 與遼貴人雙陸, 貴人投瓊不勝, 妄行馬 阿骨打憤甚, 拔小佩刀欲割之, 悟室急以手握鞘, 阿骨打止得其柄, 柸其胸, 不死 道宗怒, 侍臣以其強悍, 咸勸誅之 道宗曰:「吾方示信以待遠人, 不可殺」或以王衍縱石勒 張守珪赦安祿山終致後害為言,[1] 亦不聽, 卒歸之 至叛遼, 用悟室為謀主 阿骨打且死, 屬其子固碖善待之

14.

大遼盛時, 銀牌天使至女真, 每夕必欲薦枕者 其國舊輪中 下戶作止宿

---

1) 『契丹國志』卷之九 道宗天福皇帝에는 「王衍縱石勒卒毒中原張守珪赦祿山終傾唐室 阿骨打朔北小夷 今乃敢陵轢貴臣肆其無君之心此其不追將貽邊患」라고 되어 있다.(역자주)

處,以未出適女待之 後求海東青使者絡繹,恃大國使命,惟擇美好婦人,不問其有夫及閥閱高者,女真浸忿,遂叛 初,女真有戎器而無甲,遼之近親有以眾叛,間入其境上,為女真一酋說而擒之,得甲首五百 女真賞其酋為阿盧甲移賫

「彼云第三個官人,亦呼為相公」既起師,才有千騎,用其五百甲攻破寧江州 遼眾五萬禦之,不勝,復倍遣之,亦折北,遂益至二十萬 女真以眾寡不敵,謀降 大酋粘罕 悟室 婁宿等曰:「我殺遼人已多,降必見勦,不若以死拒之」時勝兵至三千,既連敗遼師,器甲益備,與戰,復克

15.

天祚乃發蕃 漢五十萬親征 大將余都姑謀廢之,立其庶長子趙王,謀泄,以前軍十萬降 遼軍大震 天祚怒國人叛己,命漢兒遇契丹則殺之 初,遼制:契丹人殺漢兒者皆不加刑 至是攄其宿憤,見者必死,國中駭亂,皆莫為用 女真乘勝入黃龍府五十餘州,浸逼中京「中京,古白霫城」天祚懼,遣使立阿骨打為國王 阿骨打留之,遣人邀請十事,欲冊帝,為兄弟國及尚主 使數往反,天祚不得已,欲帝之,而他請益堅 天祚怒曰:「小夷乃欲偶吾女邪?」囚其使不報 已而中京被圍,逃至上京 過燕,遂投西夏 夏人雖舅甥國,畏女真之強,不果納 初,大觀中,本朝遣林攄使遼,遼人命習儀,攄惡其屑屑,以「蕃狗」詆伴使

16.

天祚曰:「大宋兄弟之邦,臣吾臣也,今辱吾左右,與辱我同」欲致之死,在廷恐兆釁,皆泣諫,止杖半百而釋之 時天祚窮,將來歸,以是故恐不加禮,乃走小勃律,復不納,乃夜回,欲之雲中 未明,遇諜者言婁宿軍且至,天祚大驚 時從騎尚千餘,有精金鑄佛,長丈有六尺者,他寶貨稱是,皆委之而遁 值天微雪,車馬皆有轍跡,為敵所及 先遣近貴諭降,未復 婁宿下馬,跽

于天祚前曰:「奴婢不佞, 乃以介胄犯皇帝天威, 死有餘罪」因捧觴而進, 遂俘以還 封海濱王, 處之東海上 其初走河西也, 國人立其季父於燕, 俄死, 以其妻代 後與郭藥師來降, 所謂蕭太后者

17.

寧江州去冷山百七十里, 地苦寒, 多草木, 如桃李之類, 皆成園 至八月則倒置地中, 封土數尺, 覆其枝幹 季春出之, 厚培其根, 否則凍死 每春水始泮, 遼王必至其地, 鑿冰釣魚, 放弋為樂 女真率來獻方物, 若貂鼠之屬, 各以所產量輕重而打博, 謂之「打女真」後多強取, 女真始怨 暨阿骨打起兵, 首破此州, 馴至亡國 遼亡, 大實林牙亦降 「大實, 小名 林牙, 猶翰林學士 虜俗大概以小名居官上」後與粘罕雙陸爭道, 粘罕心欲殺之而口不言 大實懼, 及既歸帳, 即棄其妻攜五子宵遁 詰旦, 粘罕怪其日高而不來, 使召之 其妻曰:「昨夕以酒忤大人, 「大音柁」畏罪而竄」詢其所之, 不以告

18.

粘罕大怒, 以配部落之最賤者, 妻不肯屈 強之, 極口嫚罵, 遂射殺之 大實深入沙子, 立天祚之子梁王為帝而相之 女真遣故遼將余都姑帥兵經略屯田于合董城 「城去上京三千里」大實游騎數千, 出入軍前 余都姑遣使打話, 遂退 沙子者, 蓋不毛之地, 皆平沙廣漠, 風起揚塵至不能辨色, 或平地頃刻高數丈 絕無水泉, 人多渴死 大實之走, 凡三晝夜始得度, 故女真不敢窮追 遼御馬數十萬牧于磧外, 女真以絕遠未之取, 皆為大實所得 今梁王大實皆亡, 餘黨猶居其地

19.

合董之役, 令山西 河北運糧給軍 子過河陰, 縣令以病解, 獨簿出迎, 以綾繫槐枝垂綠袍上 命之坐, 懇辭 叩其故, 以實言曰:「縣饋餉失期, 令被

撻柳條百,憸不敢出 某亦罹此罰,痛楚特甚,故不可坐 創未愈,懼為腋氣所侵,故帶槐以辟之」余都姑之降,金人以為西軍大監軍 久不遷,常鞅鞅其軍合董也,失其金牌 金人疑其與林牙暗合,遂質其妻子 余都姑有叛心 明年九月,約燕京統軍反 統軍之兵皆契丹人 余都姑謀誅西軍之在雲中者,盡約雲中 河東 河北 燕京郡守之契丹漢兒,令誅女真之在官在軍者 天德知軍偽許之,遣其妻來告

20.

時悟室為西監軍,自雲中來燕,微聞其事而未信 與通事漢兒那也回,行數百里,那也見二騎馳甚遽,問之曰:「曾見監軍否?」以不識對 問為誰,曰:「余都姑下人」那也追及悟室曰:「適兩契丹云『余都姑下人』,既在西京,何故不識監軍?「北人稱雲中為西京」恐有姦謀」遂回馬追獲之,搜其靴中,得余都姑書曰:「事已泄,宜便下手」復馳告悟室,即回燕,統軍來謁,縛而誅之 又二日,至雲中 余都姑微覺,父子以游獵為名,遁入夏國 夏人問:「有兵幾何?」云:「親兵三二百」遂不納 投達靼,達靼先受悟室之命,其首領詐出迎,具食帳中,潛以兵圍之 達靼善射,無衣甲,余都姑出敵不勝,父子皆死 凡預謀者悉誅,契丹之點 漢兒之有聲者皆不免

21.

金國舊俗多指腹為昏姻,既長,雖貴賤殊隔亦不可渝 婿納幣皆先期拜門,戚屬偕行,以酒饌往 少者十餘車,多至十倍 飲客佳酒則以金銀杯貯之,其次以瓦杯,列於前以百數 賓退則分餉焉,男女異行而坐,先以烏金銀杯酌飲,「貧者以木」酒三行,進大軟脂 小軟脂「如中國寒具」蜜餻,「以松實胡桃肉漬蜜和糯粉為之,形或方或圓或為柿蔕花,大略類浙中寶階袴」人一盤,曰「茶食」
宴罷,富者瀹建茗,留上客數人啜之,或以䴰者煎乳酪 婦家無大小皆坐炕

上, 婿黨羅拜其下, 謂之「男下女」 禮畢, 婿牽馬百匹, 少者十匹, 陳其前 婦翁選子姓之別馬者視之, 「塞痕」則留, 「好也」「辣辣」則退 「不好也」 留者不過什二三, 或皆不中選, 雖婿所乘亦以充數, 大氐以留馬少為恥

22.

女家亦視其數而厚薄之, 一馬則報衣一襲 婿皆親迎 既成昏, 留婦氏執僕隷役, 雖行酒進食, 皆躬親之 三年, 然後以婦歸 婦氏用奴婢數十戶, 「奴曰「亞海」, 婢曰「亞海軫」」 牛馬十數羣, 「每羣九牸一牡」, 以資遣之 夫謂妻為「薩那罕」, 妻謂夫為「愛根」 契丹男女拜皆同, 其一足跪, 一足著地, 以手動為節, 數止於三 彼言「捏骨地」者, 即跪也 女真舊絕小, 正朔所不及 其民皆不知紀年, 問之, 則曰:「我見草青幾度矣」 蓋以草一青為一歲也 自興兵以後, 浸染華風 酋長生朝皆自擇佳辰, 粘罕以正旦, 悟室以元夕, 烏拽馬以上巳 其他如重午 七夕 重九 中秋 中下元 四月八日皆然 亦有用十一月旦者, 謂之「周正」 金主生於七月七日, 以國忌用次日 今朝廷遣賀使以正月至彼, 蓋循契丹故事, 不欲使人兩至也

23.

金國治盜甚嚴, 每捕獲, 論罪外, 皆七倍責償 唯正月十六日則縱偷一日以為戲 妻女 寶貨 車馬為人所竊, 皆不加刑 是日, 人皆嚴備, 遇偷至, 則笑遣之 既無所獲, 雖畚钁微物亦攜去 婦人至顯入人家, 伺主者出接客, 則縱其婢妾盜飲器 他日知其主名, 或偷者自言, 大則具茶食以贖, 「謂羊 酒 肴饌之類」 次則攜壺, 小亦打袴取之 亦有先與室女私約, 至期而竊去者, 女願留則聽之 自契丹以來皆然, 今燕亦如此

24.

女真舊不知歲月, 如燈夕, 皆不曉 己酉歲, 有中華僧被掠至其闕, 遇上元,

以長竿引燈毬,表而出之以為戲 女真主吳乞買見之,大駭,問左右曰:「得非星邪?」左右以實對 時有南人謀變,事洩而誅 故乞買疑之曰:「是人欲嘯聚為亂,尅日時立此以為信耳」命殺之 後數年至燕頗識之,至今遂盛 胡俗奉佛尤謹,帝 后見像設皆梵拜 公卿詣寺,則僧坐上坐 燕京蘭若相望,大者三十有六,然皆建院 自南僧至,始立四禪,日「太平」「招提」「竹林」「瑞像」貴游之家多為僧,衣盂「衣鉢也」甚厚 延壽院主有質坊二十八所

25.

僧職有正 副判錄,或呼「司空」,「遼代僧有累官至檢校司空者,故名稱尚存」出則乘馬佩印,街司 五伯各二人前導 凡僧事無所不統,有罪者則撻之,其徒以為榮 出家者無買牒之費 金主以生子肆赦,令燕 雲 汴三臺普度,凡有師者皆落髮 奴婢欲脫隸役者,纔以數千屬請即得之,得度者亡慮三十萬 舊俗姦者不禁,近法益嚴,立賞三百千,它人得以告捕 嘗有家室則許之歸俗,通平民者杖背流遞,僧尼自相通及犯品官家者皆死

26.

蒲路虎性愛民,所居官必復租薄征,得蕃 漢間心,但時有酒過 後除東京留守,「治渤海城」勑令止飲 行未抵治所,有一僧以榛桲癭盂遮道而獻,「榛桲,木名,有文縷可愛,多用為椀」曰:「可以酌酒」蒲路虎曰:「皇帝臨遣時宣戒我勿得飲,爾何人,乃欲以此器導我邪?」顧左右令窪勃辣駭「彼云敲殺也」即引去 行刑者哀其亡辜,擊其腦不力,欲令宵遁而以死告 未畢,復呼使前,僧被血淋漓 蒲路虎曰:「所以獻我者意安在?」對曰:「大王仁慈正直,百姓喜幸,故敢奉此為壽,無它志也」蒲路虎意解,欲釋之,詢其鄉,以渤海對 蒲路虎笑曰:「汝聞我來,用此相鵲突耳,豈可赦也!」卒殺之 又於道遇僧尼五輩共輦而載,召而責之曰:「汝曹羣游已冒

法, 而乃敢顯行吾前邪!」皆射殺之

27.

金國之法, 夷人官漢地者皆置通事「即譯語官也, 或以有官人為之」上下重輕皆出其手, 得以舞文招賄, 三二年皆致富, 民俗苦之 有銀珠哥大王者,「銀珠者, 行第六十也」以戰多貴顯, 而不熟民事 嘗留守燕京, 有民數十家負富僧金六七萬緡, 不肯償, 僧誦言欲申訴 逋者大恐, 相率賂通事, 祈緩之 通事曰:「汝輩所負不貲, 今雖稍遷延, 終不能免, 苟能厚謝我, 為汝致其死」皆欣然許諾 僧既陳牒, 跪聽命 通事潛易它紙, 譯言曰:「久旱不雨, 僧欲焚身動天以蘇百姓」銀珠笑, 即書牒尾, 稱「塞痕」者再 庭下已有牽攏官二十輩驅之出 僧莫測所以, 扣之, 則曰:「塞痕, 好也, 狀行矣」須臾出郛, 則逋者已先期積薪, 擁僧於上, 四面舉火 號呼稱冤, 不能脫, 竟以焚死

28.

胡俗舊無儀法, 君民同川而浴, 肩相摩于道 民雖殺雞, 亦召其君同食, 炙股烹蒲,「音蒲, 膞肉也」以餘肉和蓁荼擣臼中, 糜爛而進, 率以為常 吳乞買稱帝亦循故態, 今主方革之 金國新制, 大氐依傲中朝法律 至皇統三年頒行其法 有創立者率皆自便, 如毆妻至死, 非用器物者不加刑, 以其側室多, 恐正室妒忌 漢兒婦莫不唾罵, 以為古無此法, 曾臧獲不若也

北人重赦, 無郊霈 子銜命十五年, 才見兩赦: 一為余都姑叛, 一為皇子生

29.

盲骨子, 其人長七八尺, 捕生麋鹿食之 金人嘗獲數輩至燕 其目能視數十里, 秋豪皆見 蓋不食煙火, 故眼明 與金人隔一江, 常渡江之南為寇, 禦之則返, 無如之何 金國天會十四年四月, 中京小雨, 大雷震, 羣犬數十爭赴土河而死, 所可救者纔二三爾

30.

松漠紀聞續

冷山去燕山三千里, 去金國所都二百餘里, 皆不毛之地 乙卯歲, 有二龍, 不辨名色, 身高丈餘, 相去數步而死 冷氣腥焰襲人, 不可近 一已無角, 如截去 一額有竅, 大若當三錢, 如斧鑿痕 悟室欲遣人截其角, 或以為不祥, 乃止 戊午夏, 熙州野外灤水有龍見三日 初於水面見蒼龍一條, 良久即沒 次日, 見金龍以爪托一嬰兒, 兒雖為龍所戲弄, 略無懼色 三日金龍如故, 見一帝者乘白馬, 紅衫玉帶, 如少年中官狀, 馬前有六蟾蜍, 凡三時方沒 郡人競往觀之, 相去甚近而無風濤之害 熙州嘗以圖示劉豫, 劉不悅 趙伯璘曾見之 是年五月, 汴都大康縣一夕大雷雨, 下冰龜互數十里, 龜大小不等, 首足卦文皆具

31.

阿保機居西樓, 宿氈帳中 晨起, 見黑龍長十餘丈, 蜿蜒其上 引弓射之, 即騰空夭矯而逝, 墜于黃龍府之西, 相去已千五百里, 纔長數尺 其骸尚在金國內庫 悟室長子源嘗見之, 尾鬣支體皆全, 雙角已為人所截 與子所藏董羽畫出水龍絕相似, 蓋其背上鬣不作魚鬣也 悟室第三子撻撻, 勁勇有智, 力兼百人, 悟室常與之謀國 蒲路虎之死, 撻撻承詔召入, 自後執其手而殺之 為明威將軍 正月十六挾奴僕入寡嬬家烝焉 悟室在闕下, 「虜都也」其長子以告, 命械擊于家 悟室至, 問其故 曰:「放偷敢爾」悟室命縛, 杖其背百餘, 釋之, 體無傷

32.

虜法, 縛者必死, 撻撻始謂必杖, 聞縛而驚, 遂失心, 歸室不能坐, 呼曰:「我將去」人問之, 曰:「適蒲路虎去」後旬日死 悟室哭之慟, 曰:「折我左手」是年九月, 悟室亦坐誅 己未年五月, 客星守魯 悟室占之, 太史曰

:「不在我分野, 外方小災無傷」 至七月, 魯 兗 宋 滕 虞諸王同日誅 庚申年, 星守陳 太史以告宇文, 宇文語悟室, 「悟室時為陳王」 悟室不以為怪 至九月而誅 虜亦應天道如此

33.

金人科舉, 先於諸州分縣赴試 詩賦者兼論策作一日, 經義者兼論策作三日, 號為「鄉試」, 悉以本縣令為試官 預試之士, 唯雜犯者黜 榜首曰「鄉元」, 亦曰「解元」 次年春, 分三路類試, 自河以北至女真皆就燕, 關西及河東就雲中, 河以南就汴, 謂之「府試」 試詩賦 論時務策 經義, 則試五道三策 一論 一律義 凡二人取一, 榜首曰「府元」 至秋, 盡集諸路舉人于燕, 名曰「會試」 凡六人取一 榜首曰「勅頭」, 亦曰「狀元」 分三甲, 曰上甲 中甲 下甲 勅頭補承德郎, 視中朝之承議 上甲皆賜緋, 七年即至奉直大夫, 謂之「正郎」 第二 第三人八年或九年 中甲十二年, 下甲十三年, 不以所居官高卑, 皆遷大夫 中 下甲服綠, 例賜銀帶

34.

府試差官取旨, 尚書省降剳 知舉一人, 同知二人, 又有彌封 謄錄 監門之類 試闈用四柱, 揭綵其上, 目曰「至公樓」 主文登之, 以觀試 或有私者, 停官不敘, 仍決沙袋 親戚不回避 尤重書法, 凡作字, 有點畫偏旁微誤者, 皆曰「雜犯」 先是考校畢, 知舉即唱名 近歲, 上 中 下甲雜取十名, 納之國中, 下翰林院重考, 實欲私取權貴也 考校時, 不合格者曰牓其名, 試院欲開, 餘人方知中選 「後又置御試, 已會試中選者皆當至其國都, 不復試文, 只以會試榜殿廷唱第而已 士人頗以為苦, 多不願往, 則就燕徑官之, 御試之制遂絕」 又有明經 明法 童子科, 然不擢用, 止於簿尉 明經至於為直省官, 事宰執, 持筆研 童子科止有趙憲甫位至三品

35.

省部有令史,以進士及第者為之 又有譯史,或以練事,或以關節 凡遞勑或除州太守,告令史 譯史送之,大州三數百千,帥府千緡 若兀朮諸貴人除授,則令宰執子弟送之,獲數萬緡 北方苦寒,故多衣皮,雖得一鼠,亦褫皮藏去 婦人以羔皮帽為飾,至值十數千,敵三大羊之價 不貴貂鼠,以其見日及火則剝落無色也 初,漢兒至曲阜,方發宣聖陵,粘罕聞之,問高慶緒「渤海人」曰:「孔子何人?」對曰:「古之大聖人」曰:「大聖人墓豈可發?」皆殺之,故闕里得全

燕京茶肆設雙陸局,或五或六,多至十 博者蹴局,如南人茶肆中置棋具也

36.

女真多白芍藥花,皆野生,絕無紅者 好事之家采其芽為茶,以麵煎之,凡待賓 齋素則用 其味脆美,可以久留 無生薑,至燕方有之,每兩價至千二百 金人珍甚,不肯妄設 遇大賓至,縷切數絲置楪中,以為異品,不以雜之飲食中也 西瓜形如匾蒲而圓,色極青翠,經歲則變黃 其㼎類甜瓜,味甘脆,中有汁,尤冷 『五代史·四夷附錄』云:「以牛糞覆棚種之」子攜以歸,今禁圍鄉圍皆有 亦可留數月,但不能經歲,仍不變黃色 鄱陽有久苦目疾者,曝乾服之而愈,蓋其性冷故也

37.

長白山在冷山東南千餘里,蓋白衣觀音所居 其山禽獸皆白,人不敢入,恐穢其間,以致蛇虺之害 黑水發源於此,舊云粟末河 契丹德光破晉,改為混同江 其俗剖木為舟,長可八尺,形如梭,曰「梭船」,上施一槳,止以捕魚 至渡車,則方舟或三舟 後悟室得南人,始造船,如中國運糧者,多自國都往五國城載魚 西樓有蒲,瀨水叢生,一榦,葉如柳,長不盈尋丈,用以作箭,不矯揉而堅 左氏所謂「董澤之蒲」是也

38.

關西羊出同州沙苑, 大角虬上盤至耳, 最佳者為臥沙細肋 北羊皆長面多髯, 有角者百無二三, 大僅如指長, 不過四寸 皆目為「白羊」, 其實亦多渾黑 亦有肋細如箸者, 味極珍, 性畏怯, 不觝觸, 不越溝塹 善牧者每羣必置羖攊羊數頭, 「羖攊音古力, 北人訛呼「羖」為「骨」」 仗其勇狠, 行必居前, 遇水則先涉, 羣羊皆隨其後, 以羖攊發風, 故不食 生達靼者大如驢, 尾巨而厚, 類扇, 自脊至尾或重五斤, 皆臀脂, 以為假熊白, 食餅餌 諸國人以它物易之

39.

羊順風而行, 每大風起, 至舉羣萬計皆失亡, 牧者馳馬尋逐, 有至數百里外方得者 三月 八月兩翦毛 當翦時, 如欲落絮 不翦, 則為草絆落 可撚為綾 春毛不直錢, 為氈則蠹 唯秋毛最佳, 皮皆用為裘 凡宰羊, 但食其肉 貴人享重客, 間兼皮以進, 必指而夸曰：「此潛羊也」回鶻豆高二尺許, 直榦有葉, 無旁枝 角長二寸, 每角止兩豆, 一根才六七角, 色黃, 味如栗 渤海螃蟹紅色, 大如椀, 螯巨而厚, 其跪如中國蟹螯 石舉 鮀魚之屬皆有之

40.

自上京至燕二千七百五十里 上京即西樓也 三十里至會寧頭鋪, 四十五里至第二鋪, 三十五里至阿薩鋪, 四十里至來流河, 四十里至報打孛菫鋪, 七十里至賓州 渡混同江七十里至北易州, 五十里至濟州東鋪, 二十里至濟州 四十里至勝州鋪, 五十里至小寺鋪, 五十里至威州 四十里至信州北, 五十里至木阿鋪, 五十里至沒瓦鋪, 五十里至奚營西, 四十五里至楊相店, 四十五里至夾道店, 五十里至安州南鋪, 四十里至宿州北鋪, 四十里至咸州南鋪, 四十里至銅州南鋪, 四十里至銀州南鋪, 五十里至興州

41.

四十里至蒲河, 四十里至瀋州, 六十里至廣州 七十里至大口, 六十里至梁漁務, 三十五里至兔兒堝, 五十里至沙河, 五十里至顯州, 五十里至軍官寨, 四十里至惕隱寨, 四十里至茂州, 四十里至新城, 四十里至麻吉步落, 四十里至胡家務, 四十里至童家莊, 四十里至桃花島, 四十里至楊家館, 五十里至隰州, 四十里至石家店, 四十里至來州, 四十里至南新寨, 四十里至千州, 四十里至潤州,

42.

三十里至舊楡關, 三十里至新安, 四十里至雙望店, 四十里至平州, 四十里至赤峰口, 四十里至七箇嶺, 四十里至榛子店, 四十里至永濟務, 四十里至沙流河, 四十里至玉田縣, 四十里至羅山鋪, 三十里至薊州, 三十里至邦軍店, 三十五里至下店, 四十里至三河縣, 三十里至潞縣, 三十里至交亭, 三十里至燕 自燕至東京一千三百十五里, 自東京至泗州一千三十四里 自雲中至燕山數百里皆下坡, 其地形極高, 去天甚近

43.

虜之待中朝使者 使副, 日給細酒二十量罐, 羊肉八斤, 果子錢五百, 雜使錢五百, 白麪三斤, 油半斤, 醋二斤, 鹽半斤, 粉一斤, 細白米三升, 麪醬半斤, 大柴三束 上節細酒六量罐, 羊肉五斤, 麪三斤, 雜使錢二百, 白米二斤, 中節常供酒五量罐, 羊肉三斤, 麪二斤, 雜使錢一百, 白米一升半 下節常供酒三量罐, 羊肉二斤, 麪一斤, 雜使錢一百, 白米一升半

44.

天眷二年, 奏『請定官制』劄子：「竊以設官分職 創制立法者, 乃帝王之能事而不可闕者也 在昔致治之主, 靡不皆然 及世之衰也, 侵冒放紛, 官

無常守, 事與言戾, 實由名喪, 至於不可復振 逮聖人之作也, 剗弊救失, 乘時變通, 致治之具, 然後煥然一新, 『九變復貫, 知言之選』, 其此之謂矣 太祖皇帝聖武經略, 文物度數, 曾不遑暇 太宗皇帝嗣位之十二載也, 威德暢洽, 萬里同風, 聰明自民, 不凝於物 始下明詔, 建官正名, 欲垂範於將來, 以為民極 聖謨弘遠, 可舉而行, 克成厥終, 正在今日

45.

伏惟皇帝陛下, 天性孝德, 欽奉先猷, 奚命有司, 用精詳訂 臣等謹按 : 當唐之治朝, 品位爵秩, 考覈選舉, 其法號為精密 尚慮拘牽, 故遠自開元所記, 降及遼宋之傳, 參用講求 有便於今者, 不必泥古, 取正於法者, 亦無徇習 今先定到官號品次職守, 上進御府, 以塵乙覽 恭俟聖斷, 曲加是正 言順事成, 名實實舉, 興化阜民, 於是乎在 凡新書未載, 並乞姑仍舊貫 徐用討論, 繼此奏請 臣等顧惟虛薄, 講究不能及遠, 以塞明命是懼 倘涓埃有取, 伏乞先賜頒降施行」

46.

答詔曰 :「朕聞可則循, 否則革, 事不憚於改為 ; 言之易, 行之難, 政或譏於欲速 審以後舉, 示將不刊 爰自先皇, 已頒明命 ; 順玆古道, 作新斯人 欲端本於朝廷, 首建官於臺省 豈止百司之職守, 必也正名 ; 是將一代之典章, 無乎不在 能事未畢, 眇躬嗣承 懼墜先猷, 惕增夕厲, 勉圖繼述, 申命講求 雖曰法唐, 宜後先之一揆 ; 至於因夏, 固損益之殊途 務折衷以適時, 肆於今而累歲 庶同乃繹, 僅至有成, 撥所先行, 用敷眾聽 作室肯構, 第遵底法之良 ; 若網在綱, 庶弼有條之棻 自餘款備, 繼此施陳 已革乃孚, 行取四時之信 ; 所由適治, 揭為萬世之常 凡在見聞, 共思遵守」

47.

翰林學士韓昉撰詔書曰:「皇祖有訓,非繼體者所敢忘;聖人無心,每立事於不得已 朕丕承洪緒,一紀於茲;祗適先猷,百為不越 故在朝廷之上,其猶草昧之初 比以大臣力陳懇奏,謂綱紀之未舉,在國家以何觀!且名可言,而言可行,所由集事;蓋變則通,而通則久,故用裕民 宜法古官,以開政府 正號以責實效,著儀而辨等威 天有雷風,辭命安得不作;人皆顏閔,印符然後可捐 凡此數條,皆今急務 禮樂之備,源流在茲,祈以必行,斷宜有定 仰惟先帝,亦鑒微衷

48.

神豈可誣,方在天而對越;時由偶異,若易地則皆然 是用載惟,殆非相反 何必改作,蓋嘗三復於斯言;皆曰可行,庶將一變而至道 乃從所議,用創新規 維茲故土之風,頗尚先民之質 性成於習,遽易為難;政有所因,姑宜仍舊 漸祈胥效,翕致大同 凡在邇遐,當體朕意 其所改創事件,宜令尚書省就便從宜施行」 宋 克諸王之誅,韓昉作詔曰:「周行管叔之誅,漢致燕王之辟,茲維無赦,古不為非 豈親親之道有所未敦?以惡惡之心是不可忍 朕自惟沖昧,猥嗣統臨 蓋由文烈之公,欲大武元之後 德雖為否,義亦當然 不圖骨肉之間,有懷蜂蠆之毒 皇伯太師 宋國王宗磐,族聯諸父,位冠三師 始朕承祧,乃繫協力,肆登極品,兼綰劇權,何為失圖,以底不類?謂為先帝之元子,當蓄無君之禍心,昵信宵人,煽為姦黨,坐圖問鼎,行將弄兵

49.

皇叔太傅 領三省事 兗國王宗雋為國至親,與朕同體,內懷悖德,外縱虛驕 肆己之怒,專殺以取威;擅公之財,市恩而惑眾 力擯勳舊,欲孤朝廷 即其所譖,濟以同惡 皇叔虞王宗英 滕王宗偉 殿前左副點檢渾覬 會寧少

尹胡實剌 郎君石家奴 千戶述离 古楚等, 競為禍始, 舉好亂從 逞躁欲以無厭, 助逆謀之妄作 意所非冀, 獲其必成 先將賊其大臣, 次欲危其宗廟 造端累歲, 舉事有期 早露端倪, 每存含覆； 第嚴禁衛, 載肅禮文

50.

庶見君親之威, 少安臣子之分 蔑然不顧, 狂甚自如 尚賴神明之靈, 克開社稷之福 日者叛人吳十稔心稱亂, 授首底亡 爰致克奔之徒, 乃窮相與之黨, 得厥情狀, 孚於見聞 皆由左驗以質成, 莫敢詭辭而抵讕 欲申三宥, 公議豈容；不煩一兵, 羣凶悉殄 於今月三日, 已各伏辜, 並令有司除屬籍訖 自餘註誤, 更不躡尋；庶示寬容, 用安反側 民畫衣而有犯, 古猶欽哉；子素服以如喪, 情可知也」陳王悟室『加恩制』詞曰：「貴貴尊賢, 式重儀刑之望；親親尚齒, 亦優宗族之恩 朕俯迫羣情, 祗膺顯號 爰第景風之賞, 孰居臺曜之先 凡爾在廷, 聽子作命 具官屬為諸父, 身相累朝 蹈五常九德之規, 為四輔三公之冠 當艱難創業之際, 藉左右宅師之勤 如獻兆之信著龜, 如濟川之待舟楫

51.

迪我高后, 格于皇天 屬正統之有歸, 賴嘉謀之先定 緝熙百度, 董正六官 雍容以折肘腋之姦, 指顧以定朔南之地 德業並茂, 古今罕倫 迨茲慶賜之頒, 詢及僉諧之論 謂上公之加命有九, 而天下之達尊者三 既已兼全, 無可增益 乃敷求於載籍, 仍自斷於朕心 杖以造朝, 前已加於異數；坐於論道, 今復舉於舊章 蕭相國賜詔不名, 安平王肩輿升 併茲優渥, 以獎耆英 於戲!建無窮之基, 則必享無窮之福；錫非常之禮, 所以報非常之功 欽承體貌之隆, 並對邦家之祉」

52.

皇后裴摩申氏『謝表』曰:「龍袞珠旒, 端臨雲陛 ; 玉書金璽, 榮界椒房 恭受以還, 凌競罔措 恭惟道兼天覆, 明並日升 誠意正心, 基周王之風化 ; 制禮作樂, 煥堯帝之文章 俯矜奉事之勞 飭遣光華之使 溫言獎飾, 美號重仍 顧拜命之甚優, 憨省躬而莫稱 謹當恪遵睿訓, 益勵肅心 庶幾婦道之修, 仰助人文之化」「后父小名胡搭」

53.

渤海『賀正表』曰:「三陽應律, 載肇於歲華 ; 萬壽稱觴, 欣逢於元會 恭惟受天之祐, 如日之升 布治惟新, 順夏時而謹始 ; 卜年方永, 邁周曆以垂休 臣幸際明昌, 良深抃頌 遠馳信幣, 用申祝聖之誠 ; 仰冀清躬, 茂集履端之慶」

54.

夏國『賀正表』曰:「斗柄建寅, 當帝曆更新之旦 ; 葭灰飛管, 屬皇圖正始之辰 四序推先, 一人履慶 恭惟化流中外, 德被邇遐 方熙律之載陽, 應令候而布惠 克凝神於穾奧, 務行政於要荒 四表無虞, 羣黎至洽 爰鳳闕屆春之早, 協龍廷展賀之初 百辟稱觴, 用盡輸誠之意 ; 萬邦薦祉, 克堅獻歲之心 臣無任「云云」大使武功郎沒細好德 副使宣德郎李膺等齎表詣闕以聞」

55.

高麗『賀正表』曰:「帝出乎震, 方當遂三陽之主 ; 王次於春, 所以大一統之始 覆幬之內, 歡慶皆均 恭惟中孚應天, 大有得位 所過者化, 閱眾甫以常新 ; 不怒而威, 觀庶邦以奉服 茂對佳辰之復, 備膺諸福之休 臣幸邁昌期, 遠居外服 上千萬歲壽, 曾莫預於臚傳 ; 同億兆人心, 但竊深於善祝

「云云」使朝散大夫衛尉 少卿輕車都尉 賜紫金魚袋李仲衍奉表稱賀以聞」

56.

右『松漠紀聞』二卷

先君銜使十五年, 深陷窮漠, 耳目所接, 隨筆纂錄 聞孟公「庚」發篋汴都, 危變歸計, 創艾而火其書, 禿節來歸 因語言得罪柄臣, 諸子佩三緘之戒, 循陔侍膝, 不敢以北方事置齒牙間 及南徙炎荒, 視膳餘日, 稍亦談及遠事 凡不涉今日強弱利害者, 因操牘記其一二 未幾復有私史之禁, 先君亦枕末疾, 遂廢不錄 及柄臣蓋棺, 弛語言之律, 而先君已齎恨泉下 鳩拾殘稿, 厪得數十事, 反袂拭面, 著為一編 紹興丙子夏長男適謹書

57.

松漠紀聞補遺

虜中廟諱尤嚴, 不許人犯 嘗有一武弁經西元帥投牒, 誤斥其諱, 杖背流遞 武元初, 只諱「旻」, 後有申請云：旻, 閔也 遂併「閔」諱之 虜中中丞唯掌訟牒, 若斷獄會法 或春山秋水, 「謂去國數百里, 逐水草而居處」從駕在外, 衛兵物故, 則掌其骸骼, 至國則歸其家 諫官並以他官兼之, 與臺官皆備員, 不彈擊 外道雖有漕使, 亦不刺舉, 故官吏贓穢, 略無所憚 虜法：文武官不以高下, 凡丁家難未滿百日, 皆差監關稅 州商稅院 鹽鐵場, 一年為任, 謂之「優饒」其稅課倍增者謂之「得籌」每一籌轉一官, 有歲中八 九遷者 近有止法, 不得過三官 富者擇課額少處受之, 或以家財貼納, 只圖遷轉 其不欲遷者於課利多處, 除歲額外, 公然分之

58.

虜中有負犯者, 不責降, 只差監鹽場 課額雖登, 出賣甚遲, 雖任滿去官, 非賣盡不得仕, 至有十年不調者 無磨勘之法, 每一任轉一官, 以二十五月為任, 將滿即改除, 並不待闕 北地漢兒張獻甫作太原都軍, 「都監也」其姊夫劉思與侍郎高慶裔為十友之數 張有一犀帶, 國初錢王所獻者, 號「鎮國寶帶」, 是正透, 中間龍形 契丹重骨咄犀, 犀不大, 萬株犀無一不曾作帶紋, 如象牙帶黃色, 止是作刀把, 已為無價 天祚以此作兔鶻, 「中國謂之腰條皮」插垂頭者

59.

鹿頂合, 燕以北者方可車, 須是未解角之前 才解角, 血脈通, 冬至方解 頂之上為「合正須」, 亦作「合」好者有人字, 不好者成八字, 有髓眼, 不實 北人謂角為鹿角合, 頂為鹿頂合 「南中止有鹿角合」南鹿不實, 定有髓眼, 不

可車 北地角未老,不至秋時不中 麋角與鹿角不同,麋角如駝骨,通身可車,卻無紋,生枝不比 鹿皆小鹿,頂骨有紋,上下無之,亦可熏成紋 犀有三種：重透,外黑有一暈白,中又黑,世艱得之 正透,又曰通犀 例透,亦曰花犀或班犀,有游魚形諸犀中 水犀最貴「秀州周通直家有正透犀帶,其中一點白,以紙鐙近之即時滅,有濕氣,疑是水犀」

60.

耀段褐色,涇段白色 生絲為經,羊毛為緯,好而不耐 豐段有白有褐最佳,駞毛段出河西,有褐有白 秋毛最佳,不蛀 冬間毛落,去毛上之粗者,取其茸毛 皆關西羊為之,蕃語謂之「羚勃」北羊止作粗毛

先忠宣『松漠紀聞』,伯兄鏤板歔越 遵來守建業又刻之 暇日,搜閱故牘,得北方十有一事,皆曩歲侍旁親聞之者,目曰「補遺」,附載於此 乾道九年六月二日,第二男資政殿大學士 左中大夫知建康府江南東路安撫使兼行宮留守遵謹書

『송막기문』 解題(해제)

　남송(南宋)의 관리 홍호(洪皓)[1]는 건염(建炎) 三年(1129년) 금나라에 통문사(通問使)[2]로 파견되었다가 억류되어 소흥(紹興) 十二年(1142년) 석방되어 송나라로 돌아왔다. 홍호는 14년간 금나라 억류 생활 기간에 보고 들은 것과 기존 기록을 참고하여 여진에 관한 단편적 기록을 남겼는데, 홍호 사후인 소흥 말(紹興 末: 1156년)에 그 장자 홍적(洪適)이 유고를 정리하여 『송막기문(松漠紀聞)』[3]이라는 이름을 붙여 간행하였다. 그 뒤 건도(乾道) 九年(1173년) 홍호의 차자 홍준(洪遵)이 일부를 보충하여 『송막기문보유(松漠紀聞補遺)』라고 이름을 지어서 뒤에 덧붙였다.

　금나라 당시의 여진 풍속을 살펴볼 수 있는 기록이 현재 많이 남아있지 않은데, 『송막기문』은 홍호가 여진 땅 현지에서 오랫동안 생활하면서 직접 보고 들은 역사, 지리, 인문, 풍속을 기록한 것이기에 당시 사회를 연구

---

1) 洪皓(1088~1155) 宋 鄱陽(今 江西 波陽)人, 政和 五年(1115년) 進士가 됨. 建炎 三年(1129년), 휘유각대제가예부상서(徽猷閣待制假禮部尙書)의 직을 수여받고 통문사(通問使)로 금나라에 파견되었다가 금나라에서 제남 지역에 임명한 괴뢰황제 유예(劉豫)를 섬기도록 압박하자 홍호는 이를 거절하였다. 이에 금나라에서 홍호를 북만주 상경 인근 냉산(冷山 : 五常市境内 大青頂子山. 현지인은 白山으로 부름) 지역에 억류하였다가 소흥(紹興) 十二年(1142년) 석방하였다. 송나라로 돌아와서 태사위국공(太師魏國公)에 봉해졌다. 시호는 충선(忠善)이다.(백도백과)
2) 1126년 금나라는 북송을 공격하여 멸망시키고 휘종(徽宗 : 趙佶)과 흠종(欽宗 : 趙桓) 두 명의 황제를 포로로 잡은 뒤 휘종에게는 중혼후(重昏候), 흠종에게는 혼덕공(昏德公)이라는 모욕적인 작위를 주고 오국성(五國城 : 흑룡강성 의란현(依蘭縣))에 억류하였다. 한편 1127년 휘종의 아들 조구(趙構 : 고종)가 남송을 세웠다. 당시 금나라와 남송은 두 황제의 송환문제가 외교적 현안이었는데, 홍호는 이와 관련된 임무를 수행한 것으로 보인다. 결국 두 황제는 남송 고종이 전 황제의 송환을 반대하자 귀국하지 못하고 오국성에서 생을 마감하였다.
3) 송막기문(松漠紀聞)이라고 제목을 붙인 것은 당시 북만주 땅이 唐나라 시기 거란 지역을 통치하기 위해 세운 송막도호부(松漠都護府) 관할이었기 때문이라고 한다.(백도백과)

하는 데 원시 사료로서 높은 가치가 있다. 특히 금 태조의 기병(起兵) 본말(本末)에 관한 기록은 『遼史』「天祚紀」에 그대로 실렸고, 희주(熙州)의 락수(濼水)에 용(龍)이 나타난 기록은 『金史』「五行志」에도 실리게 되었다.

그러나 홍호가 냉산(冷山)에 억류되어 있던 관계로 충분한 자료 수집이나 현지를 폭넓게 견문하는 데는 제약이 있었을 것이기에 사실과 부합하지 않는 내용도 일부 있다. 예로서 金 태조(太祖)와 태종(太宗)의 여러 아들 봉호(封号)라든가 요나라 대실(大實)이 북으로 도피하는 과정의 관계 기록 등은 역사 사실과 일부 다르다. 또한 현지 발음을 한자로 옮기는 과정에서 분명치 아니한 것이 있어서 실제의 내용을 다르게 오해할 우려도 있다.

『송막기문』에서는 여진족의 유래에 관하여, 여진은 옛 숙신국(肅愼國)으로서 동한(東漢) 시대에는 읍루(挹婁)로, 북위(北魏) 때는 물길(勿吉)로, 수당(隋唐) 시대에는 말갈(靺鞨)로 불리다가 오대(五大) 시기에 여진(女眞)으로 불리게 되었는데, 거란 황제의 휘(諱)를 피하여 여직(女直)이라고4) 불렀다고 기록하였다. 특히 말갈은 고구려와 같이 당나라의 침략에 맞서서 용감히 싸웠으나 패하게 되었으며, 당 태종이 보복으로 말갈병사 3천 명을 생매장시킨 비극적인 사실도 기록하였다. 금나라 시조의 출신에 관해서는 본래 신라인으로 여진 땅에 들어와서 부족 간의 분쟁을 잘 조정하여 추장으로 추대되었으며, 성을 완안씨(完顔氏)로 하게 되었는데 한어로 왕(王)이라는 뜻이라고 하였다.

금나라 태종(여진명 오걸매) 사후에 황제 승계를 둘러싸고 태종의 아들 송국왕과 태조 아골타의 측실 소생 장자 고론(固碖) 및 아골타의 종제 완안종한(完顔宗翰) 등 실력자들이 자리를 다투다가 타협하여 아골타의

---

4) 거란 7대 황제 야율종진(耶律宗眞)의 이름에 眞자가 있어서 이를 피하여 直으로 부르도록 한 것을 가리킨다.

정실 소생 승과(繩果)의 아들 완안단(完顔亶 : 熙宗)이 어린 나이로 등극하게 되는 과정도 자세히 기록하였다.

여진과 교류가 많은 부족(部族)으로는 회골(回鶻), 올숙(嗢熟), 발해국(渤海國), 황두여진(黃頭女眞), 맹골(盲骨) 등이며, 이들 부족에 관하여는 그들의 물산과 풍속, 종교행사, 신체적 특징 등을 자세히 기록하였다. 특히 올숙(嗢熟)의 풍속에 관해서는, 한가위 달밤에 젊은 남녀가 어울려 술을 마시고 놀다가, 눈이 맞으면 그 자리에서 여인을 말에 태워 데리고 가는데, 여러 해를 살다가 아이를 낳으면 다시 처가로 가서 3년간 처가살이를 한 뒤 마침내 본가로 부인을 데리고 가는 결혼 풍속을 기록하고 있다.

발해국에 관해서는 남자들은 용감하여 "세 사람이 호랑이 한 마리를 당해 낸다."고 하였고, 여인들은 투기가 심하여 부인들 열 명이 자매를 맺고 연대하여 남편들의 외도를 서로 감시하기에 발해 남자들은 소실(小室)과 시비(侍婢)가 없다고 하였다. 이러한 십자매 결연(十姉妹結緣) 풍속은 다른 사서에서는 찾아보기 어려운 진귀한 내용이다. 발해가 멸망하자 거란은 발해인을 전쟁에 동원하여 앞장세웠고, 또 많은 주민을 연(燕)으로 옮겼다가 반란을 우려하여 다시 산동지방으로 이주시켰다. 황두여진(黃頭女眞)은 머리카락 콧수염이 황색이고 눈동자는 녹색이라고 하여 백인종이 여진 지역에 살고 있었음도 알 수 있다.

여진의 옛 풍속에, 고관이 일반 백성의 집(下戶)에 숙소를 정하면 그 집에서는 출가하지 아니한 여자로 하여금 고관을 모시게 하는 시침(侍寢) 풍속이 있었는데, 요나라 사신들이 유부녀들의 시침을 요구하는 등 횡포가 심하여 여진이 반란을 일으켰다고 하였다. 여진의 혼인 풍속에 관해서는, 부모가 뱃속아이의 혼사를 미리 정하는데 장성하여 비록 귀천의 격차가 커도 바꾸지 않는다고 하였다. 여진인들에게는 중원(中原)의 정삭(正朔)이 미치지 못하여 백성들은 연월을 알지 못하였기에, 생일을 기념하면서도 실제 태어난 날이 아닌 좋은 길일을 택하여 지냈다. 여진에서는 도둑은 엄하게 다스리나 정월 16일 하루 동안은 멋대로 도둑질하게 두어서 즐기게 하였으며, 도둑질한 자는 양(羊)이나 술과 안주로써 주인에게 속죄하는데 이러한 풍속은 거란의 종투절(縱偸節)과 같다.

쌍륙(雙六)놀이가 당시 송나라, 거란, 여진에서 광범위하게 성행하였으며, 아골타가 부족장으로 거란에 조공을 갔을 때 거란의 귀인과 쌍륙놀이를 하다가 귀인의 무례함에 분개하여 다투다가 죽을뻔한 것도 기록되어 있다. 기타 의식(儀式)에 관한 예법, 불교의 성행, 과거제도, 의복의 특징 등이 기록되어 있다.

이 책이 분야별로 체계를 갖추어 쓰이지 못한 것은 당시 송나라에서 개인이 사서를 기록하는 것을 금지하였기에 홍호가 처벌당할 것을 걱정하여 송나라에 돌아와서 쓴 초기 원고들을 불살랐으며, 그 뒤 그러한 제약이 없어지고 홍호가 말년에 여진에서의 일을 다시 단편적으로 기록하게 되었으나 남긴 유고가 많지 않기 때문이다.

번역에 사용한 한문 원문은 『유기문고(維基文庫)』에 실린 것을 저본으로 하였다.

2020년 12월 남주성

선화을사봉사금국행정록
(宣和乙巳奉使金國行程錄)

선화을사봉사금국행정록
(宣和乙巳[1]奉使金國行程錄)

남 주 성·복 기 대 공역

허항종(許亢宗)[2]

I. 사행단의 목적과 구성

  금나라 사람들이 거란을 멸망시키고 마침내 우리와 적국이 되었는데 거란의 전례에 따라 우호 관계를 맺었다. 매년 사신을 보냈는데 원단(正旦)·생신 두 차례를 영구히 상례(常例)로 하는 것 외에, 특별한 경조사는 별도로 논의하기로 하였다. 갑진(甲辰)년 아골타(阿骨打)가 갑자기 사망하고 그 동생 오걸매(吳乞買)가 그를 계승하자 허항종(許亢宗)을 뽑아 명을 받들어 출사하여 등극을 축하하도록 하였다. 아울러 「봉사거란조례(奉使契丹條例)」 문서(案牘)를 수령하고 이를 참작하여 상세히 살펴 증감하도록

---

1) 북송 휘종(徽宗)의 연호로 1125년에 해당한다.
2) 『선화을사봉사금국행정록』의 저자는 사행사였던 허항종(許亢宗)으로 알려져 있다. 하지만 본문 속에 사행사를 지칭하는 표현 등에서 허항종이 작성했다면 어색한 부분들이 존재한다. 따라서 진락소(陳樂素)교수이 고증에 따라 사행의 관압예물관(管押禮物官)이었던 종방직(鍾邦直)이라고 보는 설이 유력하다. 최문인(崔文印)처럼 진 교수의 고증 후에도 허항종 설을 고수하는 경우도 여선히 존재한다.

하고 준수하여 행하도록 하였다. 겸하여 사행 일행이 필요로 하는 것은 모두 경사의 제사(諸司) 백국(百局)에서 응하여 처리하여 세세한 것까지 모두 갖추어져 있어 하나도 빠진 것이 없었던 것은 대개 조상(祖宗)의 옛 제도이다. 사행에 수행한 세 명의 의전 요원은 조정에서 차견하거나 현지(本所)에서 뽑도록 하였다. 부사 외에 80명은 다음과 같다. 도폭(都幅) 1인, 의사 1인, 수행지사(隨行指使) 1인, 통역(譯語)지사 2인, 예물지응(禮物祇應) 2인, 인접(引接)지응 2인, 서표사(書表司) 2인, 습어사(習馭司) 2인, 직원(職員) 2인, 소저(小底) 2인, 친속(親屬) 2인, 용위우후(龍衛虞候) 6인, 선무사(宣撫司) 10인, 장(將) 1인, 찰시(察視) 2인, 절급(節級) 3인, 한림사(翰林司) 2인, 난의사(鸞儀司) 1인, 태관국(太官局) 2인, 치무조두(馳務槽頭) 1인, 교준(敎駿) 3인, 후원작장(後院作匠) 1인, 안비고자호익병사(鞍轡庫子虎翼兵士) 5인, 선무(宣武)병사 30인이었다. 기타 잡다한 것을 실을 수레 3대와 낙타 10마리, 조세마(粗細馬) 12필이 있었다. 예물로는 어마(御馬) 3필에, 금은으로 도금하여 만든 안장과 고삐를 더하였다. 상아와 거북 껍질로 만든 채찍이 각각 하나씩 있었다. 금으로 문양을 새긴 팔각형 술통 2쌍은 덮개와 손잡이가 모두 있었다. 금으로 문양을 새긴 팔각형 은병 10쌍은 뚜껑이 전부 있었다. 도금한 은제 사자 향로 3쌍은 올려놓는 자리까지 완전하였다. 갖가지 수 놓은 예복(繡衣) 3습(襲), 과자(果子) 10바구니, 꿀전병(蜜煎) 10단지와 어린싹으로 만든 차(芽茶) 3근이 있었다.

을사(乙巳)년 봄 정월 무술(戊戌)일에 폐하에게 사직 인사하고 다음날 출발하여 그해 가을 8월 갑진일에 일정에서 돌아와 대궐에 이르렀다. 그 일정은 우리나라 경계 내가 1,150리로 22일간의 여정인데 아주 상세하게 서술하지 않았다. 거란과의 옛 경계이던 백구(白溝)에서 시작하여 오랑캐 조정의 모리나발(冒離納鉢)에서 그쳤으니 3,120리로 모두 39일간의 여정이었다.

Ⅱ. 사행 일정

1일차 일정 : 웅주(雄州)에서 60리 신성현(新城縣)까지

웅주(雄州)를 떠나 30리를 가서 백구(白溝) 거마하(拒馬河)에 이르렀다. 수원은 대군(代郡)의 내수(淶水)에서 나와 역수(易水) 경계를 거쳐 이곳에 이르러 합류하여 동으로 흘러 바다로 들어간다. 강의 너비는 겨우 10여 장(丈)으로 남쪽의 송과 거란은 이를 경계로 삼았다. 옛 용성현(容城縣)은 웅주 귀신현(歸信縣) 근처에 부속되어 있었는데 임인(壬寅)년 겨울 황하 북안에 용성현 새 보루를 만들어 쌓았다. 강을 건너 30리를 가서 신성현(新城縣)에 이르렀다. 거란의 (야율)아보기(阿保機)가 들어와 노략질하자 (후)당 장종(莊宗)이 철기(鐵騎) 5천 명으로 신성에서 패배시켰는데, 그곳이 바로 이 땅이다. 옛날에는 거란의 변경 지대로 송 왕조와 우호를 맺으면서부터 100여 년간 망루 성벽만이 남아있다.

2일차 일정 : 신성현(新城縣)에서 60리 탁주(涿州)까지

탁주(涿州)는 옛 탁군(涿郡)이다. 황제(黃帝)가 치우(蚩尤)와 탁록(涿鹿)의 들판에서 싸운 곳이 바로 이 지역이다. 옛날 거란이 남쪽 변경 성채들을 만들어 망루와 성벽이 모두 존재한다. 곽약사(郭藥師)가 성을 들어 투항하여 전쟁의 참화를 겪지 않아, 사람과 물산이 풍부하고 도시(井邑)들이 번영하고 있다. 성 가까이에 탁하(涿河)·유이하(劉李河)가 있어 범하(范河)와 합류하여 동으로 흘러 바다로 들어가므로 그를 범양(范陽)이라 불렀다.

3일차 일정 : 탁주(涿州)에서 60리 양향현(良鄉縣)까지

　양향은 바로 당 덕종 시기 조덕균(趙德鈞)3)이 변경 유주(幽州)를 지키던 곳으로 해마다 거란의 침입 약탈과 군량 운송에 고생하자 이에 염구(鹽溝)에 양향을 설치하였으니 바로 이 땅으로 연산부(燕山府)에 예속하였다. 전란을 겪은 후 집과 거주민이 남은 것이 없게 되었다. 수신(帥臣)이 다시 고쳐 쌓음을 더하여 망루와 성벽이 완전히 새롭게 바뀌어 점차 돌아오는 자가 수천 가족이었다. 성을 떠나 30리를 가면 노구하(蘆溝河)를 지나는데 물이 극도로 빠르게 소용돌이치므로, 연(燕) 지역 사람들은 매번 물이 얕아지기를 기다려 깊은 곳에 작은 다리를 설치하여 건너는 것을 해마다 상례로 삼았다. 근래 도수감(都水監)에서 자주 이곳 양쪽 기슭에 부교(浮梁)를 만들고 용사궁(龍祠宮)을 건립하여 마치 여양(黎陽)의 삼산(三山)의 제도를 방불케 하고 눈과 귀로 보는 자들을 즐겁게 하는 데 쓴 돈이 무려 수백만 민(緡)4)이었다.

4일차 일정 : 양향(良鄉)에서 60리 연산부(燕山府)까지

　(연산)부(府)는 바로 기주(冀州)의 땅이다. 순(舜)이 기주가 남북으로 넓고 멀어 그 땅을 나누어 유주(幽州)를 북방에 설치하였다. 땅이 멀고 궁벽하며 시들어 죽는 의미를 취한 것임은 두목(杜牧)이 대략을 말하였다. 동으로 조선(朝鮮)·요동(遼東), 북으로 누번(樓煩)·백단(白檀), 서쪽으로 운중(雲中)·태원(太原), 남으로 호타(滹沱)·역수(易水)가 있다. 당은 범양(范陽)절도사를 설치하여 해(奚)·거란을 통제하도록 하였다. (후)진(晉)이 쪼개어 북쪽 오랑캐에게 뇌물로 주면서 남경 석진부(析津府)가 세워졌다. 임

---

3) 조덕균(趙德鈞)은 후당(後唐) 장종(莊宗) 동광(同光)3년(925년)에 노룡절도사(盧龍節度使)가 되었으므로 당(唐) 덕종(德宗 742년~805년)은 오기로 보인다.(역자주)
4) 민(緡) : 고대에 통상 1천문(文)이 1민(緡)이다.(백도백과)

인년 겨울 금나라의 군대가 거용관(居庸關)을 지나자 거란은 성을 버리고 달아났다. 금나라는 우리 조정에서 일찍이 사신을 해상으로 보내어 세폐(歲幣)를 늘릴 것을 허락하고 성을 우리에게 돌려보낼 것을 약속하였다. 옮겨 갔던 자들이 얼마 뒤 모두 돌아와 호구(戶口)들이 안도하고 사람과 물자가 번성하여 편안하고 부유해지게 되었다. 주의 주택은 거란의 예전 것들을 사용하여 웅장하고 대단히 높다. 성의 북쪽에 세 개의 시장이 있어 육지와 바다의 갖가지 재화들이 그 속에 모여 있다. 승려는 불당에 거주하는데 북방에서 으뜸이다. 화려한 무늬를 비단에 수놓은 것은 정교함이 천하에서 가장 뛰어나다. 땅이 기름져서 야채·과일·곡물류는 없는 것이 없고, 뽕·마·보리와 양·돼지·꿩·토끼는 묻지 않아도 알 수 있다. 물이 달고 토지가 비옥하며 사람들은 재주가 많고 백성들은 기개와 절조를 숭상한다. 우수한 자들은 독서를 익히고, 그다음 가는 자들은 기사(騎射)를 익히며 그다음은 일하는 수고로움을 견딘다. 성안의 사람들은 이적(夷狄)과 싸워 승부가 엇비슷하였다. 성 뒤에서 멀리 바라보면 이곳은 수십 년간 완연히 하나의 띠처럼 감아 돌고 형세가 웅대하여 진실로 재능과 포부를 발휘할 수 있는 땅으로 사명(四明)·사진(四鎮)5)이 모두 미치지 못한다. 계묘(癸卯)년 봄 우리 판도로 돌아와 부의 이름을 연산(燕山)으로 군대를 편제하고, 명칭을 영청(永清)으로 고쳤다. 성 주위는 27리, 누벽은 모두 46장(丈)으로 망루는 911좌를 헤아리고 해자는 삼중이며 성에는 8개의 문이 열려 있다.

---

5) 사명(四明) : 절강성(浙江省) 영파시(寧波市)를 가리킴.
　사진(四鎮) : 북위(北魏) 때 하남사진(河南四鎮)은 금용(金墉 : 낙양洛陽), 호뢰(虎牢 : 하남河南省 형양시滎陽市), 활태(滑台 : 하남성河南省 활현滑縣), 화오(碻磝 : 산동성 치평현茌平縣)를 가리킴. 그 외 당대(唐代)의 안서사진(安西四鎮)도 있음. 번화한 유명 도시를 대표하는 명칭임.(역사주)

5일차 일정 : 연산부(燕山府)에서 80리 로현(潞縣)까지

이 해에 연산에 큰 기근이 들어 부모가 그 자식을 잡아먹고 시장에서는 시체에 가격을 적은 종이를 끼워 팔아서 먹는 지경에 이르렀다. 전량과 금백은 거의 '상승군(常勝軍)'에게 공급하여 아병(牙兵)6)은 모두 뼈만 남은 모습이고 수비병(戍兵)은 굶어 죽은 자가 10명 중에 7~8명이었다. 그러나 서로 실상을 덮어 황상은 알지 못하였다. 선무사(宣撫司) 왕안중(王安中)이 선여(羨餘) 40만 민(緡)을 바쳐 스스로 안정시킬 계책으로 삼았으며, 후에 조정의 명령을 받들어 태창(太倉)의 갱미(粳米) 50만 석(石)을 지급하여 경사에서 황하를 따라 보(保)·신(信)·사(沙)·당(塘)에서 노하(潞河)로 들어가 연산 지역 군대를 돌보게 하였다. 돌아오는 여정에 여기에 이르자 이미 배들이 꼬리를 물고 있는 것이 보이고 강에는 1만여 척이 출항할 준비를 하고 있었다. 노하(潞河)는 현의 동쪽으로 반 리 즈음에 있는데 조조가 오환(烏丸)의 답돈(蹋頓)을 정벌하면서 원상(袁尙) 등이 도랑을 뚫어 호타(滹沱)에서 탁수(涿水)를 거쳐 노하(潞河)로 들어가게 하였던 곳이 바로 여기이다.

6일차 일정 : 로현(潞縣)에서 70리 삼하현(三河縣)까지

삼하현(三河縣)은 계주(薊州)에 예속된 곳으로 후당의 조덕균이 유주 동쪽에 삼하현을 설치하여 물자 수송을 보호했다는 곳이 바로 여기이다.

7일차 일정 : 삼하현(三河縣)에서 60리 계주(薊州)까지

계주(薊州)는 바로 어양(漁陽)이다. 천보(天寶) 연간 (안)록산(祿山)의 옛일을 물어보니 사람들이 능히 아는 자가 없었다.

---

6) 아병(牙兵) : 각 대오(隊伍)의 우두머리를 따라 다니는 병사(한국고전용어사전)

8일차 일정 : 계주(薊州)에서 70리 옥전현(玉田縣)까지

(옥전)현의 동북쪽에서 경주(景州)까지 거리는 120리이다. 갑진(甲辰)년 금나라 사람들이 해인(奚人)들과 뒤섞여 성에 들어와 오랑캐에게서 빼앗았는데, 매번 변경의 사람들이 위급함을 고하면 선무사(宣撫司) 왕안중(王安中)은 경계하여 "일을 만들지 마라."고 하였다. 4월에만 모두 세 번이나 군인과 백성을 모두 학살하고 한 차례 불을 지르고 가버렸다. (왕)안중은 바로 건물을 새로 만들어 쌓고 이 성을 고쳐 경주(經州)로 삼았다.

9일차 일정 : 옥전현((玉田縣)에서 90리 한성진(韓城鎭)까지

(한성)진에는 거주민 200여 가구가 있는데 성이 없다.

10일차 일정 : 한성진(韓城鎭)에서 50리 북쪽 경계 청주(淸州)까지

진(鎭)을 나가 동쪽으로 10여 리를 가자 금나라 사람들이 세운 새로운 경계(地界)에 이르렀는데, 여기에는 높이 3척 남짓 하는 두 개의 작은 나루터 봉화가 있었다. 양쪽 경계 지역은 동서로 너비가 약 1리였고 두 경계 안에서는 인호(人戶)들이 농사를 지을 수 없었다. 사행 일행은 모두 「봉사거란조례(奉使契丹條例)」에 의거하여 이르는 주마다 거마를 준비하고 호송하여 경계의 끝(界首)에 이르렀다. 그에 앞서 국신사와 부사의 지위·성명이 쓰인 관첩(關牒)을 갖추어 보내면 오랑캐 지역에서는 거마와 인부를 준비하여 기다렸다. 오랑캐 중에서 역시 기간에 맞춰 접반사와 부사를 경계 끝에 파견하여 안부를 살폈다. 양쪽 경계에는 이들이 머물 장막이 준비되어 있었다. 사행 일행은 먼저 국신사·부사의 문장(門狀)7)을 저들에게 넘기도록 명하였고, 저들 역시 접반사·부사의 문장을 회신하고 이어 경계를

---

7) 문장(門狀) : 고대 교제 의례, 배알(拜謁) 시 사용하던 명첩(名帖)

넘어올 것을 청하였다. 전례에 상대방에게 말에 오르기를 세 차례 청하고 각각 두 나라의 경계에서 마주 보고 말을 세워 상호 간의 문장을 보이고 이끌어 맞아들였으며 각각 채찍을 들어 허읍(虛揖)하는 자세를 의례와 같이 하며 차례로 나아갔다. 40리를 가서 청주(淸州)에 도착하였는데 함께 식사하면서 각각 서로 노고를 치하하였다.

청주는 원래 석성현(石城縣)으로 금나라 사람들이 새로 바꾼 것이다. 전란 후 거주민이 1만여 명이었다. 이날 저녁 술 다섯 순배를 돌고 밥이 들어왔는데 밥은 조(粟)로 만들었고 숟가락으로 떠먹었다. 별도로 죽 한 사발을 주었는데 작은 국자(杓)로 떠먹었으며 밥과 함께 내려놓았다. 좋은 연개자(研芥子)가 있어 식초와 함께 고기를 먹을 때 곁들였으며, 피를 씻지 않고 끓인 죽에 부추를 넣었는데 더러워 입으로 가져갈 수가 없었지만 오랑캐 사람들은 좋아하였다. 그릇은 질그릇이 없고 나무를 깎아 사발(盂楪)로 쓰고 옷칠하여 사용하였다. 여기에서 동쪽으로는 매번 객사(館頓)를 만나면 멈춰서 숙박하였는데 일하는 사람들은 모두 도착한 지역의 거주민 가운데 의복이 깨끗한 자를 선발하였다. 매번 우리 사신을 영접하고 보낼 때는 우리와 그 나라의 은패(銀牌)를 주고 들어가는데 이름을 '은패천사(銀牌天使)'라고 하였다.

11일차 일정 : 청주(淸州)에서 90리 난주(灤州)까지

난주는 고대에는 없었다. 당나라 말기에 천하가 혼란하자 아보기가 평(平)·영(營)주를 공격하여 함락하였다. 유수광(劉守光)이 유주를 점거한 뒤에 성격이 포악하여 백성들이 명령을 감당할 수 없어 아보기에게 도망친 자가 많았는데, 여기에 거주하도록 하였다. 주는 평지에 위치하였는데 산기슭을 등지고 산등성이를 향해 있었다. 동쪽으로 3리 정도를 가면 산들이 어지러이 중첩되어 모습이 험준하였다. 강은 그 사이를 경유하는데 강의 수면은 너비가 300보로 역시 요충지였다. 물은 극히 맑고 깊으며 강의 근처에 큰 정자가 있어 이름을 탁청(濯淸)이라 하는데 새북(塞北)의 더위를 식히기 위한 것이다. 군(郡)을 지키는 장수가 여기에서 영접하였고 돌아오는 여정에 잔치를 한 곳도 이 주이다.

12일차 일정 : 난주(灤州)에서 40리 망도현(望都縣)까지

백성들이 이미 거란에 들어가 아보기에 의지하게 되자 즉시 거처하는 곳에 현의 이름을 만들어 세웠는데 왔던 곳의 향리(鄕里)의 이름을 따라 지었으므로 '망도(望都)'·'안희(安喜)'의 호칭이 있었다. (후)당 장종이 철기 5천으로 퇴각하여 망도를 지켰다는 곳이 바로 이 현이다.

13일차 일정 : 망도현(望都縣)에서 60리 영주(營州)까지

영주는 옛 유성(柳城)으로 순(舜)이 쌓은 것이다. 바로 은(殷)나라의 고죽국(孤竹國)이며 한·당나라의 요서(遼西) 지역이다. 금나라가 장각(張覺)을 토벌하면서 이 주의 백성을 도륙하여 거의 다 없애 생존한 것은 빈민 십여 가구뿐이다. 이날 사행은 주의 주택에 머물렀는데 고옥(古屋) 십여 채로 뜰에는 큰 나무 십여 그루가 있었다. 마르고 썩은 것이 들에 가득하고 시야에 들어오는 것이 모두 처량하여 사람으로 하여금 옛 것을 회상하고 망자를 애도하는 비감이 늘게 한다. 주의 북쪽 6~7리 사이에 큰 산 수십 개가 있는데 그 유래가 매우 오래되었으며 위아래가 모두 돌로 초목이 자라지 않는다. 산이 주의 뒤에 우뚝 서 있어 병영이 지키는 듯하다. 아마도 주(州)의 이름은 여기에서 얻은 듯하다. 이전 사람들은 그 땅이 영실(營室)에 해당하므로 이름을 영이라 하였다.

14일차 일정 : 영주(營州)에서 100리 윤주(潤州)까지

주를 떠나 동쪽으로 60리를 가서 유관(楡關)에 이르렀는데 성과 성벽(堡障)이 전혀 없고 단지 터(遺址)만 존재하며 거주민의 집 10여 채가 있었다. 높은 곳에 올라 돌아보니 동쪽은 갈석(碣石)에서 서쪽은 오대(五台)로 통해 유주의 땅은 기름진 들이 1천 리였다. 북쪽은 큰 산에 막히고 산봉우리들이 중첩되며 둘러싸고 있고 중간에 다섯 개의 관(關)이 있다. 거용(居庸)은 큰 수레가 다닐 수 있어 양식을 운반할 수 있다. 송정(松亭)·금파(金坡)·고북구(古北口)는 사람과 말만이 통행할 수 있고 수레가 다닐 수 없다. 밖에는 18개의 작은 길이 있는데 토끼가 다니고 새가 질러가는 험한 길로, 사람만 통행할 수 있을 뿐 말이 달릴 수 없다. 산의 남쪽은 땅에서 오곡백과가 나고 좋은 목재가 생산되어 없는 것이 없었다. 관을 나가 겨우 몇십 리를 가면 산은 민둥산이고 물은 탁하여 모두 척박하고 개펄이었다. 멀리 바라보니 누런 구름과 흰 풀로 서로의 끝이 어디인지 알 수 없으니 대개 하늘이 여기에서 화이(華夷)를 나누도록 만들어 놓은 것이다. 이적들이 옛날부터 침략할 때는 대부분 운중(雲中)·안문(雁門)에서 들어오고 어양(漁陽)·상곡(上谷)에서 들어온 경우는 없었다. 옛날 후진(石晉)이 방치하면서 거란은 이로써 우리 왕조를 억압하였는데 사직의 위령과 조종의 공덕으로 신용과 맹세를 보호하여 지켰으므로 금수들도 그 독을 함부로 드러내지 못하였다. 이보다 앞서 변경의 일을 운영하면서 금나라 사람들과 세폐를 더하여 거란의 두 배로 하고 유(幽)·계(薊)의 5개 주를 사들였는데 평(平)·난(灤)·영(營) 3주는 그 숫자에 포함되지 않았으므로 5관(關) 중에서 우리는 그 셋을 얻고 금나라 사람들은 그 둘을 얻었다. 나(愚)는 "천하를 내려다보면 연(燕)은 북문(北門)이 되어 유·계의 5개 주를 상실하면 천하가 항상 불안하다. 유·계에서 5관을 보면 목구멍이 되므로 5관이 없으면 유·연을 지킬 수 없으니 5관은 비록 그 셋을 얻었지만 (곽)약사가 제멋대로 반란하지 않고 변경의 우환 역시 끝내 안녕할 날이 없을 것이다."라고 하였다. 근래 의논하는 자들이 당시 일을 주관한 대신들을 논평하면서 어떤 이가 "영·평·난주의 요충의 땅을 금나라 사람에게 주어 벌, 전갈과 같은 자들이 근거지를 옮기고 호랑이가 우리를 탈

출하였다."고 한 것은 대개 이를 가리키는 것이다.

유관(榆關)을 나오니 동쪽에서는 산천의 풍물이 중원과 완전히 다르다. 이른바 주(州)라는 것이 거란 전성기 때도 다만 토성 수십 리에 거주민은 100가(家) 정도이며 관사(官舍)는 셋 정도여서 중원 왕조의 작은 진(鎭) 하나에도 미치지 못하는 것을 억지로 주라고 이름하였다. 전란이 끝난 후 더욱더 한적해졌다. 이로부터 동쪽에는 대개 유사하여 모두 이와 같았다.

15일차 일정 : 윤주(潤州)에서 80리 천주(遷州)까지

여행 일정 중에는 리(裏)를 표시할 봉화가 없었지만 하루 동안 뚫고 나아가면서 즉시 리의 수치를 기록하였다. 이날은 무려 100여 리를 나아갔다. 금나라 사람들이 거주하는 곳에서는 항상 말을 탈 때 바꿔 타며 질주하였는데 이날은 아침밥을 물리면서까지 일찍 나가서 어두워질 때 이르러 도착하였다. 도로에는 인가의 연기가 끊어져 있었고 중간에 쉴 곳을 배치하지 않아 사행들은 굶주림과 목마름이 심하였다. 여기로부터 동쪽으로는 이와 같았다.

16일차 일정 : 천주(遷州)에서 90리 습주(習州)까지

천주 동문 밖으로 열 몇 걸음 하면 바로 장성으로 축조한 옛터(遺址)가 아주 뚜렷하다.

17일차 일정 : 습주(習州)에서 90리 래주(來州)까지

고적이라 할만 한 것이 없다.

18일차 일정 : 래주(來州)에서 80리 해운사(海雲寺)까지

래주를 떠나 30리를 가면 바다의 동쪽 언덕에 이르는데 고개를 숙이면 큰 바다가 잡히니 하늘과 같이 푸르러 시력이 닿는 끝까지도 하늘과 비다의 경계를 알 수 없었다. 절에서 바다에 가는 데 반 리 남짓이며 절 뒤에는 온천 두 곳이 있다. 바다를 바라보니 동쪽에 큰 섬 하나가 있는데, 누전(樓殿)과 탑이 있고 그 위에 용궁사(龍宮寺)가 있다. 승려 십여 명이 보인다. 이날 밤 여행객들은 모두 노숙하였다.

19일차 일정 : 해운사(海雲寺)에서 100리 홍화무(紅花務)까지

이날은 하루 종일 해안을 따라 갔다. 홍화무는 바로 금나라 사람들이 소금을 굽는 곳으로 해변에서 1리 남짓 떨어져 있다. 저녁에 이르러 금나라 사람들이 물고기 수십 목(枚)을 보내왔으므로 삶아 죽을 만들었는데 맛이 대단히 좋았다.

20일차 일정 : 홍화무(紅花務)에서 90리 금주(錦州)까지

유관을 나와 동쪽으로 가면서 길이 손바닥같이 평탄했는데, 여기에 이르러 미미하게나마 오르막이 있었다. 13개의 산을 거쳐 내려갔는데 구양수가 『신오대사』를 편찬하면서 호교(胡嶠)가 언급한 13산을 기술하였는데 곧 여기이다.8)

21일차 일정 : 금주(錦州)에서 80리 유가장(劉家莊)까지

이후 사행 일행(行人)은 모두 들에서 야영하였다.

22일차 일정 : 유가장(劉家莊)에서 100리 현주(顯州)까지

유관(楡關)을 나와 동쪽으로 이동했는데, 남으로는 바다가 있고 북으로는 큰 산으로 막혀 있어 땅이 조악하고 불모의 곳이었다. 여기에 이르러

---

8) 호교(胡嶠)는 오대(五代) 후진(後晉) 시기 사람이다. 거란에 사신단 서기로 갔다가 붙잡혀 7년간 포로 생활을 하다가 귀환하여 「함노기(陷虜記)」를 썼다.(백도백과)

산이 홀연히 높고 험준해져 하늘에 닿을 듯하며 초목의 푸르름이 만장에 이르러 전부 강좌(江左)와 유사하니 바로 의무려산(醫巫閭山)이다. 서주(西周) 때 유주(幽州)는 의무려를 진(鎭)으로 삼았으니 그 멀리 있음이 이와 같았다. 거란 세종(兀欲)을 이 산에서 장례 지냈는데 주에서 7리 떨어진 곳에 별도로 건주(乾州)를 세워 능침을 봉양하도록 하였다. 하지만 현재 금나라 사람들에게 훼손되고 도굴되었다.

23일차 일정 : 현주(顯州)에서 90리 토아와(兎兒渦)까지
(내용 없음)

24일차 일정 : 토아와(兎兒渦)에서 60리 양어무(梁魚務)까지
토아와(兎兒渦)를 떠나 동쪽으로 가면 곧 지세가 밑으로 낮아져 모두 다 귀목풀(雚苻)이 강을 막아 물이 고여 있다. 이날 모두 38차례 강을 건넜는데 대부분 물에 빠졌다. 강의 이름을 요하(遼河)라고 한다. 하(河)의 물가가 남북으로 1천여 리, 동서로 200여 리이며 북으로 요하가 그 가운데에 자리하여 그 땅은 이와 같다. 수와 당이 고려를 정벌할 때 길이 모두 이로부터 나온다. 여름 가을에는 밤낮을 가리지 않고 모기가 많아 소와 말이 있을 수 있는 곳이 없다. 옷으로 가슴과 배를 덮고, 사람은 모두 두터운 치마를 입고 앉고, 쑥을 태워 연기를 내야 조금이나마 면할 수 있었다. 물 사이에 의지하여 거주하는 백성 수십 집이 빙 둘러서 세워져 있었다. 두루 바라보이는 것이 모두 연꽃이고 물에는 물고기가 많다. 배회한 지 오래되어 자못 고향을 생각하는 마음이 일어났다.

25일차 일정 : 양어무백단(梁魚務百單)에서 3리 몰돌패근채(沒咄孛董寨)까지
몰돌은 어린아이 이름이다. 패근은 한어로 관인(官人)이다.

26일차 일정 : 몰돌채(沒咄寨)에서 80리 심주(瀋州)까지
(내용 없음)

27일차 일정 : 심주(瀋州)에서 70리 흥주(興州)까지
요하를 건너면서부터 동쪽은 옛 요동이다. 금나라 사람들은 바야흐로 전쟁하기 시작할 때 먼저 요동 51주의 땅을 얻었는데 바로 거란의 (야율)아보기가 발해국에 세워 동경로(東京路)로 삼았던 땅이다.

28일차 일정 : 흥주(興州)에서 90리 함주(鹹州)까지
주에서 1리 남짓 되지 않은 곳에 이르러 군막(幕屋) 수 칸이 있었는데 휘장이 대략 갖추어져 있고 주의 수령이 나와 맞이하였는데 예의가 제도와 같았다. 앉자마자 음악이 연주되었는데 요고(腰鼓)·노관(蘆管)·피리(笛)·비파(琵琶)·방향(方響)·쟁(箏)·생황(笙)·공후(箜篌)·대고(大鼓)·박판(拍板)이 있었으며, 곡조가 중원 왕조와 완전히 같았지만 요고 오른쪽이 넓어 소리가 낮고, 관(管)·피리 소리는 높았다. 음이 대부분 조화를 이루지 않아 매번 박자 소리 후 작은 소리 하나가 이어졌다. 춤추는 자는 6~7명이나 보통 입는 옷과 같고 소매가 밖으로 나와 있으며 돌고 구부리는 동작에서 시작하고 끝나는 것을 알지 못하여 특별히 볼 만한 것은 없었다. 술 다섯 순배가 돌고 음악이 연주되자 객사로 돌아왔다. 늙은이 어린이들이 끼여 앉아 도로를 채우고 넘쳤다. 다음날 아침 중사가 와서 문안 인사를 하고 별도로 사신 하나가 술과 과일을 주고 또 사신 하나가 연회를 열었다. 주의 저택에 가서 앉자마자 음악이 연주되고 술 아홉 순배가 돌았다. 과자는 잣(松子) 몇 알이었다. 오랑캐 법에는 반주할 때는 고기를 먹고 잔을 내려놓지 않으며 술이 끝나기를 기다리다가 끝나자마자 이어서 죽과 밥을 같이 한 번에 몇 개의 밥상에 가득 채운다. 지역에 양이 적어 돼지·사슴·기러기만이 있었다. 만두·취병(炊餅)·백열(白熱)·호병(胡餅)의 종류는

가장 기름을 많이 써서 익힌 것이다. 보리밥에 꿀을 발라 섞은 것을 '차식(茶食)'이라 불렀으며 후대하는 의미가 아니면 내놓지 않았다. 매우 살찐 돼지고기 혹은 비계를 하나의 작은 소반에 크게 썰어놓고 시렁에 걸어두고 사이사이에 청총(青蔥) 세 줄기 정도를 끼워놓는데 '육반자(肉盤子)'라고 불렀다. 큰 연회가 아니면 내놓지 않았으며 사람들은 각자 꺾어서 귀가하였다. 오랑캐 사람들은 매번 사행에게 연회를 열 때 반드시 높은 신하가 주관하게 하였다. 이날 주관하는 높은 신하가 술에 취하여 금나라 사람들의 강성함을 큰 소리로 자랑하며 활 쏘는 자가 백만 명으로 천하에 적이 없다고 하였다. 정사가 이를 지적하여 말하기를, "송나라는 천하를 가진지 200년에 3만 리의 크기를 헤아리며 강한 병사가 수백 만인데 어찌 약하겠습니까? 나는 명을 받들어 멀리 와서 대금 황제가 보위에 오르는 것을 축하하러 왔습니다. 대금 황제께서는 단지 태위에게 명하여 와서 사행과 함께 술과 음식을 하라고 하였을 뿐으로 어찌 일찍이 대신에게 서로 속이라 하셨습니까?"라고 말하였다. 말하는 기색이 매우 엄하여 오랑캐 사람들이 기가 질려 다시 이런 말을 하지 않았다. 연회가 끝날 때 이르러 법식 중에 감사하는 표(表)가 있었는데 '이웃 나라를 공경하여 지었다(祗造鄰邦)'라는 구절이 있었다. 중사가 그것을 읽고서는 "사인께서는 우리 대금국을 경시하고 있습니다.『논어』에 '만맥지방(蠻貊之邦)'이라 했으니 표에서 쓰는 단어에 '방(邦)' 자를 쓰는 것은 부당합니다. 청컨대 다시 바꾸어야 가지고 갈 수 있습니다."라고 하였다. 정사 허항종(許亢宗)은 정색을 하고 "『서경』에는 '협화만방(協和萬邦)·극근어방(克勤於邦)'이라 하였고,『시경』에는 '주수구방(周雖舊邦)'이라 하였으며『논어』에서는 '지어타방(至於他邦)·문인어타방(問人於他邦)·선인위방(善人為邦)·일언흥방(一言興邦)'이라 했으니, 이는 모두 '방' 자입니다. 중사께서는 어찌 홀로 이 한 구절만을 말하여 서로 묻고 계십니까? 표는 바꿀 수 없습니다. 반드시 대궐 아래에 이르러 일찍이 독서인(讀書人)들과 깨달아 알도록 하여야 할 것입니다. 중사께서는 많은 말을 하지 마십시오."라고 하였다. 오랑캐 사람들은 답할 수가 없었다. 정사 허항종(許亢宗)은 요주(饒州) 낙평(樂平) 사람으로 재능으로 선발되었다. 사람됨이 온화하고 관대하여 말을 많이 하지 않는 사람처럼 보이지만 일에 대해서는 감히 발언함이 이와 같으니 오랑캐 사람들이 자못 장하다고 여겼다.

29일차 일정 : 함주(鹹州)에서 40리 숙주(肅州), 또 50리 동주(同州)까지

함주를 떠나 즉시 북으로 갔는데, 주의 땅이 평탄하고 기름져 주민들이 곳곳에 취락을 이루고 있다. 새로운 경작지가 두루 퍼져있고 땅은 곡물을 심기에 적당하다. 동으로 멀리 천산(天山)이 있는데 금나라 사람들은 이를 신라산이라 불렀다. 산속이 깊고 멀어 다닐 수 있는 길이 없다. 그곳에서 인삼과 백부자(白附子)가 나오며 깊숙한 곳은 고려와 경계를 접한다. 산 아래에서 다닐 만한 길에 이르기 위해서는 30리 정도를 가야한다.

30일차 일정 : 동주(同州)에서 30리 신주(信州)까지

돌아오는 여정에서는 여기에서 잔치를 베풀었다.

31일차 일정 : 신주(信州)에서 90리 포리패근채(蒲裏孛菫寨)까지

(내용 없음)

32일차 일정 : 포리(蒲裏)에서 40리 황룡부(黃龍府)까지

거란의 (야율)아보기가 처음 발해를 공격할 때 여기에서 황룡(黃龍)을 쏘고 즉시 부(府)를 건설하였다. 이날 주의 수령이 영접하여 의례를 다하였다. 중사(中使)가 위문하고 술과 과일을 주고 연회를 베풀었는데 하나같이 함주의 제도와 같았다. 이로부터 동쪽으로 갔다.

33일차 일정 : 황룡부(黃龍府)에서 60리 탁철패근채(托撒孛菫寨)까지

황룡부는 거란의 동쪽 요새이다. 거란이 강성했을 시기에는 오랑캐들이 다른 나라 사람을 포로로 잡아서 이곳에서 섞여 살도록 했다. 남으로는 발해, 북으로는 철리·토혼, 동남으로는 고려·말갈, 동으로는 여진·실위(室韋), 동북으로는 오사(烏舍), 서북으로는 거란·회흘(回紇)·당항(黨項), 서남으로는 해(奚)가 있었으므로 이 지역에는 여러 나라의 풍속이 섞여 있었다. 사람들이 모이는 곳에서 여러 나라 사람들의 언어가 서로 통하지 않으면 각각 한어(漢語)로 증명하여 소통할 수 있었다. 이로써 중국이 선왕의 예의를 입었고 이적 역시 중화의 언어로 증명하였음을 알 수 있다.

34일차 일정 : 탁철((托撒)에서 90리 만칠리패근채(漫七離孛菫寨)까지

도로 곁에 거란의 옛 익주(益州)와 빈주(賓州)의 빈 성이 있다.

35일차 일정 : 만칠리(漫七離)에서 60리 옛 오사채(古烏舍寨)까지

옛 오사채는 혼동강의 물가를 베고 누웠으며 그 강의 근원은 광한(廣漢)의 북쪽에서 오는데 멀어서 정확히는 알 수 없다. 강은 남으로 500리를 흘러 고려 압록강과 접해 바다로 들어간다.[9] 강의 너비는 반 리 남짓이라 할 수 있으며 옛 오사채의 잎에 있는 높은 언덕기슭에는 버드나무가 있고 길을 따라 사행들을 위한 장막을 설치하여 머무를 수 있도록 했다. 금나라 사람들의 태사(太師) 이정(李靖)이 여기에 있었는데 이정은 여러 차례 송나라(南朝)에 사신으로 왔다. 여기에 쉴 곳을 배치하였는데 이 때문에 음식이 정교하고 맛이 뛰어났다. 당시는 한창 더운 여름(仲夏)이라 나

---

9) 옛 오사채는 현 길림성 농안현(옛 황룡부) 동쪽 20리 지점 이통하(伊通河)와 송화강(松花江 : 혼동강)이 만나는 곳이다(淸, 조연길(曹延杰) 찬 『동산성여지도설(東三省輿地圖說)』). 혼돈강(송화강)이 남쪽으로 흘러 고려 압록강과 만난다는 기술은 지리를 오인한 것이다.(역자주)

무 그늘에 앉아 긴 강을 구부려 바라보았는데 서늘한 회오리바람에 얼굴이 떨렸다. 책상다리를 하고서 잠시나마 말 타는 수고로움을 잊어버릴 수 있었다. 강을 건너 40리를 가서 화리간채(和里間寨)에서 숙박하였다.

36일차 일정 : 화리간채(和裏間寨)에서 90리 구고패근채(句孤孛董寨)까지

화리간채에서 5리를 가면 무너진 제방이 있는데 북에서 남으로 원근을 알 수 없고 경계의 분리가 매우 분명하니 그 제방이 바로 과거 거란과 여진, 두 나라의 옛 경계이다. 경계에서 80리를 똑바로 가면 내류하(淶流河)에 이른다. 하루 종일 가는 동안에 산에는 1촌 크기의 나무도 없고 땅에서는 샘이 생겨나지 않아 사람들은 물을 휴대하고 갔다. 어찌 천지가 이곳으로 두 나라를 나눌 수 있겠는가. 표범과 늑대가 서로 삼키려고 하다가 끝내는 강한 자에게 합쳐지는 것이다. 내류하의 너비는 20여 보로 배로 건너 5리를 가면 구고채(句孤寨)에 이른다. 이로부터 동쪽의 평원 사이에 흩어져 거처하는 것은 모두 여진인이며 다른 종족들은 없다. 시장(市井)에서 매매하지 않아 돈을 쓸 수 없고 오직 물건으로 서로 교역하였다.

37일차 일정 : 구고채(句孤寨)에서 70리 달하채(達河寨)까지
(내용 없음)

38일차 일정 : 달하채(達河寨)에서 40리 포달채(蒲撻寨)까지
이날 금나라 사신들이 앞으로 와서 문안하기에 힘썼다.

39일차 일정 : 포달채(蒲撻寨)에서 50리 객사(館)까지
20리를 이동하여 올실랑군 집(兀室郎君宅)에 이르자 접반사·부사가 장계를 갖추어 오고 관반사·부사는 여기에서 서로 만나 접반의 예를 갖추었다. 오랑캐 중에서 매번 접반·관반·송반(送伴)·객성사(客省使)로 파견될 수 있는 사람은 반드시 여진·발해·거란·해족 내의 인물로 얼굴이 희고 잘생겼으며 온화하고 중국어를 할 수 있는 자로 삼았으며, 부사는 한족의 독서인 중에서 선발하였다. 다시 중사(中使)[10]가 문안하고 술과 과일을 주고 연회를 베푸는데 일상 의례와 같이 하였다. 연회가 끝나자 또 30리를 가서 객사(館)에 이르렀다. 객사는 초가집 30여 칸뿐으로 담벼락이 모두 견고하고 방은 장막과 같았으며 침상은 모두 흙으로 만든 침상(床)이었고 두터운 양털로 만든 요와 비단으로 수놓은 담비 가죽 이불을 펴 놓았으며 큰 베개가 있었다. 여진 사병 수십 명이 칼을 차고 활과 화살을 쥐고 지킴이 매우 삼엄하였다. 여기에서 오랑캐 조정까지 가려면 아직 10여 리 남았다. 다음날 술과 과일을 하사하였으며 저녁에 이르러 합문사(合門使)가 직접 와서 하였는데 다음날 오랑캐 조정에 가서 아침에 알현하기로 약속하였다.

---

10) 중사(中使) : 궁중에서 파견한 관리, 주로 환관을 가리킴.(역자주)

Ⅲ. 상경에서의 일정

40일차 일정

다음날 관반사(館伴)와 함께 5~7리를 갔다. 가는 길에 드넓은 평원이 끝없이 펼쳐져 있고 사이사이에 거주민의 집 수십 채가 바둑돌처럼 펼쳐져 있는데, 어지럽게 섞여 규칙적인 모습을 이루고 있진 않았다. 더구나 성곽이 없어 마을 거리(里巷)는 거의 모두 그늘을 등지고 양지로 향해 있었다. 방목하기 편리하게 스스로 흩어져 거주하였다. 또 1~2리를 가자 양산을 치우도록 명하였는데 대궐 가까이에 이르렀다고 하였다. 또 북으로 100여 걸음을 가자 언덕 위에 울타리를 3~4경(頃) 정도 빙 둘러놓았고 높이가 1장 남짓인데 황성(皇城)이라 하였다. 건물 문에 도착하자 바로 용대(龍台)로 가서 말에서 내려 사행들은 건물(宿圍)로 들어갔다. 서쪽에 양털로 짠 장막(氈帳) 네 곳을 설치하고 각각 장막을 지정하여 휴식하도록 정하고 객성사(客省使)와 부사가 서로 보고 바로 앉아 술 세 순배를 돌렸다. 잠시 후 북 치는 소리와 함께 노래가 세 차례 연주되고 음악이 시작되면서 합문사(合門使) 및 공경이 자리에 앉자 양반을 인도하여 들어왔다. 이에 바로 국서를 받들어 산붕(山棚)[11]에서 동쪽으로 들어와 예물을 뜰 아래 늘어놓고 전달하는 의례를 진행했다. 전례를 돕는 자(贊通)가 절하고 춤추며 이르러 정사와 부사에게 궁전에 오르게 했는데, 여진 추장 수십 명이 서쪽 행랑에 줄을 지어 차례대로 절하며 이르렀으며, 귀인에 가까운 자들 각각 100여 명이 궁전에 올라 순서에 따라 앉고 나머지는 모두 퇴장하였다. 그 산붕(山棚)의 왼쪽을 도화동(桃源洞)이라 하고 오른쪽을 자극동(紫極洞)이라 하며 가운데에 큰 패(牌)를 만들어 표제를 취미궁(翠微宮)이

---

11) 산붕(山棚) : 경축일에 임시로 설치한 행사용 채색 천막(백도백과)

라 했다. 높이가 5~7척으로 5색 채실로 산석(山石) 및 신선, 부처, 용, 코끼리의 형상을 매듭지어 놓았고 소나무와 잣나무의 가지를 섞어 놓았으며 몇 사람이 날짐승의 우는 소리를 내었다. 나무로 궁궐(殿) 7칸을 건축하였는데 매우 웅장하여 미처 덮지 못한 곳은 기와를 위로 펼쳐놓고 진흙으로 보강하였으며 나무로 치문(鴟吻)을 만들었다. 건물의 용마루는 검은 색깔이고, 아래에는 휘장막을 펼쳐놓았으며 건원전(乾元殿)이라고 이름을 붙였다. 계단의 높이는 4척 남짓으로 계단 앞의 토단(土壇)은 사방 너비가 몇 장으로 이름을 용지(龍墀)라 하였다. 양쪽 행랑(廂)에는 작은 위옥(韋屋)이 늘어서 있고 푸른 막이 덮여 있으며 세 명의 의전 요원을 앉게 하였다. 궁궐 안에는 여진 병사 수십 명이 양쪽 벽에 나뉘어 서 있었는데 각각 자루가 긴 작은 골타(骨朵)를 쥐고 호위 역할을 하였다. 하루에 수천 명을 부려 공사를 하였는데 건물(架屋) 수십 칸이 아직 끝나지 않을 정도로 규모가 크고 매우 사치스러웠다.

  오랑캐 군주가 앉아있는 곳은 오늘날의 강의용 좌석(講座)과 같았는데 무거운 자리를 깔고 머리는 검은 두건으로 싸고 뒤로 드리워 두른 것이 오늘날의 승려 모자와 같았다. 옥으로 만든 허리띠(玉束帶)·흰 가죽신(白皮鞋)·얇은 구레나룻을 하였으며 37~8세 남짓 되는 사람이었다. 앞에는 붉은 칠을 하고 은으로 상식된 도금한 몇 개의 소반(案)이 늘어져 있었다. 과일 접시(果楪)는 옥으로, 술그릇은 금으로, 식기는 거북 등딱지(玳瑁)로, 수저는 상아(象齒)로 되어 있었다. 밥 먹을 때가 되자 몇 명의 오랑캐들이 십여 개의 크고 작은 솥이 놓인 큰 상(台)을 마주 들고 와서 손을 섞어 재빠르게 먹을 것을 잘라서 바쳤는데, 이를 '어주연(御廚宴)'이라 하였다. 음식들은 앞에 서술한 것과 거의 같았으나 정교함과 맛의 조화에서 차이가 있었다. 나머지 음식들은 3명의 의전 요원에게 나누어 주었다. 음악은 앞에 서술한 것과 같았고, 사람 수가 많으면 200명에 이르렀는데 이것은 바로 옛 거란의 '교방4부(教坊四部)'라고 하였다. 음악이 시작될 때

마다 반드시 십여 명이 관악기를 가지런히 놓고 고음으로 노래하며 소리가 뭇 음악의 표(表)에서 나오는 것이 차이점이다. 술 다섯 순배가 돌고 식사가 끝나자 각각에 습의(襲衣)·포대(袍帶)를 하사하였는데 정사와 부사에게는 금이고 나머지 사람들은 은으로 된 것이었으며 감사의 표시가 끝나고 객사로 귀가하였다.

41일차 일정

다음날 중사가 술과 과일과 함께 하사품을 주었다. 하사품은 견백(絹帛)으로 끊어 주었는데 정사·부사는 100여 필, 나머지는 10여 필이었다.

42일차 일정

다음날 오랑캐 조정에 이르러 화연(花宴)에 갔는데 모두 이전의 의례와 같았다. 술을 세 순배 돌리고 나서 음악이 연주되고 징과 북을 치고 갖가지 유희가 등장하였다. 대기(大旗)·사표(獅豹)·도패(刀牌)·아고(砑鼓)·답삭(踏索)·상간(上竿)·두도(斗跳)·농환(弄丸)·과파기(撾簸旗)·축구(築球)·각저(角抵)·투계(鬪雞)·잡희(雜劇) 등 이었다. 복색이 선명하고 자못 중국(中朝)과 비슷하였다. 또 부녀 5~6명이 화장을 하고 고운 옷을 입은 채 뒤에 서서 각각 거울 두 개를 쥐고 그 손을 들었다 내렸다 하면서 거울 빛이 번쩍거리는 유희를 보였다. 사묘(祠廟)에 그려진 전모(電母)와 같아서 이것이 이채로왔다. 술 다섯 순배가 돌자 각기 일어나 천막(帳)으로 갔다. (천막에는) 각양각색의 비단 꽃을 위에 둘렀는데 각각 20여 줄기였다. 사례가 파하자 다시 앉았다. 술 세 순배가 돌고 관사로 돌아왔다.

43일차 일정

다음날 또 중사가 술, 과일을 내렸다. 또 고위 신하들이 여는 연회에 갔고 아울러 관 안에서 반사(伴射)하였다. 뜰 아래에 벽(埲)을 설치하고 음악을 연주하고 술 세 순배를 돌자 반사한 고위 신하와 관반사·국신사·부사는 자리를 떠나 활을 쏘았다. 세 차례 쏘고 궁노를 편한 대로 썼다. 승부에 각각 차이가 있었는데 습의(襲衣)·말안장을 하사하였다. 이날 오랑캐의 왕들과 고위 관료들은 대부분 미복 차림으로 사람들 속에 빽빽하게 숨어서 활쏘기를 관람하였다.

44일차 일정

다음날 조회에서 떠나는 인사를 하는데 만날 때와 같이 술과 음식이 끝나자 곧바로 궁전 위로 나아가 국서(國書)를 청하여 받들어 궁전 아래로 내려왔다. 정사와 부사에게 습의(襲衣)·물건과 비단(物帛)·말안장을 하사하고 세 의전 요원에게 물건과 비단을 각각 차등을 두어 하사하였다. 절하고 사직 인사를 하고 관으로 돌아왔는데 관에 채등(彩燈) 100여 개가 펼쳐 걸려 있었다. 채등은 부용(芙蓉)·거위(鵝)·기러기(雁)의 형상이었으며 밀랍 횃불 십여 개가 있고 현악기, 관악기가 뒤섞여 당(堂) 위에서 연주되고 있었다. 관반사·부사는 지위를 넘어 국신사·부사를 불러 석별의 자리를 만들고 이름을 '환의등연(換衣燈宴)'이라 했다. 술 세 순배가 돌자 각각 의복 3건을 내어 예물로 교환하여 남겼다. 항상 서로 모여 오직 술과 음식을 권할 뿐 감히 많은 말을 하지는 않았다. 이 밤에 이르자 이야기와 웃음이 매우 진심이었으며 술은 술잔 돈 횟수를 기억하지 못하는 것을 취한 척도로 삼았으니 모두 옛 법식이었다.

45일차 일정

다음날 돌아오는 여정을 시작하였다. 올실랑군 집(兀室郎君宅)에 이르러 관반사와 부사가 이별의 예를 갖추었는데, 송반사와 부사를 이곳에서 서로 만났을 때와 같은 의례를 하였다. 중사(中使)의 위문이 있었는데 술과 과실을 하사하는 것이 올 때와 같았다. 신주(信州)·난주(灤州)에 이르니 여기와 같았다. 돌아오는 일정과 노선은 더 이상 다시 서술하지 않겠다.

Ⅳ. 사행단의 귀국

　청주(淸州)에 도착하여 장차 경계를 나가려고 하니 송반사와 부사가 밤에 술과 음식을 갖춰 석별의 자리를 만들었다. 역시 의복 세 벌을 내어 혹은 예물(幣帛)로 교환하여 남기니 정의(情意)로 매우 기뻐하였다. 다음날 아침 출발하여 경계 안에 이르러 장막을 치고 머물러 말에서 내려 멀리 바라보니 우리 경계에 기치(旗幟)·갑마(甲馬)·거여(車輿)·장막(帟幕)을 가지고 기다리고 있어 사람마다 모두 기쁜 기색이 있었다. 얼마 뒤 음악이 연주되고 술 다섯 순배를 돌리고 말에 올라 다시 송반사와 부사와 함께 우리 장막을 지나 머물렀다. 음악이 연주되고 술 다섯 순배를 돌리고 말에 올라 다시 환송하여 두 나라의 경계 가운데 이르러 피차의 사신 부사가 말을 돌려 마주 서서 말 위에서 술 한 잔을 마시고 가지고 있던 말채찍을 교환하여 서로의 추억으로 삼았다. 부르고 만나면서 이별 상황을 아쉬워하며 채찍을 들어 읍을 하고 헤어졌다. 각각 말 등에 타고 몸을 돌려 바라보면서 얼마 뒤에 몇 걸음을 나아가 머뭇거림이 이별을 견디지 못하는 모습이었다. 이와같이 하기를 세 번이나 하고 나서야 비로소 헤어질 수 있었다. 오랑캐는 모두 쓸쓸해 보였고, 간혹 눈물을 흘리는 사람도 있었지만 우리 사람 중에는 없었다. 이날 돌아오는 일정에서 오랑캐가 이미 군량을 운반하고 병사를 동원하여 줄줄이 이어져 남변으로 이동하여 주둔하였고, 한인들도 역시 여러 차례 그들이 장차 들어와 노략질할 것이라고 상세하게 말하였다. 사행 일행은 오랑캐가 인질로 억류할 가능성이 있어 걱정하였는데 요행히 살아 돌아올 수 있었다. 얼마 뒤 그들은 대궐로 돌아왔는데 그 전에 다음과 같은 어필(御筆) 지휘가 있었다. "망령이 변경의 일을 말하는 자는 유형 3천 리에 벌전 3천 관에 처하며 사면이나 문음(蔭)으로 감면받을 수 없다." 이 때문에 감히 말하는 자가 없었다.

　이해 가을 8월 초 5일에 궐에 도착하였다.

[지도1] 『추리도』 상 허항종 행정로

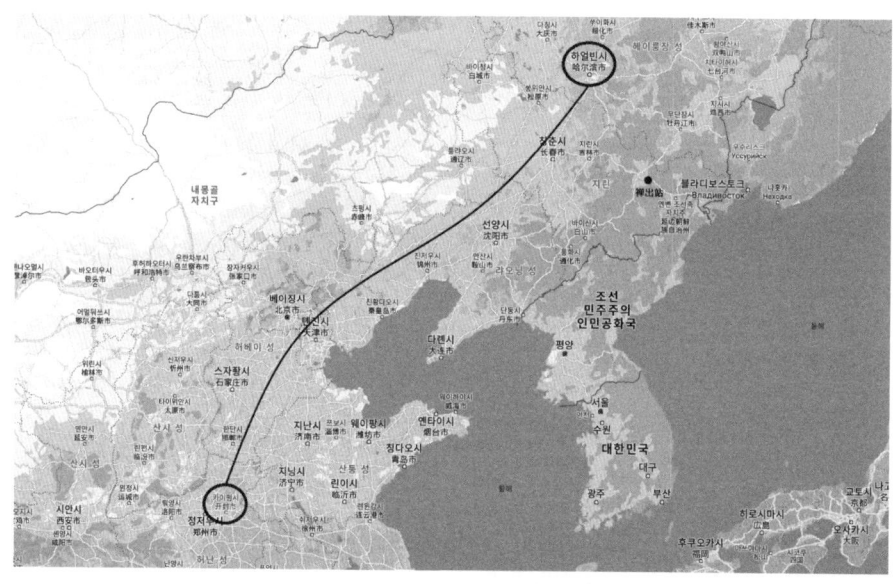

[지도2] 현재 지도 상 허항종 행정로

宣和乙巳奉使金國行程錄

許亢宗

I. 출발준비

《靖康稗史》之一種

金人既滅契丹,遂與我為敵國,依契丹例,以講和好 每歲遣使,除正旦 生辰兩番永為常例外,非常慶吊別論也 甲辰年,阿骨打忽身死,其弟吳乞買嗣立,差許亢宗充奉使賀登位,並關取《奉使契丹條例》案牘,參詳增減,遵守以行 兼行人所須,皆在京諸司百局應辦,纖悉備具,無一缺者,蓋祖宗舊制也 隨行三節人,或自朝廷差,或由本所辟 除副外,計八十人：都幅一 醫一 隨行指使一 譯語指使二 禮物祇應二 書表司二 習馭司二 職員二 小底二 親屬二 龍衛虞候六 宣撫司十,將一 察視二 節級三 翰林司二 鸞儀司一 太官局二 馳務槽頭一 教駿三 後院作匠一 鞍轡庫子虎翼兵士五 宣武兵士三十 冗仗則有雜載車三 雜載駝十 粗細馬十二 禮物則有禦馬三,塗金銀作鞍轡副之；象牙 玳瑁鞭各一；塗金半鈒八角飲酒斛 二隻 蓋杓全,塗金半鈒八角銀瓶 十隻 蓋全,塗金大渾銀香獅三只,座全；著色繡衣三襲;果子十籠；蜜煎十甕；芽茶三斤 於乙巳年春正月戊戌陛辭,翌日發行,至當年秋八月甲辰回程到闕 其行程：本朝界內一千一百五十里,二十二程,更不詳敘 今起自白溝契丹舊界,止於虜廷冒離納缽,三千一百五十里,計三十九程

Ⅱ. 사행 일정

第一程：自雄州六十里至新城縣

離州三十里至白溝拒馬河, 源出代郡淶水, 由易水界至此合流, 東入於海 河闊止十數丈, 南宋與契丹以此爲界 舊容城縣隸附雄州歸信縣寄裏, 自壬寅年冬於河北岸創築容城縣新壘 過河三十里到新城縣 契丹阿保機入寇, 唐莊宗以鐵騎五千敗之於新城, 卽此也 舊爲契丹邊面, 自與宋朝結好, 百余年間, 樓壁僅存

第二程：自新城縣六十里至涿州

[涿州古涿郡], 黃帝與蚩釉喚於涿鹿之野卽此地 昔爲契丹南寨邊城, 樓壁並存 及郭藥師擧城內屬, 不經兵火, 人物富盛, 井邑繁庶 近城有涿河 劉李河, 合範河東流入海, 故謂之范陽

第三程：自涿州六十里至良鄕縣

良鄕乃唐德宗時趙德鈞鎭邊幽州, 歲苦契丹侵鈔轉餉, 乃於鹽溝置良鄕, 卽此地, 隸燕山府 經兵火之後, 屋舍居民靡有孑遺 帥臣復加修築, 樓壁煥然一新, 漸次歸業者數千家 離城三十里過盧溝河, 水極湍激, 燕人每候水淺, 深置小橋以渡, 歲以爲常 近年, 都水監輒於此兩岸造浮梁, 建龍祠宮, 仿佛如黎陽三山制度, 以快耳目觀睹, 費錢無慮數百萬緡

第四程：自良鄕六十里至燕山府

府乃冀州之地, 舜以冀州南北廣遠, 分置幽州, 以其地在北方, 取其陰幽肅殺之義, 杜牧言之略矣 東有朝鮮 遼東, 北有樓煩 白檀, 西有雲中 太原, 南有濾沱 易水 唐置范陽節度, 臨制奚 契丹 自晉割賂北虜, 建爲南京析津府 壬寅年冬, 金人之師過居庸關, 契丹棄城而遁 金人以朝廷嘗遣使海上, 約許增

歲幣,以城歸我,遷徙者尋皆歸業,戶口安堵,人物繁庶,大康廣陌皆有條理 州宅用契丹舊內,壯麗夐絕 城北有三市,陸海百貨萃於其中 僧居佛宇,冠於北方；錦繡組綺,精絕天下 膏腴蔬窳 果實 稻粱之類,靡不畢出；而桑柘麻麥 羊豕雉兔不問可知 水甘土厚,人多技藝,民尚氣節 秀者則向學讀書,次則習騎射 耐勞苦 未割棄以前,其中人與夷狄鬥,勝負相當 城後遠望,數十年間,宛然一帶回環繚繞,形勢雄傑,真用武之國,四明四鎮皆不及也 癸卯年春歸我版圖,更府名曰燕山,軍額曰永清 城周圍二十七里,樓壁共四十丈,樓計九百一十座,地塹三重,城開八門

第五程：自燕山府八十里至潞縣

是歲,燕山大饑,父母食其子,至有肩死屍插紙於市,售以為食 錢糧金帛率以供「常勝軍」,牙兵皆骨立,戍兵饑死者十七八 上下相蒙,上弗聞知 宣撫司王安中方獻羨餘四十萬緡為自安計,後奉朝廷令,支太倉漕粳米五十萬石,自京沿大河由保 信 沙塘入潞河,以瞻燕軍 回程至此,已見舳艫銜尾,艤萬艘於水 潞河在縣東半里許,曹操征烏丸 蹋頓,袁尚等鑿渠自滹沱由涿水入潞河即此地

第六程：自潞縣七十里至三河縣

三河縣隸薊州,後唐趙德鈞於幽州東置三河縣以護轉輸即此

第七程：自三河縣六十里至薊州

薊州乃漁陽也 因問天寶祿山舊事,人無能知者

第八程：自薊州七十里至玉田縣

縣之東北夫景州一百二十里,自甲辰年金人雜奚人入城刦虜,每邊人告急,宣撫司王安中則戒之曰：「莫生事」四月之內凡三至,盡屠軍民,一火而去 安

中則創新築, 此城改為經州

第九程：自玉田縣九十里至韓城鎮
鎮有居民可二百家, 並無城

第十程：自韓城鎮五十里至北界清州
出鎮東行十餘里, 至金人所立新地界, 並無溝塹, 惟以兩小津堠高三尺許 其兩界地東西闊約一里, 內兩界人戶不得耕種 行人並依《奉使契丹條例》, 所至州備車馬, 護送至界首 前期具國信使 副職位姓名關牒虜界, 備車馬人夫以待 虜中亦如期差接伴使 副於界首伺候 兩界備有幕次 行人先令引接齎國信使 副門狀過彼, 彼亦令引接以接伴使 副門狀回示, 仍請過界 於例, 三請方上馬, 各於兩界心對立馬, 引接互呈門狀, 各舉鞭虛揖如儀, 以次行焉 四十里至清州, 會食, 各相勞問 州元是石城縣, 金人新改是名 兵火之後, 居民萬余家
是晚, 酒五行, 進飯, 用粟, 鈔以匕 ; 別置粥一盂, 鈔一小杓, 與飯同下 好研芥子, 和醋伴肉食, 心血臟瀹羹, 芼以韭菜, 穢汙不可向口, 虜人嗜之 器無陶埴, 惟以木刓為盂楪, 髹以漆, 以貯食物 自此以東, 每遇館頓, 或止宿, 其供應人並於所至處居民漢兒內選衣服鮮明者為之 每遇迎送我使, 則自彼國給銀牌入, 名曰「銀牌天使」

第十一程：自清州九十里至灤州
灤州古無之 唐末天下亂, 阿保機攻陷平 營, 劉守光據幽州, 暴虐, 民不堪命, 多逃亡依阿保機為主, 築此以居之 州處平地, 負麓面岡 東行三里許, 亂山重疊, 形勢險峻 河經其間, 河面闊三百步, 亦控扼之所也 水極清深, 臨河有大亭, 名曰濯清, 為塞北炎絕郡 守將迎於此, 回程錫宴是州

第十二程：自瀛州四十里至望都縣

民既入契丹依阿保機,即於所居處創立縣名,隨其來處鄉裏名之,故有「望都」「安喜」之號 唐莊宗以鐵騎五千退保望都,即此縣也

第十三程：自望都縣六十里至營州

營州,古柳城,舜築也 乃殷之孤竹國,漢唐遼西地 金國討張覺,是州之民屠戮殆盡,存者貧民十數家 是日,行人館於州宅,古屋十數楹,庭有大木十數株 枯腐蔽野,滿目淒涼,使人有吊古悼亡之悲 州之北六七里間,有大山數十,其來甚遠,高下皆石,不產草木 峙立州後,如營衛然 恐州以此得名,而前人謂地當營室,故名營

第十四程：自營州一百里至潤州

離州東行六十里至榆關,並無堡障,但存遺址,有居民十數家 登高回望,東自碣石,西徹五臺,幽州之地沃野千里 北限大山,重巒復嶺,中有五關：居庸可以行大車,通轉糧餉；松亭 金坡 古北口止通人馬,不可行車 外有十八小路,盡兔徑鳥道,止能通人,不可走馬 山之南,地則五穀百果 良材美木無所不有 出關來才數十里,則山童水濁,皆瘠鹵 彌望黃雲白草,莫知亙極,蓋天設此限華夷也 夷狄自古為寇,則多自雲中 雁門,未嘗有自漁陽 上谷而至者 昔自石晉割棄,契丹以此控制我朝,第以社稷威靈 祖宗功德,保守信誓,而禽獸無得以肆其毒爾 前此經營邊事,與金人歲幣加契丹之倍,以買幽 薊五州之地,而平 灤 營三州不預其數,是五關我得其三,而金人得其二也 愚謂天下視燕為北門,失幽 薊五州之地,則天下常不安 幽 燕視五關為襟喉,無五關則幽 燕不可守,五關雖得其三,縱藥師不叛,而邊患亦終無寧歲也 比來言者論列當時主議大臣,有雲,以營 平 灤要害控扼之地捐之金人,蜂蠆遷窠,虎兕出檻,蓋指此也 出榆關以東,山川風物與中原殊異 所謂州者,當契丹全盛時,但土城數十里,民居百家,及官舍三數椽,不及中朝一小鎮,強名為州 經兵火

之後, 愈更蕭然 自茲以東, 類皆如此

第十五程：自潤州八十里至遷州
彼中行程並無裏堠, 但以行徹一日即記為裏數 是日行無慮百餘里 金人居常行馬率皆奔軼, 此日自早飯罷, 行至螟方到 道路絕人煙, 不排中頓, 行人饑渴甚 自茲以東, 類皆如此

第十六程：自遷州九十里至習州
遷州東門外十數步即古長城, 所築遺址宛然

第十七程：自習州九十里至來州
無古跡可雲

第十八程：自來州八十里至海雲寺
離來州三十里海東岸, 俯挹滄溟, 與天同碧, 窮極目力, 不知所際 寺去海半里許, 寺後有溫泉二池 望海東有一大島, 樓殿（上穴下辛）堵波, 之上有龍宮寺 見安僧十數人 是夜, 行人皆野盤

第十九程：自海雲寺一百里至紅花務
此一程盡日行海岸 紅花務乃金人煎鹽所, 去海一里許 至晚, 金人饋魚數十枚, 烹作羹, 味極珍

第二十程：自紅花務九十里至錦州
自出榆關東行, 路平如掌, 至此微有登陟 經由十三山下, 歐陽文忠敘胡嶠所說十三山即此

第二十一程：自錦州八十里至劉家莊

是後,行人俱野盤

第二十二程：自劉家莊一百里至顯州

出榆關以東行,南瀕海,而北限大山,書皆粗惡不毛 至此,山忽峭拔摩空,蒼翠萬仞,全類江左,乃醫巫閭山也 成周之時,幽州以醫巫閭作鎮,其遠如此 契丹兀欲葬於此山,離州七里別建乾州以奉陵寢,今書為金人毀掘

第二十三程：自顯州九十里至兔兒渦

第二十四程：自兔兒渦六十里至梁魚務

離兔兒渦東行,即地勢卑下,盡皆萑苻沮洳積水 是日,凡三十八次渡水,多被溺 [有河]名曰遼河 瀕河南北千餘里,東西二百里,北遼河居其中,其地如此 隋唐征高麗,路皆由此 秋夏多蚊虻,不分晝夜,無牛馬能至 行以衣包裹胸腹,人皆重裳而披衣,坐則蒿草薰煙稍能免 務基依水際,居民數十家環繞 彌望皆荷花,水多魚 徘徊久之,頗起懷鄉之思

第二十五程：自梁魚務百單三里至沒咄[孛堇]寨

「沒咄」,小名；「孛堇」,漢語為官人

第二十六程：自沒咄寨八十里至瀋州

第二十七程：自瀋州七十里至興州

自過遼河,以東即古之遼東地 金人方戰爭之際,首得遼東五十一州之地,乃契丹阿保機渤海國建為東京路地也

第二十八程：自興州九十里至鹹州

　　未至州一里許, 有幕屋數間, 供帳略備, 州守出迎, 禮儀如制 就坐, 樂作, 有腰鼓 蘆管 笛 琵琶 方響 箏 笙 箜篌 大鼓 拍板,曲調與中朝一同,但腰鼓下手太闊,聲遂下, 而管 笛聲高 韻多不合, 每拍聲後繼一小聲 舞者六七十人, 但如常服, 出手袖外, 回旋曲折, 莫知起止, 殊不可觀也 酒五行, 樂作, 迎歸館 老幼夾觀, 填溢道路 次日早, 有中使撫問, 別一使賜酒果, 又一使賜宴赴州宅, 就坐, 樂作, 酒九行 果子惟松子數顆 胡法, 飯酒食肉不隨盞下, 俟酒畢, 隨粥飯一發致前, 鋪滿幾案 地少羊, 惟豬 鹿 雁 饅頭 炊餅 白熱 胡餅之類最重油煮 麥食以蜜塗拌, 名曰「茶食」,非厚意不設 以極肥豬肉或脂潤切大片一小盤子, 虛裝架起, 間插青蔥三數莖, 名曰「肉盤子」, 非大宴不設, 人各攜以歸舍 虜人每賜行人宴, 必以貴臣押伴 是日, 押伴貴臣被酒, 輒大言詫金人之強, 控弦百萬, 無敵於天下 使長掎曰：「宋有天下二百年, 幅員三萬里, 勁兵數百萬, 豈為弱耶？某銜命遠來, 賀大金皇帝登寶位, 而大金皇帝止令太尉來伴行人酒食, 何嘗令大臣以相罔也？」辭色俱厲, 虜人氣懾, 不復措一辭 及賜宴畢, 例有表謝, 有曰「祗造鄰邦」, 中使讀之曰：「使人輕我大金國《論語》雲『蠻貊之邦』, 表辭不當用『邦』字」 請重換方肯持去 使長正色而言曰：「《書》謂『協和萬邦』『克勤於邦』,[《詩》]謂『周雖舊邦』,《論語》謂『至於他邦』『問人於他邦』『善人為邦』『一言興邦』, 此皆『邦』字, 而中使何獨祗誦此一句以相問也？表不可換！須到闕下, 當與曾讀書人理會, 中使無多言！」虜人無以答 使長許亢宗, 饒之樂平人, 以才被選 為人醞藉似不能言者, 臨事敢發如此, 虜人頗壯之

第二十九程：自鹹州四十里至肅州, 又五十里至同州

　　離鹹州即北行, 州地平壤, 居民所在成聚落 新稼殆遍, 地宜種黍 東望天山, 金人雲彩, 此新羅山, 山內深遠, 無路可行 其間出人參 白附子, 深處與高麗接界 山下至所行路可三十里

第三十程：自同州三十里至信州
回程錫宴於此

第三十一程：自信州九十里至蒲裏孛菫寨

第三十二程：自蒲裏四十里至黃龍府
契丹阿保機初攻渤海,射黃龍於此地,即建為府 是日,州守迎迓如儀 有中使撫問,賜酒果 錫宴一如鹹州制 自此東行

第三十三程：自黃龍府六十里至托撒孛菫寨
府為契丹東寨 當契丹強盛時,虜獲異國人則遷徙雜處於此 南有渤海,北有鐵離 吐渾,東南有高麗 靺(從韋從末)鞨,東有女真 室韋,東北有烏舍,西北有契丹 回紇 党項,西南有奚,故此地雜諸國風俗 凡聚會處,諸國人語言不能相通曉,則各以漢語為證,方能辨之,是知中國被服先王之禮儀,而夷狄亦以華言為證也

第三十四程：自托撒九十里至漫七離孛菫寨
道旁有契丹舊益州 賓州空城

第三十五程：自漫七離行六十里即古烏舍寨
寨枕混同江湄,其源來自廣漢之北,遠不可究 自此南流五百里,接高麗鴨綠江入海 江面闊可半里許,寨前高岸有柳樹,沿路設行人幕次於下 金人太師李靖居於是,靖累使南朝 此排中頓,由是飲食精細絕佳 時當仲夏,藉樹蔭俯瞰長江,涼颷拂面 盤礡少頃,殊忘鞍馬之勞 過江四十里,宿和裏間寨

第三十六程：自和裏間寨九十里至句孤孛菫寨

[自和裏間寨行五里, 即有潰堰斷塹], 自北而南, 莫知遠近, 界隔甚明, 乃契丹昔與女真兩國古界也 界八十里, 直至淶流河 行終日之內, 山無一寸木, 地不產泉, 人攜水以行 豈天地以此限兩國也, 豺狼互相吞噬, 終為強者所並耳 淶流河闊二十余步, 以船渡之, 五里至句孤寨 自此以東, 散處原隰間盡女真人, 更無異族 無市井買賣, 不用錢, 惟以物相貿易

第三十七程：自句孤寨七十里至達河寨

第三十八程：自達河寨四十里至蒲撻寨
是日, 金使前來排辦祗候

第三十九程：自蒲撻寨五十里至館
行二十里, 至兀室郎君宅, 接伴使 副具狀辭, 館伴使 副於此相見如接伴禮 虜中每差接伴 館伴 送伴, 客省使必於女真 渤海 契丹 奚內人物白晳詳緩能漢語者為之, 副使則選漢兒讀書者為之 復有中使撫問, 賜酒果 賜宴如常儀 畢, 又行三十里至館 館惟茅舍三十餘間, 墻壁全密, 堂室如簾幕, 寢榻皆土床, 鋪厚氈褥及錦繡貂鼠被, 大枕頭等 以女真兵數十佩刀 執弓矢, 守護甚嚴 此去虜廷尚十餘里 次日賜酒果, 至晚, 閣門使躬來說議, 約翌日赴虜廷朝見

Ⅲ. 상경에서의 일정

第四十程

次日, 館伴同行可五七里, 一望平原曠野, 間有居民數十家, 星羅棋布, 紛揉錯雜, 不成倫次 更無城郭, 裏巷皆背陰向陽 便於牧放, 自在散居 又一二里, 命撤傘, 雲近闕 復北行百余步, 有阜宿圍繞三四頃, 並高丈余, 雲皇城也 至於宿圍門, 就龍臺下馬, 行入宿圍 西設氈帳四座, 各歸帳歇定, 客省使 副使相見就坐, 酒三行 少頃, 聞鞞鼓聲入, 歌飲三奏, 樂作, 閤門使及祗坐班引入, 即捧國書自山棚東入, 陳禮物於庭下, 傳進如儀 贊通拜舞抃蹈訖, 使副上殿, 女真酋領數十人班於西廂, 以次拜訖, 近貴人各百余人上殿, 以次就坐, 余並退 其山棚左日桃源洞, 右日紫極洞, 中作大牌, 題日翠微宮, 高五七尺, 以五色綵間結山石及仙 佛 龍 象之形, 雜以松柏枝, 以數人能為禽鳴者吟叫山內 木建殿七間, 甚壯, 未結蓋以瓦仰鋪及泥補之, 以木為鴟吻, 及屋脊用墨, 下鋪帷幕, 榜日乾元殿 階高四尺許, 階前土壇方闊數丈, 名日龍墀 兩廂旋結架小葦屋, 冪以青幕, 以坐三節人 殿內以女真兵數十人分兩壁立, 各持長柄小骨朵以為儀衛 日役數千人興築, 已架屋數十百間未就, 規模亦甚侈也
虜主所坐若今之講坐者, 施重茵, 頭裹皂頭巾, 帶後垂, 若今之僧伽帽者；玉束帶 白皮鞋, 薄髯, 可三十七八許人 前施朱漆銀裝鍍金幾案, 果碟以玉, 酒器以金, 食器以玳瑁, 筯以象齒 遇食時, 數胡人擡舁十數鼎致前, 親手旋切割饾饤以進, 名日「禦廚宴」所食物與前略同, 但差精細而味和耳 食余, 頒以散三節人 樂如前所敘, 但人數多至二百人, 雲乃舊契丹教坊四部也 每樂作, 必以十數人高歌以齊管也, 聲出眾樂之表, 此為異爾 酒五行, 食畢, 各賜襲衣袍帶, 使 副以金, 余人以銀, 謝畢, 歸舘

第四十一程

中使賜酒果, 復賜饌 賜饌以絹帛折充, 使 副百余匹, 余人十余匹

第四十二程

次日, 詣虜庭赴花宴, 並如儀 酒三行則樂作, 鳴鉦擊鼓, 百戲出場, 有大旗 獅豹 刀牌 砑鼓 踏索 上竿 鬥跳 弄丸 搨簸旗 築毬 角觝 鬥雞 雜劇等, 服色鮮明, 頗類中朝 ；又有五六婦人塗丹粉, 艶衣, 立於百戲後, 各持兩鏡, 高下其手, 鏡光閃爍, 如祠廟所畫電母, 此為異爾 酒五行, 各起就帳, 戴色絹花, 各二十余枝 謝罷, 復坐 酒三行, 歸館

第四十三程

次日, 又有中使賜酒果, 復有貴臣就賜宴, 兼伴射於館內 庭下設垛, 樂作, 酒三行, 伴射貴臣 館伴使副 國信使副離席就射 三矢, 弓弩從便用之 勝負各有差, 就賜襲衣鞍馬 是日, 虜人名王貴臣多微服隱稠人中以觀射

第四十四程

次日, 朝辭如見時 酒食畢, 就殿上請國書, 捧下殿, 賜使副襲衣 物帛 鞍馬, 三節人物帛各有差 拜辭歸館, 鋪掛彩燈百十余, 為芙蓉 鵝 雁之形, 蠟炬十數, 雜以弦管, 為堂上樂 館伴使副過位, 召國信使副為惜別之會, 名曰「換衣燈宴」 酒三行, 各出衣服三數件, 或幣帛交遺 常相聚, 惟勸酒食, 不敢多言 至此夜, 語笑甚款, 酒不記巡, 以醉為度, 皆舊例也

第四十五程

次日回程, 起發至兀室外郎君宅, 館伴使副展狀辭, 送伴使副於此相見如儀 有中使撫問, 賜酒果如來時 至信州 瀋州同此 回程在路, 更不再敍

Ⅳ. 사행단의 귀국

至淸州, 將出界, 送伴使副夜具酒食, 爲惜別之會 亦出衣服三數件, 或幣帛交遺, 情意甚歡 次早發行, 至界內幕次, 下馬而望, 我界旗幟 甲馬 車輿 簾幕以待, 人皆有喜色 少頃樂作, 酒五行, 上馬, 復同送伴使副過我幕次 作樂, 酒五行, 上馬, 復送至兩界中, 彼此使副回馬對立, 馬上一杯, 換所執鞭, 以爲異日之記 引接展辭狀, 擧鞭揖別, 各背馬回顧, 少頃進數步, 躊躇不忍別之狀如是者三乃行 虜人情皆淒惻, 或揮淚, 吾人無也 是行回程, 見虜中已轉糧發兵, 接踵而來, 移駐南邊, 而漢兒亦累累詳言其將入寇 是時, 行人旦暮憂虜有質留之患, 偶幸生還, 旣回闕, 以前此有禦筆指揮 :「敢妄言邊事者流三千里, 罰錢三千貫, 不以赦蔭減」 繇是無敢言者 是秋八月初五日至闕

요동행부지(遼東行部志)

요동행부지(遼東行部志)¹⁾

金 王寂²⁾ 著

남주성·윤한택·허우범 공역

1. 명창 개원(明昌³⁾ 改元, 1190년) 봄 병신일(2월 12일)

나는 관할 지역을 살펴보는 사신(使臣) 임무를 수행하기 위하여 출발했다. 동료 관리가 요양(遼陽) 서작문(瑞鵲門) 단정(短亭)까지 나와서 배웅해 주었다. 이날은 심주(沈州)에서 묵었다. 심주는 당(唐)나라 시기 일찍이 고구려가 침범해 점거하였다. 고종(高宗) 대에 이르러 이적(李勣)에게 명령하여 동쪽을 정벌하게 하고, 안동도호부(安東都護府)를 평양성(平壤城)에 설치해 요동(遼東)을 다스리게 하였다. 그 후 고성(古城)에서 다스리기도 하고 신성(新城)에서 다스리기도 하였는데 신성(新城)은 지금의 심주이다. 또한 한영(韓穎)의 「심주기(沈州記)」에서 "신성(新城)은 곧 심주(沈州)이다."라고 하였다.

---

1) 왕적(王寂)이 명창 원년(明昌 元年, 1190) 제점요동로형옥(提点遼東路刑獄)의 임무를 받고 요동지역 형옥업무 점검을 하면서 노정에서 보고 들은 것을 기록하였다. 시문(詩文)이 위주이나 지난 곳의 역사 연혁을 자료에 의거 고증하였다. 번역에 사용한 저본은 『영락대전(永樂大典)』본(本)이다.
2) 왕적(王寂)(1128~1194) : 金代 文學家, 관리, 字는 元老, 薊州 玉田 사람이다. 世宗·章宗 시기에 현령, 자사 등을 지내고 관직은 중도로전운사(中都路轉運使)에 이르렀다. 시호는 文肅, 저서로 『졸헌집(拙軒集)』, 『북천록(北遷录)』 등이 있으나, 『북천록(北遷录)』은 전히지 않는다.
3) 금(金) 장종(章宗, 在位:1189~1208)의 초기 연호, 명창(明昌, 1190~1196)

당나라 말에 이르러 먼 곳까지 영향을 미치기 어려워 요동의 땅은 발해(渤海) 대씨(大氏)의 소유가 되었고, 10여 황제가[4] 이어졌다. 오대(五代) 시기에 거란(契丹)과 발해가 몇 십 년 동안 혈전(血戰)을 벌이다가 마침내 발해가 멸망하자 요동의 땅은 전부 요(遼)나라에 들어가게 되었다. 가는 길에 바라보니 아직도 조금이나마 남아 있는 황폐해진 옛 보루(古壘)의 흔적이 있었다. 당시 주둔(駐屯)한 병사들이 힘써 싸워 뼈가 드러나고 피를 흘렸던 곳으로, 지금은 평안한 나라가 된 지 오래되었다. 멸망함을 아파하고 옛날을 생각하는 것 또한 시인(詩人)이 정(情)을 잊지 못하는 것이다. 그래서 부(賦) 한 수를 지어 말한다.

"이씨의 당나라는 갖은 액운을 당하여 나라 경영을 잃었고, 대씨(大氏)가 10여 대를 이으니, 요나라 사람은 오랫동안 전쟁터에 군사를 동원하였다. 전쟁터에서 봄의 풀은 마르고, 파수 보루에는 저녁 연기 깔렸다네. 오늘날 황제의 교화에 귀일하여, 백성들은 절로 즐겁게 생활하누나."

2. 정유일(2월 13일)

망평현(望平縣)[5]으로 갔다. 망평(望平)은 본래 광녕부(廣寧府)[6]의 의곽(倚郭)현[7]인 산동현(山東縣)이다. 광녕이 창의현(章義縣)에서 300여 리 떨어져 있고, 길은 당시 남북이 서로 상충되었으며, 오랫동안 군읍(郡邑)이 없었기에, 조정(朝廷)에서는 마침내 산동(山東)을 망평(望平)으로 고치고

---

[4] 발해의 16 황제를 말한다.
[5] 옛 치소가 현 요령성 신민시(新民市) 전당보진(前當堡鎭) 대고성자촌(大古城子村)에 있었다.(백도백과)
[6] 광녕부(廣寧府)의 치소는 현 요령성 북진(北鎭市)이다.(백도백과)
[7] 宋元 시기에 州·路의 治所가 있는 현(백도백과)

치소는 양어무(梁魚務)로 하여 다스리게 하니 공사(公私)의 편안함을 맞게 되었다. 이날 밤에는 절을 빌려 머물렀다. 절 안에 탑8)이 있다. 위에 대정(大定) 2년(1162년) 봄 현종(顯宗)이 보낸 글이 있는데, 그 아래에 "황자 초왕(楚王)이 썼다."고 되어 있다. 즉 당시는 아직 정춘궁(正春宮)의 호(號)를 받지 못한 때로, 세종(世宗)을 따라 요(遼)에서 연(燕)으로 갈 때 이곳에 머무르면서 쓴 것이다. 이제 막 그 아래에서 올려보며 절을 하고, 제왕의 모습9)을 회상하려고 하는데, 예상치 못하게 절의 승려가 청소하고 있는 모습이 사람으로 하여금 안타까움을 금하지 못하게 한다. 그래서 그 일을 기억하며 시를 지었다.

"말안장을 풀고 고삐를 이끌어 매니 날은 이미 저문데, 무거운 발걸음 억지로 옮기니 붉은 계단에 땀이 흐르누나. 깊이 감춘 사리는 하늘의 용이 보호하고, 높이 솟은 탱주에는 두루미 깃들었네. 황제의 글씨가 흰 벽에 남아 있는 것을 우러러 생각하는데, 어찌하여 때마침 속물이 누런 먼지를 소제하는고. 고개 숙여 배회하며 머리를 긁으나 아무도 만날 수 없으니, 바람은 나무에 스산히 스치고 새는 절로 울고 있네."

광녕은 본래 동양라군(東陽羅郡)으로, 발해 시기에는 현덕부(顯德府)로 삼았다. 요나라 세종 올률(兀律)은 그의 부친 돌욕(突欲)10)이 중원(中原)

---

8) 솔도파(窣堵波) : 산스크리스트어 stupa(스투파 : 탑)의 음역이다.
9) 천일지표(天日之表) : 제왕의 모습과 태도(帝王的姿貌儀表)(백도백과)
10) 금 세종(世宗) : 야율완(耶律阮)의 어릴 때 이름은 올욕(兀欲)으로 올률(兀律)이라 한 것은 착오나 오기인 듯하다. 세종의 아버지 야율배(耶律倍)의 어릴 때 이름은 돌욕(突欲)이다. 야율배는 요 태조 야율아보기의 장남이다. 거란이 발해를 멸망시키고 그 땅에 동단국(東丹國)을 세우자, 야율배로 하여금 그곳을 다스리게 하고 인황왕(人皇王)이라 불렀다. 태조 사후 동생 야율광덕(耶律德光 : 태종)에게 밀려 황제의 자리를 차지하지 못하게 되자 후당(后唐)(明宗 李嗣源)으로 망명하여 명종으로부터 이찬화(李贊華)라는 이름을 받아서 고치고 그곳에서 죽었다.(백도백과)

으로 갔다가 해를 당하자 그 시신을 모시고 돌아와 산 남쪽에 안장했다. 그리고 현덕을 현주봉선군(顯州奉先軍)11)으로 고치고, 절도사(節度使)가 그곳을 다스리게 했다. '봉선(奉先)'이라고 한 것은 산릉(山陵)이 그 옆에 있기 때문이다.

3. 무술일(2월 14일)

광녕(廣寧)으로 가서 광녕부에 있는 역사에서 숙박했다. 말을 타고 많은 길을 달려와 매우 목이 말랐다. 그리하여 추백리(秋白棃)12)를 얻었는데 그 색이 선명하여 사람 손이 닿지 않은 것 같았다. 나는 역참 관리에게 그 이유를 물었다. 관리가 말하기를, "춥지도 않고, 덥지도 않은 적당한 온도에서 따 곧바로 다른 곳에 옮겨 보관하기 때문입니다." 그것을 먹어보니 사람의 가슴을 깨끗하게 하는 것이 마치 가지고 있는 열을 씻겨 주는 것 같았다. 그래서 부(賦) 하나를 지었다.

"의무려산(醫巫閭山) 진기한 과일은 오직 추백리이니, 해가 가도록 색과 향기가 특이하여 사라지지 않네. 서리가 쟁반에 내리니 구슬과 계란 같다. 입가에 대어보니 바람이 치아와 뺨에 이는 것 같고, 한 입 베어 먹으니 얼음을 부수듯 녹아 사라진다. 동릉후(東陵侯) 참외13) 단맛에 진정 대적할 만하고, 승상이 매실이 시다고 스스로 속였듯이,14) 혹시라도 사마상여(司馬相如)15)

---

11) 현주(顯州) : 현 요령성 북진일대(北鎮一带)(백도백과)
12) 추백리(秋白棃) : 배의 품종(백도백과)
13) 후과(侯瓜) : 秦의 동릉후(東陵侯) 소평(邵平)이 장안성(長安城) 동남 패성문(霸城門) 밖에서 참외를 길렀는데 맛이 좋고 빛깔이 五色으로 아름다워서 세칭 "동릉과(東陵瓜)"라 하였다.(출전 『史记·萧相国世家』)(백도백과)
14) 위나라 승상 조(曹操)가 군사를 이끌고 전쟁터에 나갔을 때 길을 잘못 들어서 군사들이 갈증이 심하였다. 그때 승상이 "앞에 큰 매실나무 밭이 있다."고 소리치고 떠들게 하자 이 말을 들은 병사들이 매실의 신 것을 생각하고 입에서 침이 나와 갈증을 해소하였다.(유의경(劉義慶) 『世说新语·假谲』(백도백과)

가 이 맛을 알았다면, 해 묵은 소갈증 해소에 의사가 필요 없었을 터인데."

4. 기해일(2월 15일)

광녕공(廣寧公)16)의 제문을 지었다.

"엎드려 바랍니다. 의무려는 북방의 진산이고, 광령공은 당나라의 봉작입니다. 위엄이 천 리에 거행되고 한 나라의 의식으로 제사를 지냅니다. 맡은 직책은 비록 도교의 신과 다르지만, 동류가 반응함이 한순간도 어긋나지 않습니다. 아무개는 제왕의 명령을 공손하게 받들어 봉작지를 두루 살펴, 마치 눈 속에 고립되고 궁핍하여도 하소연할 곳도 없는 억울함을 풀어야 하고, 불법으로 몰수하고 횡포를 자행하는 좀을 제거합니다. 밝게 살피시기를 우러러 기도하니, 변변치 못한 작은 뜻을 통찰하시옵소서. 사신 임무를 잘 마치도록 기원하며, 신의 아름다운 음택에 의지합니다. 적지만 흠향하시옵소서."

5. 경자일(2월 16일)

나는 어젯밤에 공무(公務) 후 틈을 내어 향지(香楮)와 술과 차를 들고 광녕(廣寧)의 신낭(神堂)에 제시를 지냈다. 신당(神堂)이 매우 낡은 것에 놀랐을 뿐 아니라 바람이 들고 비가 새지만 고치는 사람은 없었다. 나는 제사를 돕는 자에게 물었다. "의무려산(医巫閭山)은 천하의 명산(名山)이고 그 신(神) 또한 지위가 높고 이름이 높은데, 이 지역의 사람들은 유독

---

15) 漢 사마상여(司馬相如) : 字 장경(長卿)으로 후인들이 마경(馬卿)으로 불렀다. 문장가, 消渴증이 있었다.(「史记·司馬相如列傳」)(백도백과)
16) 광녕공(廣寧公) : 황제가 의무려산에 내린 작호

존중할 줄 모른다. 어찌 된 일인가?" 제사를 돕는 자가 대답했다. "사람들이 존중하지 않는 것이 아니라, 의무려 산신에게 헛되이 위복(威福)을 바라지 않기 때문에 평상시처럼 대할 뿐입니다."

나는 웃으며 말했다. "요상한 귀신에게 제사를 지내는 것에 빠져 나라 제사(血食)를 지내지 않으면 의무려 산신(山神)을 모시는 것처럼 된다." 긴 글을 통해 이 불평(不平)한 심정을 드러낸다.

"천고의 광령 사당이여 문미(門楣)에 옛 제액이 걸려 있네. 명성은 중국 제사의 전당에 올라있고, 관직은 상공의 홀을 하사받았도다. 온갖 귀신은 수레와 돈대처럼 비천하고, 뭇 산은 부대 대오처럼 엎드렸네. 봉작한 지경은 계(薊)17) 땅 북쪽까지 이어졌고, 천자의 사신은 요서에 주둔하였도다. 노송나무 그림자는 정절 가운데 빽빽하고, 소나무 소리는 크고 작은 북을 은은히 울리누나. 조각한 들보는 도마뱀처럼 신통하고, 채색한 기둥은 무지개를 걸쳐놓은 듯하도다.

화상은 오래되어 벌레가 먹고 글씨에는 이끼가 끼었다. 뜨락은 낮은데 지렁이가 진흙에 전서를 쓰듯 기어 다닌다. 수양버들은 공중에 간드러지게 드리웠고, 덩굴풀은 절로 우거졌도다. 향불은 어찌 일찍이도 도착하였고, 희생과 술은 이어지지 않도다. 무당들은 모두 흔적도 없는데, 나무꾼과 목동은 좁은 길에 가득하다. 사물의 이치는 대다수가 행복을 바라는데, 사람의 감정은 미혹함을 고집하는고. 성곽의 여우는 목이 긴 향로로 불태우고, 사직의 쥐는 돼지 발굽 아래 던져야만 하나니.18) 거사(居士)는 다투어 행복을 추구

---

17) 계(薊) : 옛 지명. 현 북경성 서남쪽 모퉁이 지역(백도백과)
18) 성호사서(城狐社鼠) : 성곽에 굴을 파고 사는 여우와 토지신 묘당에 굴을 파고 사는 쥐. 곧 간신과 소인배를 가리키는 말(백도백과)

하듯이, 팽랑(彭郞)은 처 소고(小姑)를 맞이하기 위함이라.19) 내 평생 대부분 불운하였는데, 마지막엔 순조롭구나. 백옥이 순결하다고 하나, 쉬파리가 어찌 붙지 않겠는가.20) 사람들은 어찌 이리도 근심하는가, 신령함이 절로 밝도다. 소매를 걷어붙이니 소리가 비장하고, 고개를 숙이니 기운이 처참하네. 고달파서 외양간에 엎드린 말과 같고, 울타리에 뿔이 걸려 오도가도 못하는 숫양의 신세로다. 구차하게 회나무 관부에 오르지 못했을진대, 어찌하여 버드나무 시내에서 낚시질 하였는고, 은퇴할 뜻이 이미 결정되었는데 방해하는 일이 있어서 엿보고 있네. 위엄있는 신령이 재림함을 우러러보면서, 웅웅거리는 초파리와 함께 몰래 내통하듯. 머뭇거리며 돌아가지 못하는데, 해거름에 어지러운 갈가마귀 울부짖는구나."

6. 신축일(2월 17일) 밤

오랫동안 잠이 오지 않아 정원 산책을 했다. 그러다 우연히 시 한 수가 떠올랐다.

"밤이 되어 청명우(淸明雨)가 내리니 날씨 춥구나, 가녀린 구름 모두 말아 옥쟁반에 굴리는 듯 하누나. 배꽃이 정원 깊이 떨어짐을 유심히 보며, 봄 그림자 뒤로 돌아갈 날을 헤아리네."

7. 임인일(2월 18일)

고인이 된 왕계창(王繼昌)의 아들 급(伋)이 서신을 보내 그 아버지를 위

---

19) 강서 팽택현(江西彭泽县) 대강(大江) 中에 있는 대소호산(大小孤山) 부근 강측(江側)에 팽랑기(澎浪矶)가 있다. 宋代에 민간에서 "孤"를 "姑"로 "澎浪"은 "彭郎"으로 쓰기도 하였는데, 이에 "팽랑(彭郞)이 소고(小姑)의 남편이다."는 전설이 생겼다.(백도백과)
20) 『시경·소아·청승(詩經·小雅·靑蠅)』: 쉬파리는 잉잉거리며 날아다니면서 사람을 현혹시키니, 곧 다른 사람을 모함하는 간신 등을 가리킴.

한 애도의 글을 써 줄 것을 부탁하였다. 나는 부서(簿書)21)에 파묻혀 있던 터라 특별히 좋은 생각이 없었으나 두 수의 시를 지어 보냈다.

"하늘 위 옥루는 응당 인연을 끊는 곳이어서, 기성(箕星)의 꼬리를 훌쩍 타고 당당하게 가셨구려. 꿈에서 돌아갈 괴안국(槐安國)22)을 잃어버렸으니, 기왕지사 무너질 것 없으니 어찌 또 고향이 있으리오. 운명이로다! 그토록 만년에 편안하였음이여, 운명이로다! 어떤 이는 유명 재상에 붙였으니 예전 유람은 닳아 없어졌지만, 지금 남은 게 여럿인데, 눈물 뿌리며 따를 곳 없어 한 잔 술을 따르노라."

"우리 집의 푸른 나무 홀연히 먼저 꺾이니, 아서라 뉘라서 일곱의 슬픔(七哀)23)을 노래하리오. 돌곽이 바로 마주치니, 옥 과일이 떨어지고, 구슬 관이 홀로 부르니, 왕자교가 오는구나. 산꼭대기의 학이 가는데, 어찌 만류할 수 있을 것인가. 침상 위의 거문고가 사라지니 다시 연주할 수 없구나. 영지버섯이 꿈에서 노니는 곳에 가려고 하니, 길이 즐거워 새벽종이 재촉할 일 다시 없어라."

8. 계묘일(2월 19일)

이날 『해산문집(海山文集)』을 얻었다. 이 문집은 요나라 사공대사(司空大師)가 각화도(覺花島)에 있는 산의 해운사(海雲寺)에서 기거할 때 지은 것이다. 그리하여 이 문집을 『해산』이라고 한다. 대사의 성(姓)은 랑(郎)

---

21) 부서(簿書) : 관아의 장부나 문서
22) 唐·이공좌(李公佐)『남가태수전(南柯太守传)』에 실린 남가일몽(南柯一夢)을 가리킴.(백도백과)
23) 칠애(七哀) : 漢末에 기원한 위진악부(魏晉樂府) 시제(诗題)의 일종. 다양한 애상을 노래한다. 曹植의 칠애(七哀)시가 유명함.(백도백과)

이고 이름은 사효(思孝)이며, 일찍이 진사(進士)에 급제하고 여러 군현에서 일했다. 어느 날 세상 살이에 염증(厭症)을 느끼고 속세를 떠나 승복을 입고 업(業)을 행하니 초절한 이름이 천하에 알려졌다. 요나라 흥종(興宗) 때, 불교를 숭상(崇尙)하면서 요나라 황제 이하 친왕(親王)과 귀족 모두 그를 스승으로 모시려고 했다. 황제는 일찍이 대사에게 "숭록대부수사공보국대사(崇祿大夫守司空輔國大師)"의 칭호를 내렸다. 무릇 장표를 올릴 때 이름만 표명하고 신하라고 하지 않았다. 흥종은 매일 정무(政務)를 보고 남는 시간에는 대사와 책상을 두고 마주하였다.

대사는 시 짓기를 싫어하기 때문에 황제가 먼저 시를 지어 도전하며 말하기를, "아름다운 시를 감추려고 시를 짓지 않으려 하시나, 이미 지은 시는 하필 진심으로 삼매에 빠지게 하는 것이라, 내 선생은 이와 같이 형상을 벗어나 있으나, 제자들이 다투어 얕고 깊음을 알아챌 수 있게 되었소."

대사가 화답하기를, "거침을 부끄러워하여 감히 시를 읊지 못하지만, 읊지 않으면 아마도 제왕의 마음을 거스를 듯하옵니다. 본래는 시를 읊었지만 속세를 떠나 읊지 않으려는 뜻이었는데, 이 때문에 비판을 받으니 과오를 저지름이 심합니다." "천자의 하늘 같은 재주로 이미 좋은 시를 읊으셨으니, 어찌 두 재상이 다시 동일한 마음을 감당할 수 있겠습니까! 곧바로 온 나라를 풍요롭게 하시니, 대적하기 어렵사오며, 한 분의 지혜가 오히려 세 사람의 지혜에 상당하게 깊으십니다."

여기서 두 재상은 두령공(杜令公)과 유시중(劉侍中)을 말한다. 이후 흥종의 생일을 맞이하여 대사는 「송학도(松鶴圖)」를 지어 바치며 말하기를,

"천년의 학이 만년의 소나무에 서식하니, 한 점 푸른 가지 가운데 서리처럼 깃을 세웠구나. 사계절은 변화해도 이것은 변화하지 아니하니, 우리 황제의 장수와 함께 하기를 원하노라."

대사는 중희(重熙)24) 17년(1048) 화조산을 떠나 진운산(縉雲山)을 지키며 살았다. 흥종은 특별히 그곳으로 합문(合門)직의 장세영(張世英)을 보내 어서(御書)와 함께 향과 고운 비단 등 물품을 하사했다. 어서에는 "추운 겨울 사공대사께서는 편안하신지요? 곧 겨울이 옵니다. 사람을 보내 다른 곳으로 옮기시기를 부탁드리니 바라건대 거절하지 마십시오." 마지막에 말하기를 "그쪽은 매우 추우니 꼭 보온에 신경을 쓰시길 바랍니다." 상세한 시작과 끝 그리고 안부 인사 등은 평범한 친구와 같았다. 그 당시 도행(道行)에 깊은 견해가 없었다면 어떻게 그렇게 존경을 받을 수 있었을까. 이는 천년에 한 번 있을 우연이다, 하지만 이것은 진짜로 우연일까?

9. 갑진일(2월 20일)

여양 신현(閭陽新縣)25)에 갔다. 여양은 요나라 때 간주(幹州)26)였다. 승천황태후(承天皇太後)27)가 경종을 선영릉(先塋)28) 동남쪽에 장사 지내고 성을 쌓아 건주(乾州)라 했다. 그 릉29)이 서북쪽 모퉁이에 있었기에 이름을 취한 것이다. 우리 왕조(金)에서는 그 현이 광녕부(廣寧府)에서 5리 떨어져 있었기에 현(縣)으로 고쳤다. 세월이 지나 그 현이 역로를 벗어나 있었기에 동남쪽 60리 옛 남주채(南州寨)30)로 옮기고 현의 치소로 삼았다.

---

24) 중희(重熙) : 요나라 흥종 연호(1032~1055)
25) 여양(閭陽) : 현 요령성 북진시(北鎮市) 여양진(閭陽鎮)(백도백과)
26) 간주(幹州) : 본문 바로 다음에는 건주(乾州)라 하였는데, 건주(乾州 : 현, 요령성 북진시)의 오기로 보인다.(역자주)
27) 요나라 경종의 황후
28) 현릉(顯陵) : 遼 東丹王 耶律倍(요 世宗의 부친)와 世宗의 顯陵이 북진시에 있다.(백도백과)
29) 乾陵 : 요나라 경종(景宗) 耶律賢과 睿智皇后(俗称 契丹蕭太后)의 合葬墓로서, 요령성 北鎮市 富屯鄉 龍岗子村에 있다.(백도백과)
30) 남주채(南州寨) : 여향신현(閭陽新縣) : 북진시 여양진 후성촌 고성(北鎮市閭陽鎮后城村古城)(『辽东行部志』 路考. 洪牧)

거주하는 주민이 적고 객점도 없어 절에서 숙박했다. 주지는 나이가 많고 병들었다. 그가 나에게 말하기를, "연유식(淵唯識)이 다시 4일 전에 머물렀다." 이 말의 뜻은 연공(淵公)은 일찍이 해산(海山)을 떠돌아다니다 이후 요서(遼西)에 머물며 육화사(六花寺)에서 살았다, 3일 전에 다시 여기를 지나다가 머물고 떠났다, 그가 저고리를 남기고 갔다고 하면서 내가 믿도록 보여주었다. 내가 보니 과연 그러했다.

연공은 나의 할아버지의 서얼이다. 일찍이 출가(出家)하여 천친(天親) 마명(馬鳴) 보살의 대론을 공부한 지 거의 30년, 가는 곳마다 언제나 경전의 주해서 사본을 두 마리 소의 등에 싣고 다니면서 내려놓지 않았다. 어느 날 갑자기 깨달음을 얻어 길가에서 여러 승려한테 말하기를, "불법(佛法)은 간단하며 본래의 뜻은 말이나 글자에 있지 않다." 이내 평생 소업(所業)으로 삼고 출세를 포기했다. 스스로 총림(叢林)을 두루 다니며 견성(見性) 성불(成佛)의 묘리(妙理)31)를 구한 지 수십 년이 지났고 지금은 그만두었다. 다만 한번 만나지 못한 것이 아쉬워 시를 지어 그날 밤의 이야기를 해 본다.

"선상(禪床)32) 아래 속세의 일을 물리치고, 병 하나 주발 하나로 동주(東州)를 돌아다녔네. 절집을 돌아다님도 실증이 생기니 나무에서 귀가 자라고, 강의를 파함을 싫어하는 듯 돌이 머리를 끄덕인다. 일어나고 소멸함에 파문이 없으니 진정 옛 우물이요, 오고 가며 사물을 접촉하니 참으로 빈 배이며. 문인(門人)들의 기쁨이 정착되었으니 돌아갈 기한이 가까웠고, 소나무가 이

---

31) 정법안장(正法眼藏) : 석가(釋迦)가 성각(成覺)한 비밀(秘密)의 극의(極意)로 직지(直指), 인심(人心), 견성(見性), 성불(成佛)의 묘리(妙理)(네이버백과)
32) 삼근연(三根椽(三條椽)) : 불교 선방에서 한 사람이 앉는 자리는 3尺 넓이에 불과한 데서 연유한 것으로 선상(禪床)을 가리킨다.(백도백과)

미 가지를 회복하였으니 물이 겹으로 흐르누나."

10. 을사일(2월 21일)

동창(同昌)33)으로 갔다. 옛 명칭은 성주장경군절도사(成州長慶軍節度使)이다. 처음에 요 성종(聖宗)의 딸 진국공주(晉國公主) 점술(黏㱦)이 시집올 때 데리고 온 호(戶)로써 성곽과 시전을 설치하였다. 그래서 전하기를 공주가 주(州)를 만들었다고 하는 것이 이것이다. 이날 밤에는 성의 남쪽 한적한 절에서 숙박했다. 승려가 거처하는 집 방 벽에 산수화 네 폭이 있다고 해서 진짜인지 의심되어 곧 그것을 보러 갔는데 먹물로 그린 그림이었다.

두 편의 시를 지어 주지 지담(智坦)에게 건넸는데 어느 날 밝은 눈을 가진 사람을 만나면 꺼내서 보여주라고 하였다.

"그림이 진짜라고 하는 것이 오히려 망령됨이니, 어찌 하물며 그림이 진짜가 아닐 수 있겠는가. 꿈을 꾸어서 꿈을 설명하는 것이 바르다고 하면, 이야말로 몸이 몸이 아님을 아는 것이라."

"신묘함이 단청의 솜씨에서 나오니, 지금 사람들과 동일한 생각에서 어긋나네. 음력 2월에 둘째 달을 바라보니, 오히려 공중의 꽃을 보는 것 같도다."

11. 병오일(2월 22일)

의민현(宜民縣)34)으로 가서 복엄원(福嚴院)에 묵었다. 의민의 옛 명칭은

---

33) 동창현(同昌縣) : 현 요령성 부신시(阜新市) 서북 홍모자촌(紅帽子村)(백도백과). 동창현(同昌縣)과 여양신현(閭陽新縣)은 2백여 리이고 산길이 많아서 하루에 갈 수 없기에 필히 노정에 착오가 있다.(『遼東行部志』批注, 李文信 遺注, 李仲元 整理)
34) 의민현(宜民縣) : 현 요령성 북표시(北票市)(백도백과)

천주장령군절도사(川州長寧軍節度使)이며, 또는 백천주(白川州)라고도 한다. 그래서 현재 지명도 백천(白川)이다. 우리 왕조 천회(天會)35) 연간에 천주자사(川州刺史)로 고쳤다. 그 후, 거란(契丹)의 난을 만나 거의 소멸되었다가 현(縣)으로 강등되었다. 내가 의민으로 가는 도중 이날은 한식절(寒食節)이었다. 산림(山林)에 살던 사람들이 가족을 데리고 무덤에 가느라 왕래가 끊이지 않아 돌아가고 싶은 생각이 나게 하는데 달리 의지할 곳도 없다.

또 생각해 보니 젊은 날 과거에 합격해 상도(上都)36)에 갈 때 일찍이 이 길을 통해 갔는데 40년이 흘렀다. 비록 산천(山川)은 그대로나 얼굴은 늙고 머리는 희니 예전과 다르다. 지금 옛 추억을 생각하며 마음대로 시를 만들어 자신을 달래본다.

"발자취는 여러 해 동안 북쪽과 남쪽에 두루 미쳤고, 노쇠하고 닮은 넙적다리 살은 여행으로 피곤하네. 사람들은 105일째에37) 가족과 모였으나, 피곤한 나그네 유랑하기 63년이라. 물의 성질은38) 예전대로인데 사람은 저절로 늙고, 나무가 울창하기 이와 같으니 내가 어찌 감당하겠는가. 항아리에 남은 곡식이 없으니 마땅히 돌아가야 하지만, 좋은 밭을 기대하니 이야말로 탐심이로구나."

12. 정미일(2월 23일)

밥을 다 먹고 나니, 절의 승려가 십육나한상(十六羅漢像) 그림을 보여주었다. 내가 보니 작가의 취지가 높고 아득했다. 절대 일반 화가가 도달

---

35) 금 태종(太宗) 연호(1123~1135))(백도백과)
36) 금(金) 상경성 : 현 흑룡강성 하얼빈시 아성구 백성(白城)
37) 한식(寒食) : 동지에서 105일째 되는 날(4월 5일 또는 6일)이 한식이다.(네이버백과)
38) 오행(五行)에서 수(水)를 사람의 생년월일에 배정(配定)하여 일컫는 말

할 수 있는 경지가 아니었다. 뒤를 보니 남아 있는 발문(跋文)에 이르길, "희녕 2년(熙寧 二年, 1069년)39) 2월 내시부 고위 관료인 장준(張俊)이 십육나한 두루마리를 보내왔다." 그 옆에 있는 작은 쪽지에 이르길, "특별히 후여경(侯餘慶) 등을 불러 다시 제1품으로 정했다."고 되어 있다. 살펴보건대 옛 송(宋)나라의 물건인데 전쟁에 잃어버리지 않고, 여기에 남아 있어 다행이다.

13. 무신일(2월 24일)

호토호채(胡土虎寨)로 갔다. 호토호는 한어(漢語)로 혼하(渾河)이다. 물가의 절은 오래되고 이름이 없다. 전각과 요사채는 비록 웅장하고 아름답지는 않지만 소탈하고 마음에 든다. 그리하여 벽에 시를 남긴다.

"끊긴 다리 휘감아 도는 물이여, 스산한 절은 가로누운 언덕을 베고 누웠네. 벽에는 달팽이 같은 전서가 쓰여 있고, 승려 창문에는 참새 그물이 쳐져 있네. 하늘이 높으니 세월이 지난 지 오래이고, 땅은 윤택하니 봄에 거둘 것이 많았어라. 죽 한 그릇 먹고 여행을 재촉하지만, 달려가는 늙음을 어찌하리오."

14. 기유일(2월 25일)

약 40리를 걸어서 작은 절(蘭若)을 지났는데 건복(建福)이라 하였다. 임도총관(臨洮總管) 소변(蕭卞)의 조상이 창건한 것이다. 그 위에 탑이 있는데 두 봉우리 사이에 높게 솟은 웅대한 모양을 바라보니, 순수하고 뛰어난 것이 마음에 든다. 말 위에서 절구 한 수를 읊는다.

---

39) 北宋 神宗의 연호(元年:1068年~末年:1077年) (백도백과)

"처음에는 수풀 들판에 서 있는 야생 학인가 하였더니, 바위 꼭대기에서 별 안간 기쁘게도 탱주를 보았구나. 땅의 한쪽 편은 절경인데 평평한 길로 이어 졌고, 한가로이 나그네와 더불어 송별과 영접을 관장하고 있네."

이날 의주(懿州)40) 보엄사(寶嚴寺)에서 머물렀다. 의주영창군절도사(懿州寧昌軍節度使)는 옛 요서군(遼西郡) 유성(柳城) 지역이다. 요나라 성종(聖宗) 딸 연국장공주(燕國長公主) 초고(初古)가 설치하였다. 공주는 국구(國舅)인 소효혜(蕭孝惠)에게 보냈는데 시집을 가면서 따라온 호민으로 성시(城市)를 설치하였고 마침내 주(州)로 삼았다. 옛 이름은 광순군(廣順軍)이다.

15. 경술일(2월 26일)

숙소를 반조암(返照庵)으로 옮겼다. 이 암자는 뛰어난 승려인 개수(介殊)의 옛 거처이다. 나는 이전에 두 번 영창(寧昌)을 지났는데, 모두 여기에서 머물렀다. 그래서 북쪽 처마(北軒)에 나의 「자평주별가심형북도가숙보엄시(自平州別駕審刑北道假宿寶嚴詩)」가 있다. 북헌에는 잡화(雜花)가 난만한데 유감스럽게도 주승은 행각을 나가 돌아오지 않는다. 기다릴 수가 없어서 부득이 절구 셋을 남겼다. 다른 날 왔을 때 낯선 객이 되지 않도록 하기 위해서이다. 대정(大定)41) 갑오 모춘(暮春) 이십이일이다.

"변방 길 모래 날려 과로한 말이 파묻혀서 누렇구나, 안장 풀어 고승의 방에서 투숙하노라. 주인은 무슨 일로 돌아옴이 늦는지, 집안에는 낙화 가득하고 봄 풀 무성하구나."

---

40) 의주(懿州) : 요령성 부신시(阜新市) 부신몽고족자치현(阜新蒙古族自治縣) 탑영자향(塔營子乡) 고성터(古城址)(백도백과)
41) 金 世宗 完顏雍 年号 : 大定(1161年十月~1189年) 29年(백도백과)

"복숭아, 오얏은 산의 승려가 손수 심었는데, 쉽게 사람에게 열려고 하지 않네. 푸른 이끼 집에 가득하고 이중문으로 잠겼으니, 동풍이 낮은 곳에서 옴을 힐문하려 하누나."

"나무 꼭대기부터 나무 아래까지 꽃 활짝 피었고, 흔들어 대는 춘풍은 거의 쉴 새가 없네. 어떻게 오래 견디는 소나무와 대나무를 심었는지, 추운 겨울 상대한 눈이 끝내 푸르구나."

대정(大定) 정유년 나는 조정의 명을 받아 형옥의 억울함을 살피러 두 번 요동에 갔다. 다시 이곳에 머물렀다. 이때 처음으로 공평과 과오가 다름을 알게 되었다. 따르는 자들은 날마다 임하는데 분수와 다르게 한다. 간곡히 간구하는 말을 하니 이에 앞의 운(韻)을 사용하다. 이해 사월 십이일이다.

"살구나무 푸르고 푸르러 조금도 누르지 않았고, 녹음은 염색한 듯하여 선방으로 삼을 만하구나. 배 두드리고 숨쉬기 편안하여 평생이 풍족하니, 산문의 흥미가 유장함을 다시 깨닫노라."

"승려 득도의 기미는 원래 저절로 성숙하니, 능엄경으로 티끌 가림을 반드시 열 필요가 없어라. 향로를 껴안고 진리를 들으니 담론은 더할 나위 없고, 하늘 비에 꽃을 따라 티끌이 꽁무니로 오는구나."

"대자리에 누우니 맑고 화창하여 소일함이 길고, 마루 창이 쾌청하여 기쁜 바람이 머무는구나. 수도자는 섬돌 앞 땅을 쓸지 않으니, 이끼가 온 길에 푸름을 사랑하고 아낌이어라."

명창(明昌)42) 개원 삼월 나는 다시 지방을 살펴보는 사신으로 이곳을 지나게 되었다. 갑오년부터 지금까지 무릇 17년이 되었다. 비록 집은 그대로이나 주승은 죽은 지 오래이다. 북헌의 꽃과 나무는 거두지 않아서 거의 없어져 존망을 생각하니 사람의 기운을 막는다. 다시 앞의 운(韻)을 사용한다. 이것은 유몽(劉夢)이 현도관(玄都觀)을 지나면서 남긴 세 수의 시와 함께 그 암울한 정황이 비슷하다.

　"들보 위 남은 경전 오래되어 단단하고 누르니, 앞서간 승려는 후세 승려 방에 영원하네. 칡이 호반에 널리 깔린 중추절에, 이 밤 서로 만나 이야기 더욱 길어지는구나."

　"농익은 오얏과 요염한 복숭아를 집안 가득 심었는데, 당도한 그해 유숙하였더니 바로 꽃이 피었구나. 이제는 나무도 늙고 승려는 하늘로 떠났으니, 지난번 유랑(劉郞)이 또 홀로 왔구나."

　"이슬에 번개 치니 떠도는 생령이 어찌 기댈 수 있을 것이며, 바람 앞에 등불 같은 짧은 그림자는 마치 정지한 듯하구나. 옛날 경영하던 곳을 찾아가니, 온 땅 버들잎은 이미 푸르렀구나."

16. 신해일(2월 27일)

　상수(上首) 스님 성윤(性潤)이 나를 초대해 동쪽 마루에서 차를 마셨는데, 벽에는 장담(張譚) 왕악(王樂)이 1145년 쓴 「유산시비(遊山詩碑)」가 있다. 그중에 「유망천문산신시(遊輞川問山神詩)」가 있다.

---

42) 明昌(元年:1190年~末年:1196年) : 金 章宗의 年号(백도백과)

"옛 벼랑길과 소나무 계곡은 바위를 구비 돌아가고, 어지러운 산을 따라 걸으니 푸른 병풍이 열리네. 마힐(摩詰)43)의 은둔처를 알 수 없으니, 다시 어떤 자가 일찍이 와서 이르렀던고?"

산신을 대신하여 시에 답하였으되,
"좋은 산 좋은 물을 누가 감상하였는가, 옛길과 잡목림은 울창하여 열리지 않네. 한 번 승려에게 보시하여 절로 삼은 뒤부터, 지금 우승(右丞)이 왔음을 다시 보는구나."

살펴보건대 공(公)이 스스로 서문에서 말하되, "근자에 대궐에 있을 때 마힐(摩詰)이 그린 망천도(輞川圖)를 보았다. 산수가 그윽하고 깊은 것이 사랑스러운데 인간 세상에서 가질 수 있는 것이 아니다. 당시에 조금 더하고 장식한 것으로 의심되나 당시 명을 받고 장안에서 와서 한가한 때에 도운(都運) 유언겸(劉彦謙), 총판(總判) 이원량(李願良)과 함께 이 내에서 놀다가 장차 남전(藍田)으로 가서 옥산을 바라보고자 하였다. 기상이 청절하고 냇가 입구에서 녹원사(鹿苑寺)에 이르기까지 좌우의 봉우리가 중복으로 연하여 있고, 돌샘은 맑고 깨끗하다. 꽃과 풀들은 어지러이 비단과 같아서 사람의 눈을 빼앗는다. 하늘에 뜬 푸른 기운과 상하가 혼연한 것이, 푸른 병 안에서 있는 것과 같이 완연한데, 비록 땅을 돌아보아 다시 살릴 것인가. 만에 하나도 불가하다. 바야흐로 이전에 본 그림의 원래 모습을 알 수 있다면 당시의 모습을 간략하나마 풍자할 수 있을 터인데." 이때 공은 행대상서우승(行台尙書右丞)이고 왕마힐(王摩詰) 또한 당나라의 우승(右丞)이다. 고로 미구를 이렇게 한 것이다.

---

43) 마힐(摩詰) : 당나라 시인 왕유(王維)의 字, 음악과 그림에도 뛰어났다. 상서우승(尙書右丞)을 지내고 만년에 종남산(終南山)에 망천장(輞川莊)을 짓고 산수미에 탐닉했다.(네이버사전)

또 「녹원사시(鹿苑寺詩)」에 이르되, "앞의 깃발은 망수(輞水) 시내에 걸려 있고, 한바탕 비가 쪽빛 관문에서 개이네." 내가 좌객에게 희롱하여 말하되, "앞 깃발의 설교함이 크니, 소나무 아래 행차를 알리는 소리 같도다." 그다음에 이르되, "노한 파도는 평온하여 돌을 속이는 것 같고, 맑은 구름은 마치 산을 연모하는 것 같도다." 내가 말하기를 이를 믿을 뿐으로 높이 앉으면 거꾸러져 떨어진다. 그러나 고관(高冠)의 유람을 보건대 옛 시 가운데 "사람이 한가하기가 이런 경치가 없으니, 나무 아래서 이전 생애를 깨우친다."라는 싯구가 있다.

마음이 고요하고 의욕이 없음이 뒤섞여 이룬 뜻과 취지는 높고 아득하다. 가령 진(晉)과 당(唐)나라 연간에 태어났다면, 반드시 도팽택(陶彭澤)44)의 집에 올라서 위소주(韋蘇州)45)의 방에 들어가는 것이 마땅하다. 모두 공의 가슴에 스스로 자연을 벗 삼아 몸을 고상하게 가질 뜻이 있었기에, 말하는 것과 글에서 절대 속된 언어가 없었다. 공이 신선이 되어 떠난 지 이제 삼십 년이 되었는데 이와 같은 인물을 일찍이 볼 수 없었다. 사물에는 발자취가 있어도 쉽게 아는 것이 아니니 슬프도다.

17. 임자일(2월 28일)

밥을 먹고 경각(經閣)에서 스님을 만났다. 자리에 앉은 노승(老僧) 오공(悟公)이 법서(法書) 수 권을 보여주었다. 모두 오래된 명문으로 「의명(衣銘)」에 이르기를, "힘들여 누에 쳐서 길쌈을 해도 새 비단을 얻기 어려우니 새 옷만 좋아하고 헌 옷이라고 싫어하지 말지라." 안석(案席)의 명문에 이르기를, "편안할 때 위험을 잊지 말아야 한다. 보존할 때 멸망함을 잊지

---

44) 도팽택(陶彭澤) : 동진(東晉) 때의 전원시인 도잠(陶潛), 字는 연명(淵明). 그가 귀거래(歸去來)를 단행하기 직전 팽택(彭澤)현의 현령(縣令)을 지냈기에 도팽택으로도 불린다.(네이버백과)
45) 위응물(韋應物) : 당나라 관리, 소주자사(蘇州刺史)가 되어 세칭 '위소주(韋蘇州)'로 불린다. 나중에 사직하고 소주 영정사(永定寺)에 머물면서 재계(齋戒)하고 인사(人事)를 멀리했다.(네이버백과)

말아야 한다. 이 두 가지를 생각하면 뒤에 반드시 재앙이 없을 것이다."
지팡이의 명문에 이르기를, "사람을 도움에 탐함이 없고, 사람을 부축함에 꾸밈이 없다. 몸이 피곤할 때 지팡이로 부축을 하니, 나라가 위태로울 때는 현명한 사람으로 하여금 대책을 세우도록 한다." 잔의 명문에 이르기를, "즐거움이 극에 이르면 곧 슬픔이다. 술에 절어서 헤어나지 못하면 나쁜 것에 이르게 되고 사직이 위태롭게 된다." 거울의 명문에 이르기를, "명문으로 자기를 비춰보는 사람은 형용을 보게 되고, 다른 사람으로 자신을 비춰보는 사람은 길흉을 보게 된다." 빗의 명문에 이르기를, "사람의 머리카락은 정성스럽게 다스림을 생각한다. 몸이여 마음이여, 어찌 이같이 않겠는가." 베개의 명문에 이르기를, "편안함이 있으며 위태로움이 있다. 생각을 사특하게 하지 말라."

이 일곱 개의 명문은 모두 사람의 옷과 음식과 도구에 관한 것이다. 아침저녁으로 빠뜨릴 수 없는 것이다. 그 근원을 찾는다면 모두 탕(湯)의 대야 명문46)에서 나왔다. 사행길에서 누워서 보니 쓸쓸하지만 감히 일을 해태(懈怠)하지 못하고 작게 보충하고 함께 기록하여 장차 스스로의 경구로 삼는다.

18. 계축일(2월 29일)

밥을 먹고, 누각에 올랐다. 위에 기도하는 불단(佛壇)이 있다. 네 벽에 28수(二十八宿 : 별자리)가 그려져 있다. 모두 요나라 대조(待詔)47) 전승제(田承制)가 그렸다. 전승제는 당시 최고로 유명했다. 솜씨가 최근의 화

---

46) 탕지반명(湯之盤銘) : 중국(中國) 은(殷)나라 탕왕(湯王)이 쓰던 대야에 새긴 명(銘). 『大學』에 실려 있다. "苟日新 日日新 又日新"(진실로 날마다 새로워진다는 것은 나날이 날마다 새로워지고 또 날마다 새로워지는 것이다.)(네이버백과)
47) 한림원에서 문서를 관장하던 五品, 四品 관리(백도백과)

공(畫工)이 따를 수 있는 경지가 아니다. 내가 보니 불단 벽의 구요(九曜)48)의 화상이 온전치 못하고 없어졌기에 전대를 뒤져서 일만 냥을 절의 승려 부공(溥公)에게 주어서 이것을 보완해 달라고 부탁했다. 거닐다가 부공(溥公)을 돌아보며 물어보기를, "이 절 이름은 보엄(寶嚴)인데, 사람들이 약사원(藥師院)이라 부르는 이유가 무엇입니까?"

부공(溥公)이 말하길, "예전부터 승려들이 대대로 전하기를, 이곳이 요나라 약사공주(藥師公主)의 옛 거처라고 합니다. 그 후 집을 시주해 절이 되면서 사람들이 여전히 공주의 이름으로 부르고 있습니다. 지금 불당은 옛날 제사를 지냈던 곳입니다. 경각(經閣)은 옛날 소세루(梳洗樓)입니다." 그 일에 감동하여 시 한 수를 짓는다.

"부귀는 찰나의 경각이고, 흥망은 순식간이라. 예전에는 진국공주의 저택이었지만, 억겁도록 부처님 궁전이 되었네. 푸른 누각 단청 장식은 희미하고, 붉은 문 비단 수는 텅 비었구나. 불가의 사찰은 천고에 높은 바람과 함께 하누나."

19. 갑인일(2월 30일)

승려 부공(溥公)이 고인이 된 왕평중(王平仲)의 문집인 『화몽구시말(和蒙求始末)』49)을 보여주었다. 모두 옛 운문(韻文)을 사용해 속사류(屬事類)에 대해서는 전서(前書)를 능가할 정도이다. 그 아우를 내세워 내게 서문을 부탁하였다. 장차 목판에 새겨서 세상에 펴내려 하였는데, 내가 사양하기가 불가능하고 또한 겨를이 없어 장차 다른 날을 기다린다. 평중(平

---

48) 구요(九曜) : 북두칠성(金·木·水·火·土·太陽·太陰)과 보좌하는 두 별(計都, 羅睺)(백도백과)
49) 몽구(蒙求) : 중국(中國) 당(唐)나라 이한(李瀚)이 어린아이들의 학습(學習)에 편리(便利)하도록 경사(經史) 속에서 고인(古人)의 사적을 뽑아 엮은 책(冊). 모두 3권(네이버사전)

仲)은 재주와 학문을 충분히 갖췄으나 세상에서 쓰이지 못하고, 풀과 나무와 함께 사라졌으니 아쉽다.

20. 을묘일(3월 1일)

『은자장경(銀字藏經)』을 보았다. 맨 앞머리에, "고려 왕 왕요(王堯)50)는 마음을 다해 만들었다. 대진 개운 3년(大晉 開運 三年, 946년) 병오(丙午) 2월일"이라고 적혀 있다. 또 『대반야바라밀다경(大般若波羅密多經)』 일부(一部) 권 앞머리에, "보살계를 받은 제자 고려왕 왕소(王昭)51)는 아국(我國) 광덕 4년(光德 四年, 953년) 임자(壬子) 가을에 이 경서(經書) 일부를 엮어냈습니다. 소(昭)는 사리에 맞지 않게 어린 나이로 종사를 이었으나 국가 대사가 번잡하고 안위가 걸려 있으니 매양 마음을 천불에 기울여 부지런히 궁구합니다. 기원에 감응하여 반드시 일이 통하지 않는 것이 없게 하시니 이에 은덕을 갚고자 곧 이 기원을 삼가 씁니다."라고 하였다.

나는 선화 6년(宣和 六年, 1124년)에 서긍(徐兢)이 편찬한 『고려도경(高麗圖經)』52)을 읽었는데, 책머리에 고려왕 왕씨(王氏) 종계(宗系)를 기술하였으되, "왕씨의 조상은 대체로 고려 큰 집안으로, 당시 고씨(高氏) 정치가 약해지자 나라 사람들이 현명한 왕건(王建)을 군장(軍長)으로 세웠다. 그 후 장흥53) 3년(長興 三年, 932년)에 이르러 명종(明宗)에게 부탁해 고려국왕으로 봉하게 했다. 석진 개운 2년(石晉 開運 二年, 945년) 건(建)이 죽

---

50) 왕요(王堯) : 고려(高麗) 3대 국왕 정종(定宗 : 재위 945년 10월~949년 4월), 왕건(王建)의 3男이자, 고려 4대 광종(光宗) 왕소(王昭)에게는 동복(同腹) 작은 兄이다.(네이버백과)
51) 왕소(王昭) : 고려(高麗) 4대왕. 광종(光宗) 왕소(王昭 : 925~975). 이복형인 고려 2대왕 혜종(왕무王武)이 2년, 친형인 3대 정종이 즉위 4년 만에 죽자 왕위에 올랐다. 광덕(光德)이라는 독자적인 연호를 사용하였다.(네이버백과)
52) 고려를 다녀간 송나라 서긍(徐兢 1091~1153)의 견문록. 원명은 『선화봉사고려도경』(宣和奉使高麗圖經)(네이버백과), 본문의 서경(徐兢)은 서긍(徐兢)의 오기이므로 서긍으로 바로잡아 번역하였다.
53) 長興(930年 二月~933年) : 后唐 明宗 李嗣源 年号(백도백과)

고, 아들 무(武)가 즉위했다.54) 건우(乾佑)55) 말기에 무가 죽고, 아들 소(昭)가 즉위했다. 소부터 11대가 전해져 요(堯)에 이르렀지만 요의 계승은 언제인지 밝힐 수 없다. 그 부친인 운(運)은 조씨 송나라 신종 원풍 6년(神宗 元豊 六年, 1083년)에 즉위했지만 즉위한 지 4년만에 죽었다. 아들 요(堯)가 즉위했다. 즉 요가 즉위한 해는 송나라 철종 원우 2년(哲宗 元佑 二年, 1087년)이다.

지금 『은자경(銀字經)』에는 이렇게 적혀 있다. "대진 개운 3년 병오, 고려왕 왕요가 마음을 다해 만들었다." 내가 생각해 보니 요는 건의 13대 손이다. 즉 건이 개운 2년에 죽었는데 어찌 요가 경전을 개운 3년에 만들 수 있겠는가, 절대로 이치에 맞지 않다. 더구나 요의 부친의 이름이 운(運)인데 비록 고려가 중국의 책력을 사용하더라도 본국에서도 당연히 왕의 이름을 회피하고자 하였을 것이니 이것은 터무니없는 것이다. 소(昭)는 경서에서 적었다. "본국 광덕 4년 임자 가을, 이 경서를 엮었다."

『고려도경』에 실린 것에 의하면, 소(昭)의 아버지 무(武)는 건우(乾佑) 말에 죽었다. 『오대사(五代史)』에 따르면 유지원(劉知遠)56)이 즉위한 이듬해 연호를 건우(幹佑)57)로 고쳐서 마침내 3년에 그쳤다. 이미 말했듯이 무가 건우 말에 죽었다. 이것은 반드시 건우 3년(950년)이다. 소의 즉위를 계산하면 거란이 나라를 세우고 석진(石晉)을 멸망시킨 후로, 유지원 후한의 시기가 끝나 소는 이미 조공을 하지 않았다. 곽주(郭周)58) 광순 2년(廣順 二年, 952년), 소가 광평시랑 서봉(徐逢)을 보냈다. 현재 경서의 발

---

54) 왕무(王武)는 고려(高麗)의 제2대 왕 혜종(惠宗)의 이름이다. 재위 943년~945년(네이버백과)
55) 후한 유지원(劉知遠)의 연호(948~950)(백도백과)
56) 유지원(劉知遠 : 895~948), 後漢 高祖(947년~948년 在位), 河東 태원인(太原人), 사타족(沙陀族) 五代十国 後漢開國皇帝, 948年 칭제하면서 연호를 乾祐 元年으로 하였다.(백도백과)
57) 乾祐의 오기이다.(역사주)
58) 오대십국 시기 후주(後周) : 951~960. 곽위(郭威)가 세웠기에 곽주라고 부른다.

문(跋文)에 "본국 광덕(光德) 4년"이라고 하였는데, 당시 고려는 중국에 칭신(稱臣)하지 아니하여 마땅히 본국 연호를 사용한 것이다. 그러나 광덕(光德) 연호는 다른 사서를 보고 다시 고찰하여야 그 진위를 알 수 있을 것이다.59)

21. 병진일(3월 초 2일)

보엄사(寶嚴寺) 최고 승려 부공(溥公)이 먹물로 그린 대나무 그림 네 폭(幅)을 꺼내 보이며, 시(詩) 짓기를 청했다. 나는 어지럽고 복잡한 공무 중이었기 때문에 대강대강 지어 말했다.

「弄晴(농청)」이다.

"가로 뻗은 가지가 빽빽한 숲에서 나오니, 홀로 되돌아오는 빛을 받는구나. 신중을 기하여 긴 장대를 만들지 말지라, 추위로 고기가 낚시를 물지 않을 것이니."

다음은 「세우(洗雨)」이다.

"불법의 비가 구름 끝을 적시니, 점점이 감로가 되어 떨어지네. 혀가 본디 절로 청량하니, 서강의 물을 반드시 마실 필요가 없네."

다음은 「피풍(披風)」이다.

"바람이 지나가니 바로 안정되고 한가하더니, 바람이 불어오니 바로 물결이

---

59) 서긍이 고려에 머문 기간이 짧고, 고려 왕실의 계보를 고려측 자료를 구하여 기록하지 않고 중국의 자료에 근거하여 기록하면서 다수 오류가 있다. 즉, 결정적으로 3대 정종(王堯)을 빠뜨리고, 「오대사」의 기록을 근거로 2대 혜종(王武)의 아우로서 4대인 광종(王昭)을 혜종의 아들인 3대로 기록, 경종(王伷)의 사촌형제인 성종(王治)을 경종의 아우로, 성종의 종질인 목종(王誦)을 성종의 아우로, 목종의 당숙인 현종(王詢)을 목종의 아우로, 태조의 아버지 세조(王隆)를 현종의 아들로, 현종의 세 아들 덕종(王欽)·정종(王亨)·문종(王徽)을 현종의 손자로 기록하였다. 이에 따라 잘못된 「고려도경」의 기록을 근거로 왕적 또한 의문을 제기한 것이나 「은자경」상의 고려국왕 王昭 光德 四年의 기록은 정확한 것이다.(네이버백과, 역자주)

일어나네. 푸르고 푸르니 절로 만유의 실체로다. 마음을 더럽히는 진색(塵色)도 끝내 오염시키지 못하누나."

다음은 「고절(古節)」이다.
"존자(尊者)는 늙어도 마르지 않고, 우뚝 높은 정절이 솟아 나오네. 마음을 추구함에 이미 무심하게 되니, 팔뚝을 자르고도 오히려 눈 위에 서 있누나."60)

22. 정사일(3월 초 3일)

새벽 의주(懿州)를 출발하였다. 낮에 큰바람이 불고 먼지가 날리면서 하늘이 어두워져 아주 가까운 거리도 분간할 수 없었다. 역참 관리가 길을 잃어 동북(東北) 산 아래에 이르니, (물이) 넘쳐흐르고 물결이 세차서 도저히 건널 수 없었다. 이에 밭 갈던 사람에게 길을 물으니 뒤로 물러서며 나에게 말하기를, "나는 힘써 농사를 짓지 않으면 생활을 할 수 없는데, 관인(官人)은 평안하고 한가롭지 못함을 걱정한다." 이에 눈여겨보고는 웃고 가버렸다. 나는 그 말에 부끄러워하며 시를 지어 스스로 자책하며 말하기를,

"맞바람이 얼굴에 불어 아침부터 저녁까지 이어지고, 세차게 나는 티끌은 연기와 안개같이 자욱하구나. 앞선 말은 아득하여 동서를 분별하지 못하고, 시내를 마주하여 말을 멈추었으나 건널 수 없네. 돌아가 산속의 나루를 묻는데, 산 아래 촌늙은이가 밭을 갈고 있구나. 채찍을 들어 소리쳐 불러도 대답도 않고, 고개를 숙여 허리 구부린 채 검은 소를 몰아 밭을 간다. 가련한

---

60) 「입설단비(立雪斷臂)」: 2조(二祖) 혜가는 눈 속에서 자기 팔뚝을 잘라 바치며 달마에게 배움을 구했다.(백도백과)

촌늙은이 머리카락 더부룩한데, 거북등 손에 쟁기 잡고 두 다리는 벌거벗었구나. 살기 위해서는 모름지기 근면해야 한다고는 하지만, 모두 오늘 아침의 극악한 바람은 피하는구나. 아서라 촌늙은이 웃으며 머리 돌리는데, 내 스스로 집이 빈곤하여 가을을 기다리는구나. 관리의 부귀한 세월은 이와 같은데, 어찌 몸을 거두어 작은 휴식을 찾지 않는가, 나는 애당초 애오라지 자학할 뜻이 없었는데, 어찌 이 노인네에게 도리어 문책을 당하는가. 관리에게 성내지 말고 나를 비웃으라, 스스로 헤아리기에 나야말로 비웃음을 감내할 만 하노니."

이날 저녁은, 영산현(靈山縣)61)에 있는 사찰(佛寺)에서 묵었다.

23. 무오일(3월 초 4일) 아침

경운현(慶雲縣)62)에서 말안장을 풀었다. 이 현은 본래 요나라(遼)의 매주(祩州)63)이며, 황통(皇統)64) 연간에 지금의 이름으로 다시 고쳤다. 나는 옷을 벗고 두 다리를 뻗고 앉았다. 종자(從者)가 부들자리를 주면서 아뢰기를, "마침 생선 두 마리를 얻었는데, 신선해 맛있을 것 같습니다." 일어나 보니 곧 숨이 끊어질 듯했다. 그래서 바로 대야에 물을 더 부으라고 말했다. 잠깐 동안에 등지느러미를 세우고 옆지느러미를 두드리는 것이 자못 살아날 듯하다. 나는 탄식하며 말하기를, "너는 바탕이 젖어야 되

---

61) 영산현(靈山縣) : 의주(懿州)에 속함. 현 요령성 부신몽고족자치현 북경(阜新蒙古族自治縣北境)으로 추정(詞典網)
62) 경운현(慶雲縣) : 본래 발해 몽주(蒙州)지역, 기주(祺州)에 속한다.(『요사지리지』), 古城이 요령성 강평현(康平縣) 학관향(郝官乡) 소탑자촌(小塔子村)(백도백과)
63) 매주(祩州) : 『요사지리지』에 경운현(慶雲縣)이 기주(祺州)에 속한 것으로 되어 있고, 『金史地理志』에도 '慶雲遼祺州祐聖軍'이라 하여 기주(祺州)로 표기하고 있는바 기주(祺州)의 오기로 보인다.(역자주)
64) 금나라(金) 희종(熙宗) 때의 연호(1141~1148)

고, 물거품을 서로 내뿜고 습해야 모름지기 생명을 이을 수 있다. 어찌하여 강과 호수를 잊었단 말인가?" 이에 긴 수염 물고기를 흐르는 요하 가운데 놓아주어서 쇠약한 것이 힘차게 헤엄치게 하도록 명하였다. 그러나 물고기 기르는 것을 담당하는 관리에게 속지 않으면 다행이다.65) 작은 시를 지어 그것을 기원하며 말하길,

"나는 애처롭게도 물에 젖어 숨 쉬는 것을 새벽에 그칠 것을 두려워하여, 성의 동쪽으로 보내어 급류에 놓아주었네. 이제 가서 다시 허기지거든 모름지기 입을 닫을지니, 향기로운 먹이를 탐하여 낚싯바늘에 걸리지 말거라."

24. 기미일(3월 초 5일) 저녁

영안현(榮安縣)66)에 도착했다. 옛날 요나라 영주(榮州)이다. 쓸쓸한 절 승방(僧舍)의 침상을 빌렸다. 벽 사이에 「시식방생기(施食放生記)」가 있는데, 묵납석(墨蠟石)으로 꾸몄고 성축(成軸)67)했다. 그 글은 세 번 반복됐고, 그 문장은 이치와 현묘함을 갖추고 있었다. 대개 손님과 주인을 가정하여 문답을 하였다. 한 스님이 불탄일에 음식을 베풀고 방생(放生)을 하고 있을 때 한 거사가 스님에게 말하기를, "음식을 모아다가 베푸는 것은 참으로 낭신이 인색힘이며, 살아있는 것을 가져와서 놓아주는 것은 참으로 당신이 죽이는 것이다. 저 아귀 등은 몹시 탐학하고 인색하므로 저 축생 등을 죽이는 것이다. 저들을 이롭게 하는 것이 아니라 저들을 오

---

65) 『孟子·万章上』: "昔者有饋生魚于鄭子産, 子産使校人畜之池 校人烹之" 정자산은 춘추시기 정나라 목공의 손자, 이름은 공손교. 생선을 정자산에게 먹으라고 주었는데, 자산은 교인을 시켜 연못에 기르도록 하였으나, 교인이 이를 삶아 먹었다.(백도백과)

66) 영안현(榮安縣): 옛 영안현은 금나라가 설치하고 원나라가 폐하였다. 이 요하의 남쪽에 있다.(『康熙鐵嶺縣志』, 淸, 董國祥 등 纂修)(백도백과). 榮安縣은 함평부 속현으로 요하가 동쪽에 있다. 치소는 현 요렁싱 깅펑현(康平县) 둥뷔 제가타자(齐家坨子) 부근이다.(『金史地理志』)(國學大師)

67) 성축(成軸): 책으로 완성하다.(백도백과)

히려 무너뜨리는 것이 아닌가?" 스님이 곧바로 대답하되, "실제 먹지 않는 것을 조금 나누어주어서 여러 끼를 못 먹지 않게 하는 것이다. 모든 아귀는 못 먹는 것이 없다. 실제 살 수 없는 것을 오늘 놓아주어서 생을 마침이 없도록 하는 것이다. 모든 축생은 능히 살지 못함이 없소." 이것이 그 대략이고 나머지는 기록하지 않았다.

그 뒤에 말하기를, "지화(至和)68) 2년(1055년) 4월 8일 가화(嘉禾) 진순유(陳舜俞)가 기록하고, 희녕(熙寧)69) 7년(1074년) 5월 7일 미산(眉山) 소식(蘇軾)이 쓰다."고 하였다. 내가 『송사(宋史)』를 고찰해 보니 지화(至和) 2년은 인종(仁宗)의 을미(乙未)년이다. 희녕 7년은 신종(神宗) 갑인(甲寅)년이다. 또 세 소씨의 문집(文集)을 살펴보면, 희녕 4년 겨울은 소동파(蘇東坡)가 여항(餘杭)70)의 통수(通守)로 있을 때이고, 7년 가을 고밀(高密)71) 태수로 옮겨갔다. 9월 20일 「천축관음(天竺觀音)」을 짓고 항주를 떠나서 고밀로 갔다. 이제 이곳의 "희녕 7년 5월 7일 소모(蘇某)가 썼다."라고 한 것은 아직 항주(杭州)에 있을 때이다. 소동파는 충후하고 함부로 하지 않았다. 구양영숙(歐陽永叔)이 「한위공덕위당기(韓魏公德威堂記)」를 짓고, 범중엄(范仲淹)이 「적량공신도비(狄梁公神道碑)」를 짓는 것을 허가하고 공이 손수 글씨를 썼다. 스스로 문장이 뛰어나지 않거나 큰 과실이 있다고 거론되는 자는 한 자도 쓰기가 쉽지 않았다. 이제 진공(陳公)이 쓴 「시식방생(施食放生)」은 동파공이 특별히 쓴 것임을 알 수 있다. 공은 황주(黃州)에 있을 때 돈을 모아서 등용되지 못한 자들을 구제하였다. 담이(儋耳)71)군에 있을 때는 임강(臨江)에서 거의 죽게 된 고기를

---

68) 至和 : (1054年三月~1056年九月) 宋 仁宗 赵祯 年号(백도백과)
69) 熙寧 : 北宋 神宗 赵顼 年号(元年:1068年~末年:1077年)(백도백과)
70) 여항(餘杭) : 현 浙江省 杭州市(백도백과)
71) 고밀(高密) : 현 山東省 潍坊市(백도백과)
72) 담이(儋耳)군 : 현 해남도(海南島) 담현(儋縣)

놓아주었는데 진공(陳公)의 기록을 보고 마음에 닿는 것이 있기에 이를 쓴 것이다. 글자가 단아하여 크고 작은 것이 자못 『침중경(枕中經)』과 서로 유사하니 참으로 길이 전할 묵보(墨寶)라 할 것이다.

25. 경신일(3월 초 6일) 저녁

군민전(軍民田)에 대한 송사(訟事)가 끝나지 아니하여 다시 머물렀다. 점심을 먹고, 눈에 보이는 대로 고서(古書)를 아무거나 잡아 꺼냈는데, 『한문공집(韓文公集)』이었다. 책을 펼치니 시가 있는데 이르기를, "한가하게 거처하려니 식량이 부족하고, 직사에 종사하려니 임무를 감당하기 어렵네. 두 가지 모두 본성을 해치니, 일생 동안 항상 마음을 고통스럽게 하네." 그 말을 세 번 되풀이 하고 쉬기 위해서 책을 덮었다. 한공이 배불리 지내고 궁할 때 통하기 위함이 아니며 일찍이 어려움에 대비하여 단정하는 것이 불능하여 이것을 지었다.

나는 정축(丁丑)년에 벼슬을 시작하여 무릇 40년간 녹봉을 받았다. 받는 녹봉은 넉넉하였지만 받으면 손을 따라 흩어지니 집안은 가난하여 여러 차례 살 방도를 찾아보았다. 땀 흘려 녹봉만 훔쳤으니 이룬 것 없이 세월만 보내고 늙어 버린 죄를 면하지 못한다.73) 용퇴할 것을 꾀하여도 곧 배고파 울고 추위에 떨 걱정에 진퇴를 결정하지 못하고 근심으로 조용하게 스스로를 해친다. 이에 쉰여섯 자를 짓는다.

"온 집안 백 사람이 먹을 것 때문에 원망하며 떠드는데, 먹지 아니하고 누가 능히 표주박을 걸어 놓을 수 있겠는가. 과잉으로 약탈한 대부의 탕국은 흰 눈처럼 기름진데, 친구가 된 궁핍한 귀신에게는 아교를 던져 주는구나. 봄누

---

73) 종명루진(鐘鳴漏盡) : 야밤의 종소리와 물시계의 물이 이미 다함. 곧 쉼야를 가리킴. 이룬 것 없이 연로하고 힘이 쇠하여 늘그막에 이름을 가리킴.(백도백과)

에는 이미 늙어서 고치를 이루지 못하고, 사직의 제비는 돌아가려 하여 둥지를 그리워하네. 좋은 밭을 기대하지 말고 모름지기 떠날지니, 북산의 우공도 산을 옮긴다고 조롱을 받았지."

26. 신유일(3월 초 7일)

귀인현(歸仁縣)74)에 가서 성(城) 남쪽 도원(道院)에 머물렀다. 귀인(歸仁)은 요나라 때 안주(安州)였으며, 본 왕조에서 현(縣)으로 강등했다. 날이 저물자, 막냇동생 원미(元微)의 편지와 「미앙궁화두와연시(未央宮花頭瓦硯詩)」를 받았다.

27. 임술일(3월 초 8일)

나의 친구 고무기(高無忌)를 추념하였다. 천덕 신미(天德 辛未, 1151년)에 일찍이 귀인(歸仁)에서 벼슬살이를 했다. 나는 그때 회령(會寧)75)에서 시험을 보기 위해 이곳을 지났다. 고공(高公)은 객사에 나를 묵게 하고 잘 대해 주었는데 이제 40년이 되었다. 공은 대정 병오(大定 丙午, 1186년) 상서우사랑중(尙書右司郞中)이 되어, 금원(金源)76)으로 옮겨갔다. 이 해, 공의 부인과 아들 모두 이어서 죽고, 죽은 남녀 종 역시 여러 명 되었다. 공 자신은 얼굴에 생기가 없었고, 그 한 달 사이 하루 저녁 갑자기 세상을 떠났다. 공의 평생은 내가 가장 잘 안다. 그래서 나의 슬픈 상처가 이루 말할 수 없다. 이에 시를 지어 그 불행을 불쌍히 여겨 말한다.

---

74) 귀인현(歸仁縣) : 요나라 때 강사현(强師縣)을 고쳐서 설치, 통주(通州)에 소속. 治所 현 요령성 창도현(昌圖縣) 북쪽 사면성(四面城). 金나라 때는 함평부(咸平府)에 소속(백도백과)
75) 회령(會寧) : 금나라 수도인 상경회령부(上京會寧府), 현 흑룡강성(黑龍江省) 하얼빈시 아성(阿城)(백도백과)
76) 금(金) 상경

"저녁볕에 뽕나무 느릅나무가 바야흐로 드러나고77), 가을 서리에 갯버들이 이미 먼저 시들었네. 우희(虞姬)78)여 운명이로다 달콤한 사랑은 흙으로 돌아가고, 백어(伯魚)79)는 천명이로다. 끝내 후예가 되지 못하였네. 온 가문에 기이한 참화는 일찍이 보지 못하였는데, 만 리에 떠도는 영혼을 만약 부를 수 있다면. 상심하여 이 지역 난새가 가시나무에 서식하고, 돌개바람이 높은 하늘에 오름을 보지 못하였는가."

28. 계해일(3월 초 9일)

유하현(柳河縣)80)으로 갔다. 옛날 한주(韓州)이다. 이전에 해(奚)의 영주(營州)81)로 주(州)를 옮겼다가 이후 현(縣)으로 고쳤다. 또 그 성이 유하(柳河) 가까이에 있어 그것을 이름으로 삼았다. 내가 승방에서 머물렀는데, 방문(榜文)82)을 보니 '징심암(澄心庵)'이라 쓰여 있었다. 나는 금강(金剛)83)과 공안(公案)84)을 널리 생각했다. 짧은 송(訟)을 지어 주지승에게 물었으되, "마음이 움직이면 온갖 인연이 버들개지같이 날아 나고, 마음

---

77) 『淮南子·天文訓』: "日西垂, 景在樹端, 謂之桑楡", 晩年의 시기를 가리킴.(백도백과)
78) 우희(虞姬) : 초나라 패왕 항우(項羽)의 부인.
　　항우의 해하가(垓下歌) : "역발산혜기개세(力拔山兮氣蓋世), 시불리혜추불서(時不利兮騅不逝) 추불서혜가나하(騅不逝兮可奈何) 우혜우혜나약하(虞兮虞兮奈若何), 우희야, 우희야, 이를 어찌한단 말이냐?"
　　왕적의 위 시에서는 친구 고무기의 사랑하는 부인과 아들이 그보다 먼저 죽은 것을 애통해한 것으로 보인다.
79) 백어(伯魚) : 공자의 아들, 이름 리(鯉), 字는 백어(伯魚), 나이 오십에 아버지 공자보다 먼저 죽었다.(네이버백과)
80) 유하현(柳河縣) : 요령성 창도현(昌圖縣) 북쪽 팔면성진(八面城鎭) 동남 2리 고성터(古城址)(백도백과)
81) 영주(營州) : 北魏(444) 때 영주(營州)를 설치, 隋나라 때는 유성군(柳城郡)으로 개명. 현 요령성 조양시(朝陽市)(백도백과)
82) 사람이 많이 모이는 곳에 써 붙이는 글
83) 대일여래(大日如來)의 지덕(智德)이 견고(堅固)하여 일체(一切)의 번뇌(煩惱)를 깨뜨릴 수 있음을 표현(表現)한 말(네이버백과)
84) 선종(禪宗)에서 도를 터득(攄得)하게 하기 위(爲)하여 생각하게 하는 문제(問題)(네이버백과)

이 평안하면 한 가지 생각이 얼음과 같은데. 과거와 미래 현재 중에서 장차 어느 것에 기대서 마음을 맑게 할 것인가?" 승려는 비록 이전에 불경을 강론하였지만 그러한 도리는 알지 못하였는지 이 물음에 망연하여 끝내 대답하지 못하였다.

29. 갑자일(3월 초 10일)
묘향(妙香)을 제단 위 불상에 바쳤다.

30. 을축일(3월 11일)
한주(韓州)로 가서 대명사(大明寺)에 머물렀다. 한주(韓州)는 요나라 성종(聖宗) 당시 삼하(三河)와 유하(楡河) 두 주(州)를 합쳐 한주로 하였다. 삼하(三河)는 본래 연(燕)나라의 삼하현(三河縣)인데 요나라에서 그 주민을 약탈하여 이곳에 옮기고 주(州)를 설치하여 옛 이름은 그대로 하였다가 고쳤다. 요수(遼水) 옆에 있어서 항상 모래바람이 심하기에 백탑채(白塔寨)85)로 옮겼다. 이후 요수가 범람하면서 유하현(柳河縣)으로 옮겼다. 또 주를 진흙의 침해가 없도록 옛 구백해영(九百奚營)으로 옮겼으니 곧 지금의 치소(治所)이다. 이날 길 옆에서 흔히 계아화(雞兒花)라 불리는 것을 보았다. 나는 말을 세워 오랫동안 그것을 보았다. 내 고향 벌판 사이에는 이 꽃이 헤아릴 수 없었다. 그렇지만 미처 돌아보지 못해 지금은 그 모습을 본 지 오래되었다. 이제 추운 타향에서 갑자기 이들 꽃을 보니 흔연히 물러날 마음을 가지게 된다. 이른바, "담장의 전갈을 보니 기쁘다."86)란 싯귀가 바로 이와 같은 뜻이 아니겠는가? 그 꽃 모양과 색깔은 닭과 전

---

85) 백탑채(白塔寨) : 현 길림성(吉林省) 쌍료시(双遼市) 남쪽 쌍성자(双城子). 一说은 현 요령성 창도현(昌圖縣) 서북 홍강구향(三江口乡) 소탑자촌(小塔子村)(백도백과)
86) 唐 한유(韓愈) 「송문창사북유(送文暢師北游)」诗 "昨來得京官,照壁喜見蝎"(백도백과)

혀 같지 않은데, 어떻게 그 이름을 얻었는지 알 수 없다. 시를 짓는다.

"꽃이 닭이란 이름을 가졌는데, 형태는 다르나 뜻이 도리어 같도다. 꽃봉오리 쌓은 것이 구슬과 알을 펴놓은 듯하고, 꽃술을 머금은 것이 가을 벌레를 쪼는 듯하네. 달이 깃든 밤에 그림자는 누웠고, 머리를 늘어놓아 새벽 바람에 춤추는구나. 다만 요절하지 않게 하여, 즐겨 흰 머리 늙은이가 되리니."

31. 병인일(3월 12일)

늙은 병사가 요양(遼陽)으로부터 와서 아들 흠재(欽哉)의[87] 안부와 소식을 알게 되었다. 또한 갈차중(葛次仲)의[88] 시구집(詩句集)을 덧붙여 보냈다. 아경(亞卿)은 평소 시구(詩句) 짓기를 좋아했고, 또한 문장의 유희(遊戲)와 삼미(三美)를[89] 깨달은 사람이다. 사실을 꿰뚫는 것에 이르렀고 음률이 매우 잘 맞아 완전히 사랑스럽다. 본인 스스로는 재주와 학문 모두 넉넉하지 못하다고 하였는데 어떻게 스스로 능히 일가(一家)를 이룬 것이 이와 같을까. 그 「즉사(卽事)」에는

"세상살이와 산하는 험악하고, 권세 문중과 시정은 분주하구나."

「전가(田家)」에는
"참새 지저귀니 반가운 손님이 웃고, 매미 우니 베 짜는 부인이 바쁘구나"

「승석자(僧釋子)」에는
"경영함이 있으나 진리를 드러내는 것은 아니고, 하릴없어야 진정한 통발이로다."

---

87) 왕적(王寂)의 장자(長子)
88) 갈차중(葛次仲) : 宋대의 문인, 관리(1063~1121), 常州 江陰(현 강소) 출신. 자(字)는 아경(亞卿)
89) 방법, 비법, 요령, 비결

「송별(送別)」에는
"세상에는 번뇌가 많고, 인생은 이별로 가득하네."
또 말하되,
"적막하니 내 가는 길을 연민하고, 오래 머무르니 세속의 감정이 보이는구나."

「회일(晦日)」에 이르기를
"백 년이라 □□말라 도리어 취하고, 삼월이라 아직 하루 남은 봄이로구나."

「춘망(春望)」에 이르기를
"양씨, 왕씨, 노씨, 낙씨가 진정 어떤 자인가, 허씨, 사씨, 김씨, 장씨는 어찌 존재하는 것인가"

「기사달(寄死達)」에 이르기를
"세상에서 드러남이 다하면 시름 따라 늙어가니, 어느 넋들 죽기 전에 쉴 것을 지향할 것인가."

「추교우목(秋郊寓目)」에 이르기를
"감히 머리를 돌려서 안 되는데도 도리어 머리를 돌렸더니, 미처 흰 머리 되기 합당하지 않은데도 지금 흰 머리가 되었구나."

그 대구(對句)의 자세하고 뛰어남이 이와 같다. 소동파의 이른바 "(재기가 넘쳐서) 손대면 하늘이 만든 것 같다."는 것이 아경(亞卿)에게도 있다.

32. 정묘일(3월 13일)

내가 네 폭 병풍을 두른 침상에 누우니, 색상·그림·대곡(大曲)[90]의 옛 이야기가 모두 분명하게 드러난다. 공무가 한가한 때에 잠깐 쉬면서, 각 제목 한 절구(絕句)를 짓는다.

「호위주(湖渭州)」에 이르기를
"사마상여가 거닐다 걸터앉아 거문고를 타서 마음을 실으니, 주렴 아래 탁문군(卓文君)이 바로 그 소리 완상하였지. 쇠코잠방이 입고 나이 닿도록 해로하기를 빌었으니, 끝내 백두음(白頭吟) 읊조릴 것을 막지 못했음이라."

「신수(新水)」에 이르기를
서랑(徐郞)과 생이별하여 한 번 시고 쓰렸는데, 거울을 깨고 다시 만나니 눈물 가루가 또 그러하네. 바쁜 사신 임무 삼 년에 웃을 일 없었는데, 진실로 배움을 얻었으니 부인을 편히 쉬게 하라."

「박미(薄媚)」에 이르기를
"세월에서 서쪽으로 가는 것이 불리함을 깊이 알았지만, 정육(鄭六)[91]이 (여우 임씨와) 생사를 맹세한 것이 그와 같았음이라. 서로 다른 부류도 오히려 시종(始終)을 보손할 수 있있거늘, 기생의 풍월이 도리어 무정하구나."

「수조가두(水調歌頭)」에 이르기를
"담장 머리에서 쉽사리 평생을 허락하였더니, 새끼 끊어지고 슬픔으로 뒤바뀌어 물병을 엎어 버렸네. 꽃다운 가지에 열매 가득하여 난만한 붉음이 다하

---

90) 일종의 악곡(樂曲)
91) 唐 沉既済 『임씨선(任氏傳)』: 정육(鄭六)이 장안에서 임씨 미부인을 만나 사랑을 하였는데 그가 여우가 화한 것을 알았지만 서로 깊이 사랑하였다.(백도백과)

더니, 봄의 신은 관장하지 않고 질풍에 모조리 떨어져버렸구나."

33. 무진일(3월 14일)

내가 낮잠을 잤는데, 꿈에 고향 산에 이르렀고, 두건(頭巾)을 두르고 명아주 지팡이를 짚으며 버드나무 있는 강가를 왔다 갔다 했다. 꿈에서 깨서 나는 조물자(造物者)라는 것을 생각했다. 나이 들어도 밤에 쉬지 않고 책임을 다하라는 것이니 신의 보답이 이와 같다. 시를 지어 하소연하며 말한다.

"일찍이 들으니 노력한 생애 늙어 편안하리라더니, 말마다 구구하게 늙어 더욱 분망하네. 완고한 신체가 푸르고 붉음으로 가득 채워짐을 스스로 비웃으니, 끊어진 발이 검고 누름을 식별할 것을 누가 요구하리오. 고통스러우나 좋은 방책이 없어 신주(神主)의 도움을 받으니, 크도다 한가한 산이 있으니 당나라 원결(元結)[92]을 생각하게 되는구나. 꿈에 고향에 도착하니 여전히 기쁠 법도 한데, 어느 때 진정 고향으로 돌아가게 될거나."

34. 기사일(3월 15일)

호저천호채(胡底千户寨)[93]로 가서 사옥(司獄)인[94] 온적한(溫迪罕) 집에서 묵었다. 호저(胡底)는 한어(漢語)로 산이다. 이는 채(寨)가 산 아래에 있기 때문에 이런 이름을 얻었다. 길가에 야생화가 있는데, 모양은 금련(金蓮) 같으나 조금 작고, 그 잎은 가는 것이 붕어마름 모양이다. 마을

---

92) 원결(元結) : 당나라 하남성 낙양 출신(723~773), 호는 만랑(漫郞), 道學者, 관리(백도백과)
93) 현 길림성 사평시 이수현 곽가점진 청석령촌(吉林省 四平市 梨樹縣 郭家店鎭 靑石岭村(『四平日報』 數字報, 2019年7月24日)
94) 형옥(刑獄) 담당 벼슬 이름

사람은 그것을 내동청(耐凍青)이라 부른다. 몹시 추운 날에도 살아 있어서 눈을 치우고 그것을 보니 이미 푸른색이다. 나는 그것을 갖고 돌아와 자리 위에 두었다. 종일 서로 마주 보고, 때가 맞지 않음과 제자리에 있지 아니함을 걱정한다. 부(賦) 한 수 짓는다.

"동토를 감내하니 비록 미천한 사물이나, 삼엄한 겨울도 감히 침범 못하네. 꽃술은 머리 장식이 낮은 것을 싫어하고 색깔은 털과 옷보다 더욱 짙구나. 사람들에게 한가로이 철(鐵)을 쓰는 것을 희롱하고 한가로이 땅 위에 금(金)을 펼치네. 섣달 매화는 남자가 가는 것을 달가워하고, 가을 국화는 붕우가 비녀로 꽂기를 허용하는구나. 바람과 눈은 하늘의 교묘함을 엿보고, 진흙과 모래는 육지에 가라앉음을 애석해하네. 나뉘지 않아도 봄에는 힘을 빌려주고, 무리 지어도 세월이 마음을 서늘하게 하네. 캐도 향기는 줄기에 가득하고, 한숨짓나니 눈물이 옷깃에 가득하구나. 옮겨 심으면 생물의 이치를 손상시키나니, 너는 풍류를 아는 자라고 생각하지 말거라."

35. 경오일(3월 16일)

남모라천호채(南謀懶千戶寨)[95]로 갔다. 남모라(南謀懶)는 한어(漢語)로 고개(嶺)이다.[96] 이 곳이 분수령에서 가까워서 이런 이름을 얻게 됐다. 출발련(朮勃輦)의 집을 빌려 머물렀다. 방 벽에 두 폭의 그림이 있었다. 강천(江天)에 눈보라가 치고, 물오리·물새가 있고, 시든 연꽃이 꺾인 것과 상대적으로 갈대가 아름답다. 그 물새의 털과 깃털을 조금 표현하고 있는데 그 수를 셀 수 있을 정도이다. 마치 생기(生氣)가 있는 듯하다. 그래서 먼

---

[95] 현 길림성 사평시(四平市) 철동구(鐵東區) 석령진(石嶺鎭)(백도백과)
[96] '남모라'가 고개라고 하였으니, 그 발음과 뜻이 우리말 '(고개를)넘다, 넘어라'와 비슷하다.

지를 털어내라 명령하니, 위에 아주 자그마한 글씨가 있었다. 어렴풋하게 볼 수 있었다. "붉은 비단 관복을 하사받은 前 한림(翰林) 대조(待詔) 유변(劉邊)97) 77세에 그림", 즉 전 한림 대조를 가리키는 것이니 분명 선정을 베풀었던 사람이다. 본 조정(金)이 들어선 이후에는 막북(漠北)에서 타향살이하면서 지은 것이다. 나는 보고 탄식하면서 부(賦)를 지어 말한다.

"시든 연꽃은 바람을 마다하지 않고, 물오리는 가며 또 물을 마시네. 꺾어진 갈대는 반쯤 눈 속에 기울어 있고, 비오리는 몸을 헹구고 서로 기대며 졸고 있구나. 바람과 눈이 올 기미가 그치지 않았고, 찬 기운은 여전히 당당한데. 가옥 연기 작은 글자를 흐릿하게 하여, 자세히 보아 겨우 헤아릴 수 있구나. 전 한림 대조는 나이가 칠십을 넘었고. 행정을 펼침에 익숙함을 생각해 보니, 높은 벼슬에 관록이 충분하구나. 권세 문중은 짧은 포백을 거두어들이고, 축옥(軸玉)98)은 옛 비단 주머니에 들었는데. 아무렇게나 신단에 진열한 것이 아니라, 그대로 뛰어난 작품에 편입시키기에 충분하도다.

단청은 비록 흉내낸 것이지만, 정교하고 절묘함은 당연히 천부적이네. 교룡은 강호를 상실하였고, 물고기는 애당초 물놀이 치지 않았는데. 난초의 후손이 짓밟힘을 당하여도, 마음을 내어 해바라기와 들깨를 사모하는구나. 당해에 바야흐로 뜻을 얻었으니, 교만하고 사치함이 심하지 않겠는가. 늘그막에 살아나갈 걱정을 하게 되었으나 그림을 위해 널리 익혔음이라. 화가가 담처럼 우뚝했어도, 이를 보곤 당연히 옷깃을 여몄으리. 내가 더불어 제사와 발문을 지으려 하나, 재주가 조씨와 심씨와 같지 않구나. 흥성하고 황폐함은 잠시 접어두나니, 서상(書床)을 밀치고 높이 베개 베노라."

---

97) 송대(宋代) 사람
98) 요령성 안산시 수암현(岫岩縣)에서 나는 玉(백도백과)

36. 신미일(3월 17일)

송와천호채(松瓦千戶寨)로 갔다. 송와(松瓦)는 성(城)이다. 성채(城寨) 근처에 고려(高麗)99)의 옛 성이 있어서 이것을 이름으로 했다. 이날 산행을 했는데, 처음 물레방아(水碓)를 보았다. 나는 머뭇머뭇하며 오랫동안 있었다. 또 그 기계의 공교함에 탄식하면서 그 처음의 순박함이 흩어지는 것을 걱정했다. 이런 일을 단서로 해서 시를 지어 말한다.

"세상 사람 교사한 마음 많아, 기교가 옛사람의 순박함을 변화시켰네. 물레방아는 누가 처음 만들었나, 돌절구에 나무공이라. 물길을 터 그 꼬리에 흘려 넣으니, 꼬리가 눌러서 머리가 절로 들리네. 그 방법이 저울과 천칭 같고, 가볍고 무거움이 오르고 내림을 관장하누나. 뜨고 가라앉음을 물시계 눈금 막대에 새기고, 움직이고 쉼을 이면의 북에 기록하는데. 나무 소는 꼴과 조(粟)를 따라 돌고, 활을 당겨 표범을 쏘아 잡는다. 맷돌과 방아가 같은 율조로 나오니, 두레박으로 어찌 수를 충분히 헤아리랴. 내가 예전에 촌락에 거주할 때, 한 되 한 홉이 밥 짓는 솥에 충분하였지. 새벽이 되니 남녀 종에게 일을 주고, 부르튼 발은 간고함을 말하네.

이때에 이것을 알지 못하여, 스스로 비웃으니 어리석고 노둔하도다. 자세히 생각하면 도리를 거슬렀으니, 옹기를 껴안아서 도와주기 마땅치 않네. 문공(文公)의 미장이100) 전승이, 믿을 만하여 허랑한 말이 아니구나. 먹고도 그 일에 나태하니, 재앙이 일찍이 말미암아 목도되었도다. 호미질하며 피땀 흘려도, 오히려 수재와 한해와 풍우가 오는데. 하물며 너는 배불리 먹고 힘쓰지

---

99) 중국의 사서에서는 고구려와 고려 공히 高麗로 표기하고 있다. 여기서는 고구려로 본 듯하다.
100) 唐 한유(韓愈)가 쓴 『오자왕승복전(圬者王承福传)』. 허구의 존재인 미장이 왕승복의 삶을 통하여 당시의 세태를 풍사한 진기체의 글(『역주 여옹패설(櫟翁稗說)』의 미장이 왕승복을 가리킴, 韓文公이라고도 부름.)(백도백과)

않으니, 하늘 뜻이 아마도 함께 하지 않음이라."

37. 임신일(3월 18일)

특발합채(特撥合寨)에서 묵었다. 특발합(特撥合)은 젖은 땅(漸地)이다. 저녁 무렵에 작은 산을 올랐다. 산 남쪽 살구나무 몇 그루에 바야흐로 꽃봉오리가 맺혔다. 갑자기 오래전 낙양[101]에서 한가했던 모습이 생각났다. 마침 정월 대보름(元宵) 뒤라서 꽃 파는 소리가 들렸었지. 이제 봄이 거의 끝나고, 이것을 보는구나. 이에 절구 셋을 지어 말한다.

"버드나무 빛이 연기를 머금어 겨울은 이미 끝났는데, 살구꽃이 해를 맞이하니 따스하여 열리기 시작했네. 모름지기 천지조화는 남쪽과 북쪽이 다르지 않음을 알았지만, 더욱 멀리도 봄바람이 이르렀구나."

"살구나무 가지가 겁먹은 듯 새벽 추위에 가벼운데, 마주 보아 말 없으니 도리어 다정하구나. 지난날 서울(上都)에서 봄 낮잠 곤했던 때를 기억나게 하는데, 담장을 사이에 두고 이제 꽃 파는 소리를 듣는구나."

"북방 사막 살구꽃 이제 막 꽃봉오리를 틔웠는데, 남쪽 지방의 매화 열매는 벌써 가지에 늘어졌네. 추운 지방은 살기가 두 배로 힘이 들지만, 다만 따스함을 가진다면 더디 옴을 한탄하지 말지니."

---

101) 하남성 낙양(洛陽) 일대

38. 계유일(3월 19일)

피라채(辟羅寨)의 발해(渤海) 고씨(高氏)의 집에서 묵었다. 피라(辟羅)는 한어(漢語)로 온천이다. 산 사이 흐르는 물 한줄기가 겨울이 되어도 얼지 않아서 이것을 채(寨)의 이름으로 했다. 내가 막 옷을 벗고 탕에 앉을 때 갑자기 처마 사이 제비가 지저귀는 소리를 들었다. 재빨리 그것을 보았지만 봄산으로 가버려서 보지 못했다. 추위와 더움(炎涼)으로 제비를 생각하는 것은 아녀자의 계산으로, 수만 리 밖에서 객지살이를 피할 수 없으니 탄식할 만하다.

"평생토록 편하게 조용히 지내고 이제는 노쇠하여, 누런 참새가 처마 곁에서 떠드는 것을 싫어하였지. 홀연히 제비 소리 들리다가 끊어져 애처로우니, 급히 옷을 걸치고 나가는데 뒤집어 걸쳤구나. 지저귀는 소리가 마치 한 해를 지나며 이별하는 듯 한데, 지금 내 시름 깊음을 생각하여 위로해 주는구나. 나는 구름이 마루에 있어 빌려줄 것 같지 않고, 애오라지 옛 마을 옛 정원에 도달하려고만 하네. 그렇지 않다면 나를 위해 소식 하나 전달하려는지, 평안함을 캐어 물으며 이에 서로 알리는구나.

새벽에 너와 멀리 이별할 터이니, 너는 머리 숙이고 내 소리를 들을 수 있으리. 곡식이 여러 곳에 있어 그물치기에 충분하니, 입을 닫고 배고픔을 참아서 무릅쓰지 말거라. 미나리밭이 무성하고 더러우니 평온할 것을 바라고, 쑥잎은 어쩌다가 와서 쉼을 더욱 재촉하는고. 내년 임무를 띠고 이곳을 지나도록 되어 있으니, 너와 서로 기약하여 영원히 우호하려고 한다. 떠나갈 즈음에 주인 늙은이에게 단단히 부탁하노니, 제발 자연의 사물을 해치지는 말지라."

39. 갑술일(3월 20일)

고외천호영(叩畏千戶營)102)에 갔다. 고외(叩畏)는 한어(漢語)로 청하(淸河)이다. 야탑랄처채(耶塔剌處寨)에서 묵었다. 야탑랄처는 한어(漢語)로 부싯돌이다. 이날 산을 구비 돌아 계곡 사이로 갔더니 냇가에서 나물 캐는 소녀 서넛이 있다. 모두 얼굴이 희고 옷도 깨끗하여 절대로 산야에서 때 묻은 자태가 아니었다. 그중 한 소녀가 길 옆에 서 있는데 흔히 보는 팔자 눈썹에 비할 바가 아니었다. 말 위에서 천천히 네 수의 시를 지었다.

"손에 대바구니 들고 새나물 가득 채운 채, 안개 같은 귀밑털과 바람 같은 쪽진머리로 밤길에 서 있네. 약속하고 달려갔으니 소식을 묻지 마오, 돌아다니며 웃지 마소 그대를 어리석게 할지니."

"냉이싹 부들순이 시내를 둘러 자랐으니, 캐어서 광주리에 채우고 서둘러 익히리라. 낭군 보고 서로 뒤섞여 사랑할 수 있을 듯하여, 밥 광주리 들고 가서 봄갈이 들밥 대리라."

"봄풀 밟으며 나물 고르고 함께 즐겨 노니노라, 바람 앞 달 아래 부끄러움 알지 못하였네. 저녁나절 따스하게 노래하며 손잡고 가니, 새로운 소리로 비단 가게 앞에서 소식을 다투는구나."

"부끄러움이 마침내 아름다움으로 되어 봄의 아리따움을 다투는데, 그림자 돌아보며 배회하니 진실로 스스로 가련하구나. 거닐다가 풍류 깃든 황태사

---

102) 요령성 개원(開原) 산풍현(西豐縣)(『遼東行部志』 批注, 李文信 遺注, 李仲元 整理) 현재는 요령성 (遼寧省) 철령시(鐵嶺市) 轄區(백도백과)

(黃太史)103)를 얻었지만 왕후공경의 후예는 망하여 타향을 떠돌아 다니니 한탄이 이어 따르는구나."

40. 을해일(3월 21일)

화로탈도천호(和魯奪徒千戶)에 갔다. 화로탈도(和魯奪徒)는 한어(漢語)로 송산(松山)104)이다. 몽골로채(蒙古魯寨)에서 묵었다. 몽골로(蒙古魯)는 한어(漢語)로 발맹자(鉢孟子)이다. 이날 나는 산을 넘고 물을 건너 긴 여정을 거쳐서 지쳤다. 스스로 영화롭고 부귀했던 장년(壯年)을 생각하니 지금은 늙었구나, 오히려 이런 모습이 나타난 것이 마땅한가. 그 노고를 감당할 수 없다. 이내 시를 지어 스스로를 위로하여 말한다.

"깊숙이 눌러 쓴 검은 모자로 세상의 티끌을 가렸지만, 비만한 육체는 다 닳아 세파에 고단하구나. 정치를 개혁하는 것은 모름지기 우리이니, 안장에 앉아도 기력이 정정하니 어찌 내 몸일 거나. 다만 충성과 신뢰를 믿고 오랑캐에게 가는데, 어찌 문장으로 귀신을 움직일 수 있겠는가. 남으로는 회수 북쪽에서 북으로는 요해(遼海)까지 힘든 근육 쉴 만한 곳 어디에도 없어라."

41. 병자일(3월 22일)

비리합토천호영(鼻里合土千戶營)105)에 갔다. 비리합토(鼻里合土)는 한어(漢語)로 범하(范河)이다. 이날 바야흐로 글을 쓰려고 붓과 벼루를 가져오라 했다. 주인(主人)이 와구(瓦龜)106) 한 개를 갖고 왔다. 그 너비는 6

---

103) 황태사(黃太史) : 송대 시인 王十朋(1112~1171)이 지은 5언 절구(백도백과)
104) 일정으로 보아서 당연히 서풍(西豊)과 개원(開原) 사이에 있다.(『遼東行部志』 批注, 李文信 遺注, 李仲元 整理)
105) 비리합토천호영(鼻里合土千戶營) : 철령성 남쪽 15km 지점 범하 고성 유지(凡河古城遺址)(『鼻里合土千戶營考』. 开原刘兴晔, 2020-04-21)
106) 와구(瓦龜) : 벼루 덮개를 도자기로 만든 거북 형태의 벼루

촌(六寸)이고, 길이는 너비의 2배이다. 머리, 꼬리, 덮개, 발을 모두 갖추었다. 그 덮개를 열고 물을 어깨 홈에 담고 먹을 그 등(背)에서 간다. 내가 일찍이 본 적이 없는 것이다. 그래서 「구연인(龜硏引)」을 지었다.

"나무집 거북벼루 신령한 거북 엎드렸네, 하늘에 뜻을 말하기 위해 태어난 것으로 인간을 위한 것이 아니다. 받침, 다리, 머리, 꼬리가 금방 움직일 것 같다. 대개 복희씨(伏犧氏)의 팔괘(八卦)를 따라 그린 것이다. 창자를 가르고 담은 물에 뾰족한 붓을 적시고, 등을 깎아서 먹을 가는 검은 숫돌이 되었네. 가운데와 테두리 높낮이는 모두 알맞게 되어 있고, 열손가락을 마주하여 편한 모습이니 장인(匠人)이 들판의 괴비(壞碑)를 보고 얻은 것은 아니다. 진흙을 주물러서 생각한 것이 마음대로 나오니 기이하다. 나는 이 물건이 특이하게 만들어진 것을 안다. 그것이 유래된 것은 근세가 아니다. 도홍(陶泓)107)이 조상이니 너는 그 후예로다. 중간에 꽃무늬가 차례로 펼쳐져 있다. 어찌 옥당(玉堂) 내각 원로의 아름다운 글을 담지 않는가. 밤에 풀과 마로 지은 방에 방문하는 것을 사양하노니, 위(魏). 또 진사 과거장에 이속(吏屬)들 모인 곳에 따라가지 않고, 저울대는 기예의 높낮이를 비교한다.

어찌하여 사막의 궁벽한 땅에서 타향살이 하는가. 월인(越人)의 장보(章甫:冠)108)와 도량향(都梁香)의 냄새를 없애려는 것과 같이 쓸 데 없는 짓이다. 진실로 장단지를 엎지 않고 나무 책상의 부러진 다리를 지탱하려 해도. 애석하다. 세상에 쓰이지 못하니 사람을 슬프게 한다.

---

107) 도홍(陶泓) : 도자기로 만든 벼루(陶泓特指陶瓷硯台)(백도백과)
108) 월인(越人)의 장보(章甫) : 장보(章甫)는 머리에 쓰는 관(冠)이다. 송(宋)나라 사람이 월(越)나라에 장보를 팔러 갔는데 월나라 사람들은 단발(斷髮)을 하였기에 장보를 쓰지 않는다. 소용없음을 가리키는 고사(백도백과)

아, 너와 나. 이 생에서는 틀어져 어긋났구나. 비록 스스로 본받고자 하지만 그곳을 알지 못하네. 내일 출발을 하면, 곧 나는 너를 두고 칼을 차야 하니 길에 휴대하고 돌아가리. 협소한 거실에서 벌레를 조심해라.

벼루여 벼루여. 마땅히 배 타고 요수를 건널 때 큰 파도에서 너는 말린 물고기가 강을 건너는 고사를 생각지 말거라.109) 홀연히 뛰어감이여. 오지벽돌로 만든 베틀 북 같도다. 머리 돌려 돌아다 본다. 교룡과 악어가 발로 차는 듯. 나로 하여금 바라보게 하여도 미치지 못하고 눈물 콧물 줄줄 흘리네. 오호. 네가 돌아서 나를 버리니, 나는 장차 어찌할 거나."

42. 정축일(3월 23일)

함평(咸平)110)으로 가서 부(府)의 치소에 있는 안충당(安忠堂)에 묵었다. 함평은 우(禹)임금이 구주(九州)를 나눌 때 그 지역은 바로 기주(冀州) 영역이 되었다. 순(舜)임금이 12주(州)를 설치할 때 곧 유주(幽州)에 속하였다. 주(周)나라가 기자(箕子)를 봉하고 예의(禮義)로 백성을 가르치기 시작했다. 진(秦)나라는 6국(國)을 병합하고 요동군(遼東郡)을 설치하였다. 고구려가 마침내 강해지면서 그 땅을 침범해 점거하였다. 당(唐) 고종(高宗)이 이적(李勣)에게 명해 동쪽으로 고구려를 징벌히고 안동도호부(安東都護府)를 설치하였다. 그 후 발해(渤海) 대씨(大氏)의 소유가 되었다. 거란(契丹)이 마침내 대씨(大氏)를 멸하고 요(遼)나라에 들어가서는 함주(咸州)가 되어 안동군절도(安東軍節度)로서 그곳을 다스렸다. 본 조정(金)이 안정시키고 함주상온사(咸州詳穩司)를 두었다. 이후 함평부(咸平府)로

---

109) 이백(李白)이 지은 '고어과하읍(枯魚過河泣)'의 내용을 인용하여 섣부른 처세를 삼갈 것을 당부하고 있다.
110) 현 요령성 개원시(開元市) 노성가도(老城街道)에 치소가 있었음.(백도백과)

승격했고, 총관(總管)이 본로병마사(本路兵馬事)를 겸했다. 옛날 내가 요동(遼東)의 운조(運漕)111)로서 이곳에 대략 2년간 살았다. 그래서 지역의 이전과 병합에 관해 대략 알게 되었다.

이날 산 아래 민가(民家) 부근에 큰 옛 성(古城)이 있다는 것을 전해 듣고 길 가는 사람에게 물으니 말하기를, "이것은 고구려 폐성(廢城)입니다."고 한다. 나는 무너진 터에 말을 세우고 서서 사방을 둘러보면서 영(營)을 짓던 그 당시를 생각했다. 만세지계(萬世之計)라고 믿었을 터인데 후에 발길이 끊겨 이미 사람의 소유가 아니었다. 참으로 가히 탄식한다. 그래서 이를 애도하는 시를 짓는다.

"고구려가 바야흐로 훔쳐 근거지로 삼으니, 당나라 장수가 이미 홀로 정복하였도다(원래 주석 : 이적을 이른다). 나라가 망하여 천 년 동안 한스러웠는데, 군대가 다하고 온갖 전쟁이 평정되었지. 종가의 적장자가 공고함을 진정 알겠지만, 대중 마음의 성실함에는 미치지 못함이라. 함원전(含元殿)을 찾아 바라보니, 기장과 수수가 우거졌구나."

43. 무인일(3월 24일)

내 고향 사람 왕생(王生)이란 사람을 보러 방문했다. 왕생은 점성술(星水)을 잘하는데 일찍이 다른 사람을 위해 장지(葬地)를 찾아 주려고 이곳에 왔다가 돌아가지 못한 지 20년이 되었다. 지금 다시 그를 보니 가난함은 옛날과 같은데, 다른 점은 늙은 얼굴에 백발이구나. 나는 돌아갈 것을 권하고자 단시를 지어 주었다.

---

111) 수로(水路)로 군량을 운반하는 일, 또는 그 일을 하는 관원(백도백과)

"옛날 베풀고 끌어주던 일을 생각하니 세월을 뛰어넘은 것 같은데, 서로 만나 놀라 보니 양쪽이 아득하구나. 고향 하북은 3천 리 떨어져 있는데, 부평초같이 하늘 동쪽을 떠돌아 막힌 지 20년이네. 흰머리 가련하다 먹이 찾아 바다 떠다니고, 산천 돈벌이 구해 다녀도 푸른 주머니 넓지 못하네. 내년에 약속하여 함께 돌아가려니, 누항에서 좇고 따라 외톨이 신선이 되었구나."

44. 기묘일(3월 25일)

나는 공무가 한가한 때에 홀로 앉아서 예전에 이곳에서 식사하고 일찍이 이씨원(李氏園)을 산책한 것을 생각하였다. 때마침 모란(牡丹) 수백 송이가 화려하게 가득 피었다. 그 안 흰 꽃받침과 노란 꽃술의 그 풍류와 운치가 숨이 멎을 정도로 아름다웠다. 그 이름을 물으니 말하기를, "쌍두백루자(雙頭白樓子)"라고 한다. 나는 그 이름이 아름답지 않은 것을 싫어하여, 곧 "병체옥동서(並蒂玉東西)"로 고쳐 말했다. 훗날 다시 가니 꽃무리는 모두 졌다.

소위 '옥동서(玉東西)'라는 것은 비록 이미 시기가 지났지만 그 전형(典刑)은 여전하다. 우두커니 오랫동안 서 있다가 잠시 작은 정자에서 쉬었다. 정자 속에 몇 개의 책상이 있고 연병(硯屛)112)을 놓아두었다. 이내 연병(硯屛) 위에 절구(絕句)를 붙였다. 시금도 있는지 모르겠다. 그 집 이씨(李氏) 아들에게 물으니, 나에게 보여주었는데 먹물 자국이 여전하다. 그 세월을 계산하니 17년이 지났다.

45. 경진일(3월 26일)

며칠 전에, 바야흐로 자두꽃(李花)이 꽃봉오리를 터뜨리려고 하였다. 나

---

112) 바람, 먼지, 먹 등(等)이 튀는 것을 막기 위(爲)하여 벼루 머리에 치는 작은 병풍(屛風)

는 그것을 병에 담아오라고 명했다. 얼마 안 있어 활짝 피었는데 오늘 벌써 바람에 떨어졌다. 잠시 탄식하는 사이에 마침 어떤 이가 복숭아꽃(桃花)을 주기에 이로써 자두꽃에서 복숭아꽃으로 바꿨다. 복숭아꽃을 새로운 샘에 담그려고 물을 바꾸니 즐겁고 한층 낫다. 자두꽃에 빛이 비치니 흰 빛이 옥과 같이 빛난다. 내가 복숭아꽃과 자두꽃에 대해 품평하면 본디 높고 낮을 수 없는데 이제 하나는 버리는 물건이 되고 다른 하나는 완상하는 물건이 되었다. 다른 까닭은 없고 모두 때이거나 때가 아니기 때문이다. 사물이 감정을 일으키니 시를 짓고 또한 자두꽃의 한을 풀기 위함이다.

"강릉(江陵)113)의 2월에는 배꽃이 흩날리는데, 안동(安東)114)은 3월에도 꽃이 여전히 드물구나. 봄기운 차가와 애써 피기 바라나 쓸 데 없고, 가지 위 단단히 구슬처럼 맺혀 있네. 비밀스런 항아리에 가득 꽂아도 오히려 비좁다 하고, 불긋푸릇 흩날려서 세속의 격식을 저어하는구나. 아침저녁으로 보살피며 새 샘물로 갈아주니, 약속했지만 섬섬옥수로 따 줄 것을 허락하지 않네. 흰 치마 맑은 수건으로도 참으로 애타고, 별안간 구슬이 봄바람 앞에서 흐려지는구나. 이미 색깔이 바람을 한탄하며 버림받고 짓밟힘을 감수하는데, 복숭아꽃도 기댈 곳 없어 꽃다운 아름다움을 다투는구나. 자두는 복숭아의 시기를 받았지만 한탄하고 번뇌하지 말지니, 어찌 먼저 피어 먼저 늙지 않을 수 있을쏘냐! 복숭아꽃이 뜻을 폈다고 몇 날일 것이며, 지척에 막걸리 벌였으니 더욱 좋을씨고."

---

113) 현 호북성 형주시(湖北的荊州市)(백도백과)
114) 안동(安東) : 함주(咸州)에 唐의 안동도호부(安東都護府)가 있었기에 그렇게 부른 것으로 보인다.

46. 신사일(3월 27일)

낮잠을 자다가 이윽고 깼다. 누워서 보니 병풍에 3명의 승려가 둘러앉아 소나무 아래에서 바둑을 두고 있는 그림이 있다. 두 노인은 마주하여 바둑을 두고, 여위고 마른 한 사람은 구경했다. 한 작은 승려는 다기(茶器)를 씻고, 한 동자는 앉아있는 옆에서 위산(韋山)을 지고 삿갓을 쓰고 서 있는데, 옷차림과 용모가 보통 범상치 않았다. 승부의 상태에 이르러서도 얼굴색이 같아 보였다. 안타깝게도 누가 그림을 그렸는지 알 수 없다. 병풍 위의 것을 제목으로 시를 짓는다.

"사람 세상에 용의 형상으로 풍채와 기골이 기이하고, 튼실하여 날래고 용감하니 늙어도 지치지 않는구나. 얻은 것이 부처 세상이 아니라도 널리 표본을 깨달았는데. 가지런하고 광활하도다 부처님의 뜻이 서로 따르는도다. 차와 오이가 사라져버리고 향불도 식었는데, 태양이 돌지 않으니 소나무 그림자 길구나. 입 다물어 시의 빚을 지려 하지 않고, 좌선하며 숨어서 애오라지 참선의 어리석음으로 도망치려 하네. 흑(黑)은 빠르게 달리는 것이 승리를 본 것 같은 안색이고, 백(白)은 조금 위축되어 바야흐로 눈썹을 내려까네. 온 고을을 펼쳐 은근짜 드러나는 것은 아주 쉽지만, 일가친척이 도리를 다투는 것은 진정 어린애 장난이라. 내가 듣기에 미운 술잔이라도 도리가 있다고 하였지만, 차가운 눈물을 거두지 않으면 따라서 턱까지 내려오는 것이라. 또 들으니 움직이고 멈춤이 두루 병폐가 되는 것인데, 하물며 이것을 거듭 생각함에 인간 세상의 위태로움으로 기울지 않겠는가. 사방 기반을 한 방향으로 두어 어떠리오, 한결같이 구르니 이지러질 일 없어라."

47. 임오일(3월 28일)

이전에 풀어준 죄수를 예전 관리에게 묻기를, "내가 예전에 왕본(王本)이란 자를 알았는데 지금은 어디에 있는가?" 관리가 말하기를, "집을 버린 지 오래되었고, 지금은 송산(松山) 윤피대(尹皮袋)의 옛집에 삽니다." 또 물었다, "윤피대(尹皮袋)는 어떤 사람인가?" 관리가 말하기를, "본래 섬서(陝西) 사람으로, 이 송산에 산 지 벌써 50년인데, 신분과 나이에 상관없이 모두 윤피대(尹皮袋)로 부릅니다. 스스로를 '득득(得得)'이라 부르는데, 혹자가 '득득(得得)'의 뜻을 물으니, "온 곳을 알고, 갈 곳을 아는 것이다."라고 하였습니다. 세상 사람은 이것을 달인(達人)이라 합니다. 소박함과 검소함이 있고, 비록 비바람이 불어도 흐트러지지 않습니다. 어느 날, 산 아래 발해(渤海) 민가에서 식사를 대접하며 몰래 고독(蠱毒)을 두었는데, 이를 깨닫고는 번번이 새 샘에서 양치하고, 거의 수일을 앉아서 갖은 고생을 했지만, 그래도 다시 부르면 다시 갔습니다.

문인으로 루선생(婁先生)이라는 자가 있어 윤을 섬긴 지 오래되었는데, 이를 경계하여 말하기를, "이번 중독은 무릇 다섯 번인데, 요행으로 탈이 없었으나 마땅히 사양하고 가지 마십시오." 윤이 말하기를, "내가 만약 그 요청을 승낙하지 않는다면 곧 그 집은 필히 불만의 뜻을 가질 것이다." 뒤에 마침내 독충에 곤란을 당하여 눈을 감고 식사를 하지 않았고, 물로 양치하기를 7주야를 하였습니다. 새벽에 일어나 루선생에게 말하기를, "너는 내 똥을 맛보면 더럽지 않겠는가?" 루가 난색을 하니, 윤이 웃으며 말하기를, "너는 아직도 이와 같을 뿐이구나." 이에 스스로 이를 취하여 핥으며 말하기를, "더럽지 않다. 나는 장차 하늘로 가려 한다." 루가 울며 간구하며 말하기를, "원컨대 스승님은 가르침을 주십시오." 윤이 말하기를, "소금을 적게 먹고, 식초를 먹지 말고 다른 사람이 너를 사랑하면 너는 가부좌를 하고 쉬어라." 죽어서 수년이 되어서 어떤 사람이 루선생에게 남긴 글을 주었는데 그 글에 말하기를, "나는 너를 화산(華山)에서 기다리겠다. 너는 마땅히 빨리 오너라." 루는 즉시 갔는데 뒤에 그 끝은 알지 못합니다.

윤의 시체는 30년이 지나도 똑바로 앉아있는 것이 마른 나무 같고 또

썩지도 않았습니다. 대정(大定) 병오년에 함평(咸平) 집진관(集眞觀)의 유(劉)도사가 실어서 본관으로 돌아갔습니다. 시신을 불태워 장사지냈습니다. 이를 아는 이는 한탄하지 않을 수 없었습니다. 또 말하기를, "처음 옛 산에서 나오는 것을 봉영할 때 관과 옷이 엄연하여 바람을 맞아서 옷소매가 날리는 것이 편편히 나비가 나는 것 같았습니다. 오직 복건(幅巾)만이 완연하여 섬유조직이 한 올도 썩지 않았습니다. 곽씨라는 사람이 이를 새 두건으로 바꾸고 몰래 집에 감추어 두었는데 아침저녁으로 향을 켜고 정성으로 섬겼습니다. 처음에 도우(道友)들이 왕래할 때 정수리를 바라볼 수 있었는데 뒤에 그 집에서 사람들을 싫어하여 신선에게 맡겼다고 합니다."

48. 계미일(3월 29일)

자하산(紫霞山)을 올랐다. 우문숙통(宇文叔通)이 지은 「유사공신도비(劉司空神道碑)」를 구경했다. 유공(劉公), 이름은 굉(宏)이고, 자(字)는 자효(子孝)이다. 당나라(唐) 연왕(燕王) 인공(仁恭)의 7세 손(孫)이다. 요(遼)나라에서 벼슬했고, 의주영창군절도사(懿州寧昌軍節度使)를 역임했다. 금나라 수국(收國)115) 초기에 벼슬을 그만두고, 경계 내 모든 것을 가지고 본 조정(金)에 귀부했다. 의주(懿州)의 백성이 수만(數萬)이고, 조금의 영토 손실이 없었으니 공(公)의 힘이다. 옛사람이 말하기를, "천명을 살리는 일에는 반드시 공(公)과 같은 사람을 임명해야 한다."고 한다. 또한 어찌 천 명만 살렸겠는가. 즉 유씨(劉氏)가 번창할 것은 의심의 여지가 없다.

---

115) 수국(收国 : 원년 1115年~말年:1116年), 金 太祖 의 年号(백도백과)

49. 갑신일(4월 1일)

선친의 제삿날이라 봉선(封禪) 때 스님에게 식사를 대접했다. 때마침 불공을 마치고, 방장(方丈) 벽 사이에서 옷을 바꾸니, 분명하게 유마거사(維摩居士)의 모습이 나타났다. 책상에 기대어 병(病)든 모습을 보이니, 예리한 말씀의 이치가 퍼져 나왔고, 또 생생한 기운을 갖췄다. 자세히 주위를 둘러보니 깨달으라는 말과 같았다. 분명 문수(文殊)보살과 함께 대담(對談)을 나눈 시기이다. 안타깝구나! 두 폭인데 하나를 잃어버렸다.

나는 2개의 게타(偈陀)116)로 그것을 찬양한다.

"유마거사가 병든 것을 깨닫지 못하고, 도리어 하늘의 여인들을 시기하도록 하였네. 요체는 본래 면목을 알고자 함이었고, 변화한 신체는 도금 여래(如來)였어라."

"옥좌에 올라도 여분이 절반의 자리요, 향기로운 음식을 쌓아도 오히려 한 잔의 술이라. 우습도다 만수(曼殊) 보살의 텅 빈 이익이여, 도리어 밥이 되어 오는구나."

50. 을유일(4월 2일)

청안현(淸安縣)117) 치소(治所)의 생명당(生明堂)에 묵었다. 청안(淸安)은 세상에 전해지길, 요나라(遼) 태조(太祖)가 처음 숙주(肅州)118)를 설치했으나 본 조정(金)에서 다시 현(縣)으로 강등했다. 역졸이 나에게 고하기를,

---

116) 불교 가요
117) 청안고현(淸安故縣) : 현 개원시 성의 동북 30리 위원보(威远堡). 요나라 때 숙주(肅州)(『開元縣志』)
118) 遼나라 肅州는 宋人들이 왕왕 宿州로 썼다. 開原縣北, 四平南으로 명나라가 보를 설치했는데 淸陽으로 잘못 불리기도 하였다.(『遼東行部志』 批注, 李文信 遺注, 李仲元 整理)

"집의 북헌에 앵두가 한창 피었습니다." 나는 빨리 그것을 보러 갔다. 겨우 붉은 앵두나무 몇 그루가 있는데 길이는 5척쯤 되고, 가지마다 3~4개의 꽃이 있지만 초췌하고 가히 볼품없는 색깔이었다. 나는 그 이유를 물었다. 대답해 말하기를, "이 지역은 추워서 겨울을 지날 때 눈과 서리를 피해 항상 땅에 묻어 두는데, 그래서 이와같이 기세가 꺾였습니다." 내가 일찍이 정미년(丁未年)에 회서(淮西)에서 임시 수령직을 맡았을 때를 생각해 보니, 청사(廳事) 뒤쪽 붉은 앵두나무 네 그루가 함께 있었다. 찬란해서 눈이 부셨고, 그 아래에서 술을 마시며 밤을 즐겼다. 달빛이 낮과 같았고, 음기가 땅에 가득 깔렸고, 생황을 타며 노래하는 사이에 시를 지었다. 대부분 새벽별이 나오는지 알지 못했다. 지금과 옛적을 느끼며 시를 지어 말한다.

"지난해 회수 서쪽에 재직했을 때, 관청은 자못 웅장했었지. 정원과 못은 원근을 통하였고, 정자는 등지고 마주 보며 서 있었네. 무덥더니 바야흐로 봄이 일찍 들었고, 2월에 꽃 이미 터졌더라. 희고 붉고 푸르며 자줏빛이 눈을 빼앗고 온갖 형상으로 펼쳤네. 조물주 아니어도 얻게 되고, 나타나게 하니 무진장이로다. 붉은 앵두나무는 아름다운 열매를 맺었고, 밝고 빛남에 일망무제로구나. 전왕(錢王)은 비단으로 나무를 둘렀고, 진귀한 곡식이어 붉은 걸음을 위해 담장을 둘렀네. 나 지금 맑은 그림자에 기대고 앉아서 아름다운 달이 떠오르기를 기다리노라. 나이 든 마누라가 내게 마시기를 권하니, 어린 아들은 공손하게 시행하누나. 긴 허리의 갈대꽃 흰데, 길손 주방에서 새 술을 권유하네. 안주와 과일 이미 풍부하고 회와 구이로 요리사가 대접하는구나.

아아 길고 짧은 구절이여, 고귀한 노랫소리에 따르는데. 눈앞의 꽃은 어지러이 붉고 푸르러, 세상사 모두 잊힐지니. 아농들이 비록 꾸짖음을 당하더라도, 수령은 다행히 헛되지 않을지라. 여러 해 요해(遼海)에서 나그네 되어, 누런 티끌 날아 말 가슴걸이 아래로 사라지네. 꽃다운 때 바쁘게 달린다고 하여, 어찌 아름다운 상황을 보장하겠는가. 한 번 산골짜기 벗어나 서니, 바람결은 솜옷을 파고드네. 봄이 돌아와 앵두꽃 비로소 피었지만, 생기가 아직 펼치지 못했구나. 겨우내 얼음과 눈 속에 파묻혀 힘겨웠지만, 다행스럽게도 지금 아무 탈이 없으니, 내가 장차 남쪽 지방 사람에게 이야기하려 하나, 사람들이 혹시라도 허탄하고 망령되다고 할 거나. 가지를 돌며 세 번 탄식하고, 머리를 돌리니 처량하고 창망할 따름. 물러나 앉아 번잡함을 생각하고 쓸쓸히 신령의 으뜸을 깨우치려네."

51. 병술일(4월 3일)

함평(咸平)으로 다시 돌아갔다. 가는 길에 서산(西山)의 숭수사(崇壽寺)를 지났다. 옛날 내가 여기서 관직에 있었는데, 절은 이미 황폐해졌고 지금 15여 년이 흘렀다. 퇴락하여 거의 다 허물어져 가고, 또 옛날과 비교하니 예전의 모습이 아니다. 머리 숙여 배회하니 슬픔을 느낀다. 이에 절 벽에 시를 남긴다.

"자하산 절에 오래 오지 않았는데, 예전에 파괴되어 지금 퇴락을 재촉하고 있네. 발우 하나에 쇠잔한 승려는 명아주 잎과 콩잎을 먹고 있고, 온갖 옛 부처는 이끼 속에 잠자고 있구나. 문미(門楣)의 금까마귀 비 맞아 울고, 전당 등마루 철봉황은 바람 머금고 슬퍼하네. 어찌 사신이 구렁말을 채찍질할 수 있으리오, 눈 깜짝할 사이에 공덕이 인연 따라오는데."

52. 정해일(4월 4일)

선사(先師)들을 모신 선성묘(宣聖廟)를 참배했다. 학생(學生)인 여양(呂陽), 아작윤(衙作尹) 등이 자리에 참석해 예를 마치고, 잠깐 영도당(營道

堂)에서 쉬었다. 모든 학생은 월과(月課)119)의 결과를 헤아린다. 이전에 나와 더불어 이야기하여 사이가 좋았던 양(楊), 왕(王), 이(李)가 세 수재(秀才)는 연속해서 세상을 떠났다. 또 당시 봄가을 중에 같이 왔던 전운부사(轉運副使) 곽중원(郭重元), 막객(幕客)120) 조빈(趙彬), 조신(趙莘) 역시 귀록(鬼錄)121)에 올랐다. 여러 생각에 깨닫지 못하고 망연자실하며, 절구(絕句) 하나를 짓는다.

"옛 동료 곽씨와 조씨의 신체 타버렸고, 이전 붕우 왕씨와 양씨 뼈는 이미 말라버렸네. 머뭇거리는 늙은이가 도달하지 못함을 비웃지 마소, 세상에서 싸워 건재함이 나만 같지 못함이니."

53. 기축일(4월 6일)

시어사(侍禦史) 범원제(範元濟)를 서탑사(西塔寺)에서 배알하였다. 이미 세상을 떠나서 구요각(九曜閣)에 올랐다. 채정부(蔡正父)가 쓴 「홍리대사비(弘理大師碑)」가 있었다.

54. 경인일(4월 7일)

동산현(銅山縣)122)에서 묵었다. 동산(銅山)은 요나라 때의 동주(銅州)이다. 본 조정(金)에서 동평현(東平縣)으로 고쳤다.

---

119) 매월 치르는 시험
120) 감사(監司)·유수(留守)·수사(水使)·병사(兵使)·사신(使臣) 등(等)을 따라다니며 일을 돕는 벼슬아치
121) 귀신(鬼神) 명부(名簿)
122) 동산현(銅山縣) : 그 유지가 현 요령성 개원현 남쪽 중고 일대(中固一帶)이다. 遼 銅州는 同州로 되어야 한다. 『遼史地志』에는 잘못하여 尙州로 썼다. 遼同州는 東平, 永昌 二縣을 관할한다.(『遼東行部志』 批注, 李文信 遺注)

발문(跋文)

　임인 여름날, 검주거사(劍舟居士)는 관(館)에 소속되어 황상에게 드리는 일에 종사하였다. 『영락대전(永樂大典)』에 실린 『요동행부지(遼東行部志)』 한 권을 꺼냈는데, 금나라 왕적(王寂)이 지었다. 왕적의 자(字)는 부로(符老)인데 계주(薊州) 옥전(玉田) 사람이다. 해릉왕(海陵王) 천덕(天德) 2년에 진사가 되고 세종 대정(大定) 2년에 태원(太原) 기현령(祁縣令)이 되었다. 15년 사신으로 백습(白霫)[123]에 가서 옥사를 다스렸다. 17년 부친상으로 돌아갔다가 다음 해 상중에 출사하여 진정소윤(眞定少尹) 겸 하북서로병마부도총관(河北西路兵馬副都總管)이 되었다. 통주자사(通州刺史) 겸 지군사(知軍事)를 지내고, 또 중도부유수(中都副留守)를 지냈다. 26년 겨울 호부랑(戶部郎)을 거쳐서 채주(蔡州) 수령으로 나갔다. 29년 명을 받아 제점요동로형옥(提點遼東路刑獄)이 되었다. 장종(章宗) 명창(明昌) 초에 소환되어 전운사(轉運使)로 마쳤다.

　그의 저술을 모은 것을 『중주집(中州集)』이라 부르는데 『졸헌집(拙軒集)』, 『북천록(北遷錄)』의 여러 서책이 있다. 『졸헌집(拙軒集)』은 관(館)의 신하들이 『대전(大典)』 중에서 모아 6권으로 하여 판본으로 인쇄하였다. 또 『기보총서(畿輔叢書)』본(本), 『금원총서(金源叢書)』본(本)이 있는데, 이 기록은 또한 『대전(大典)』 안에 있다. 『사고(四庫)』에는 나란히 미저록으로 겨우 실렸다. 명창 원년 2월 12일 제점요동로형옥(提點遼東路刑獄)에 임명되어 2월 12일 떠나서 4월 7일에 그쳤다. 한 달 이십 오일 동안 지난 곳과 판별한 것을 시문으로 지어서 골고루 실었다. 지리에 관해서는 자세히 기술하지 아니하였다.

---

[123] 현 내몽골 적봉시 영성현(赤峰市宁城县) : 요나라 중경대정부(中京大定部), 금나라 北京路大定府의 별칭이 백습(白霫)이다.(백도백과)

그러나 실린 시(詩)가 57수이고 문(文)이 3수인데 『졸헌집(拙軒集)』에는 실리지 아니하여 일 권에서 보충한다. 금원(金源)124)의 저술은 세상에 전하는 것이 드물다. 나무에 새긴 것 또한 고고(考古)를 하는 사람들이 유쾌히 보고자 하는 것이다. 지(志) 중의 연월은 여러 번 전사(傳寫)을 거치면서 잘못됨이 없을 수 없다. 신미(辛楣) 선생의 네 왕조 삭윤표(朔閏表) 핵지표(核之表)에 이르기를, "금 장종 명창 원년은 세차로 경술(庚戌) 2월 초하루 을유(乙酉) 12월 병신(丙申)으로 지(志)와 부합하고 3월 초하루는 송(宋)의 병신(丙辰), 금(金)의 을묘(乙卯) 4월 초하루 갑신(甲申)이니, 곧 금(金)과 송(宋)의 첫 간지는 흡사하다."는 설을 취한다. 나머지는 모두 표(表)에 따라서 정정한다. 여러 사람이 오독하지 않도록 하기 위함이다. 시(詩)는 별도로 뽑아서 오중이(吳仲怡) 중승(中丞)에게 주어서 『졸헌집(拙軒集)』의 뒤에 붙여서 새긴다.

선통(宣統) 기원(紀元)125) 윤(閏)달, 꽃피는 아침 날 강음(江陰)에서 무전손(繆荃孫)126)이 비오는 루(樓)의 남창(南窓)을 대하고 발문(跋文)을 쓰다.

---

124) 금나라
125) 선통(宣統) : 清 十二대 皇帝 애신각라부의(爱新覚罗溥仪)의 연호, 선통 기원은 1909년(백도백과)
126) 무전손(繆荃孫) : (1844.9.20.~1919.12.22.), 字 담지(炎之), 강소(江蘇)성 강음(江陰)인. 근대 장서가, 교육자, 역사가, 중국 근대도서관의 비조(백도백과)

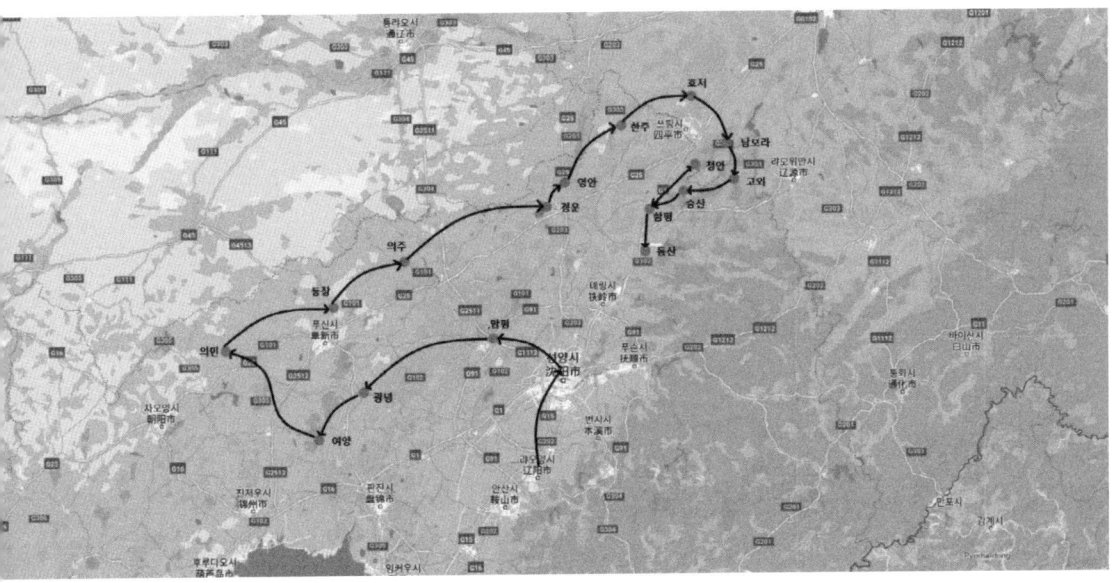

[지도] 『요동행부지』 왕적 이동로 개략

※ 왕적의 행로는 후반부에 경오일(3월 16일) 남모라천호채(南謀懶千戶寨) – 신미일(3월 17일) 송와천호채(松瓦千戶寨) – 임신일(3월 18일) 특발합채(特撥合寨) – 계유일(3월 19일) 피라채(辟羅寨) – 갑술일(3월 20일) 고외천호영(叩畏千戶營) – 을해일(3월 21일) 화로탈도천호(和魯奪徒千戶) – 병자일(3월 22일) 비리합토천호영(鼻里合土千戶營) – 정축일(3월 23일) 함평(咸平) – 을유일(4월 2일) 청안현(淸安縣) – 병술일(4월 3일) 함평(咸平) – 경인일(4월 7일) 동산현(銅山縣)으로 되어 있다. 그런데 송와천호채, 특발합채, 피라채, 고외천호영, 화로탈도천호, 비리합토천호영 등의 현재 위치가 분명하지 아니하여 이동 경로를 도상에 제대로 나타내기 어렵다.

遼東行部志

金 王寂 著

1.
　　明昌改元春二月十有二日丙申, 予以使事, 出按部封, 僚吏送別於遼陽瑞鵲門之短亭 是日, 宿瀋州 瀋州, 在有唐時嘗爲高麗侵據, 至高宗命李績東征, 置安東都護府於平壤城, 以領遼東 其後, 或治故城, 或治新城, 實今之瀋州也 又韓穎『瀋州記』雲: "新城, 即瀋州是也" 至於唐季, 不能勤遠, 遼東之地, 爲渤海大氏所有, 傳國十餘世 當五代時, 契丹與渤海血戰數十年, 竟滅其國, 於是遼東之地盡入於遼 子因念經行之路, 尚隱約有荒墟故壘, 皆當時屯兵力戰暴骸流血之地, 於今爲樂國久矣 吊亡懷古, 亦詩人不能忘情也, 因賦一詩雲: "李唐遭百六, 邊事失經營 大氏十傳世, 遼人久弄兵 戰場春草瘦, 戍壘暮煙平 今日歸皇化, 居民自樂生"

2.
　　丁酉, 次望平縣 望平, 本廣寧府倚郭山東縣也 朝廷以廣寧距章義縣三百餘裏, 路當南北之沖, 舊無郡邑, 乃改山東爲望平, 治梁魚務, 以適公私之便 是夕, 借宿僧寺 寺中窣堵波, 其上有大定二年春顯宗禦題, 下雲: "皇子楚王書" 即是當時未正春宮之號, 從世宗自遼之燕於此, 駐蹕時所書也 方將瞻拜其下, 懷想天日之表, 不意已爲寺僧埽去, 令人歎恨不已 因作詩以紀其事雲: "解鞍招提日已西, 強將懶腳汗丹梯 深藏舍利天龍護, 高出枝撐野鶴棲 尚憶雲章留素壁, 豈期俗物埽黃泥 低徊搔首無人會, 風樹蕭蕭烏白嚆" 廣寧, 本東陽羅郡, 渤海時爲顯德府, 遼世宗兀律以其父突欲歸中原被害, 迎其喪歸葬於山之南, 改顯德曰顯州奉先軍, 以節度使治之 奉先者, 以山陵在其側故也

3.
 戊戌, 次廣寧, 宿於府第之正寢 以驅馳渴甚, 斯須得秋白梨, 其色鮮明, 如手未觸者 子間驛吏, 吏曰: "其法, 大概候其寒煥而輒易其處" 食之, 使人胸次灑然, 如執熱以濯也 爲賦一詩 : "醫巫珍果惟秋白, 經歲色香殊不衰 霜落盤盂比玉卵, 風生齒頰碎冰澌 故侯瓜好真相敵, 丞相梅酸謾自欺 向使馬卿知此味, 莫年消渴不須醫"

4.
 己亥, 以文祭廣寧公雲:"伏以醫巫閭, 維朔之鎮山, 廣寧公有唐之封爵, 威行千裏, 血食一方, 職司雖異於冥陽, 類應不愆於頃刻 某祗服王命, 周按部封, 雪孤窮無告之冤, 去乾沒橫行之蠹, 仰祈英鑒, 洞照微衷, 期使事之告成, 賴神休之陰相 尚饗 !"

5.
 庚子, 子昨晚以簿書少隙, 攜香楮酒茗, 致奠於廣寧神祠, 且訝其棟宇庳漏, 旁風上雨, 無複有補完者 子謂贊者曰: "醫巫閭, 天下之名山也:況其神, 位置尊顯, 而此邦之人, 獨不加敬, 何也?" 贊者曰:"人非不敬, 以其神不妄作威福, 故視之平平耳" 子笑曰:"淫祠祅鬼, 厭飫血食, 而茲神顧乃如此" 因賦長韻以發其不平之氣雲:"千古廣寧廟, 雲楣榜舊題 名乘中祀典, 秩賜上公圭 百鬼輿台賤, 群山部伍低 地封連薊北, 天遣鎮遼西 檜影森旌節, 松聲殷鼓鼙 雕梁通蜥蜴, 畫棟落虹霓像古蟲書蘚, 庭卑蚓篆泥 垂楊空鳥衣鳥衣, 蔓草自萋萋 香火何嘗到, 牲醪不見攜 覡巫俱堮跡, 樵

牧漫成蹊 物理多徼幸, 人情固執迷 城狐爐鵲尾, 社鼠按豚蹢 居士爭求福, 彭郎爲娶妻 吾生多坎軻, 末路易推擠 白玉雖雲潔, 青蠅奈何棲 人言何恤是, 神鑒自昭兮 扼腕聲悲壯, 垂頭氣慘凄 尫隤伏櫪馬, 進退觸藩羝 苟不登槐府, 何如釣柳溪 乞骸謀已決, 掣肘事仍睽仰視 威靈在, 潛通肸蠁齊 遲遲歸未得, 殘日亂鴉嗁"

6.

辛丑夜, 久不寐, 步月中庭 偶得一絕句雲："晚來潑火雨猶寒, 卷盡纖雲轉玉盤 想見梨花深院落, 秋千影裏數歸鞍"

7.

壬寅, 得故人王繼昌子伋書, 爲乃父乞哀詞, 予以埋沒簿書, 殊無好懷, 漫賦二詩以寄之："天上玉樓應斷手, 便騎箕尾去堂堂 夢回失大槐安國, 事往墮無何有鄉 命也使然濡末路, 天哉或者付名郎 舊遊磨滅今餘幾, 橫涕無從酹一觴""吾家碧樹忽先摧, 已矣誰能賦七哀 石榔正逢王果墮, 玉棺獨召子喬來 山巔鶴去那容挽, 床上琴亡更不開 想到靈芝夢遊處, 更無長樂曉鍾催"

8.

癸卯, 是日, 得『海山文集』, 乃遼司空大師居覺花島山海雲寺時所制也 故目其集曰『海山』師姓郎, 名思孝, 蚤年舉進士第, 更曆郡縣 一日, 厭棄塵俗, 祝發披緇 已而行業超絕, 名動天下 當遼興宗時, 尊崇佛教, 自國主以下, 親王貴主, 皆師事之 嘗錫大師號曰："崇祿大夫守司空輔國大師"凡上章表, 名而不臣 興宗每萬機之暇, 與師對榻, 以師不肯作詩, 先以詩挑之曰："爲避綺吟不肯吟, 既吟何必昧真心 吾師如此過形外, 弟子爭能識淺深"師和之曰："爲愧荒疏不敢吟, 不吟恐忤帝王心 本吟出世不吟意, 以此來批見過深" "天子天才已善吟, 那堪二相更同心 直饒萬國猶難敵, 一智寧當三智深" 二相, 謂杜令公, 劉侍中也 後遇天安節, 師題『松鶴圖』上進雲: "千載鶴棲萬歲松, 霜翎一點碧枝中 四時有變此無變, 願與吾皇聖壽同" 師自重熙十七年, 離去海鳥山住持縉雲山 興宗特遣合門張世英, 齋禦書並賜香與磨絲等物, 書雲: "冬寒, 司空大師, 法候安樂, 比及來冬, 差人請去, 幸望不賜, 違阻" 末雲, : "方屬祁寒順時善保加 加保攝" 詳其始終, 問訊, 禮如平交 非當時道行有大過人者, 安能使時君推慕如此, 然亦千載一遇, 豈偶然哉

9.

甲辰, 次閭陽新縣 閭陽, 遼時幹州也 承天皇太後, 葬景宗於先塋陵之東南, 建城曰乾州 取其陵在西北隅, 故以名焉 本朝以其縣去廣寧府五裏, 改州爲縣 去歲又以縣非驛路, 移東南六十裏, 舊南州寨爲縣治 居民蕭條, 亦無傳舍, 寄宿於僧寺 主僧老且瘠, 謂子曰: "淵唯識令致再四" 意: 淵公初遊海山, 其後駐錫遼西, 住六和寺, 前三日複經於此, 再宿乃去 且留棄襦以示其信, 予視之, 果然 淵公者, 蓋予祖父之孼子也 早年祝髮, 聽天親, 馬鳴大論幾三十年, 所往攜鈔疏不下兩牛腰 一日, 頓悟, 向上路, 遂語諸僧友曰: "佛法無多子, 元不在言語文字" 乃以平生所業, 束置高閣 自是徧曆叢林求正法眼藏, 又數十年, 今已罷參矣 但不得一見爲恨, 乃作詩以爲他時夜話張本雲: "了卻三根椽下事, 一瓶一缽閱東州 邐齋生厭樹生耳, 罷講似嫌石點頭 起滅無波真古井, 往來觸物信虛舟 門人定喜歸期近, 松已回枝水復流"

10.

乙巳, 次同昌 舊名成州長慶軍節度使, 始建於遼聖宗女晉國公主黏術, 以從嫁戶置城郭市肆, 故世傳公主成州者, 是也 是夕, 假宿於南城之蕭寺 僧

屋壁閑作山水四幅, 疑其真, 即而視之, 乃粉墨圖染勒畫而成者 因作二頌遺主僧智坦, 他日遇明眼人, 當出示之："畫真猶是妄, 何況畫非真 正做夢說夢, 知是身非身""幻出丹青手, 今人一念差 如觀第二月, 猶見空中花"

11.

丙午, 次宜民縣宿福嚴院 宜民舊號, 川州長寧軍節度使, 或謂白川州, 故至今地名白川 本朝天會閑, 改川州刺史 其後, 遭契丹之亂, 殘滅幾盡, 由是複降爲縣 予行宜民道中, 是日熟食節, 山林閑居民攜妻孥上塚, 往來如織, 撩人歸思, 殊無聊賴 又念壯歲獻賦上都, 嘗出此途, 今四十年矣 雖山川依然, 而蒼顏華發, 殆非昔日 感今懷舊, 漫作詩以自遣雲；蹤跡年來徧朔南 消磨髀肉困征驂 居民勝日一百五 倦客流年六十三 水性依然人自老 樹圍如此我何堪 瓶無儲粟猶歸去 待有良田已是貪

12.

丁未, 飯罷, 寺僧出示畫十六羅漢像 子觀其筆意高遠, 殆非尋常畫師所能到 視其背, 有「跋」雲：熙寧二年九月, 入內高班張俊, 送到羅漢十六軸 又旁有「小帖子」雲：待詔侯餘慶等再定及第一品 審知宋朝之舊物, 非兵火流落, 安得至於此耶

13.

戊申, 次胡土虎寨 胡土虎, 漢語渾河也 水邊野寺舊, 無名額, 殿宇寮舍, 雖非壯麗, 然蕭灑可愛 因留詩壁閑雲；斷橋環曲水 蕭寺枕橫坡 佛壁書蝸篆 僧窗網雀羅 天高延月久 地潤得春多 粥板催行李 驅馳奈老何

14.

己酉, 行約四十裏, 過小蘭若, 日建福 臨洮總管蕭卜之祖所創也 其立上

有浮圖, 高出於兩峰閑, 望之巍然, 玉立可愛 馬上口占一絶雲: 林野初疑盤野鶴 岩巓俄喜見枝撐 地偏絶勝臨平路 閑與行人管送迎 是日, 宿懿州寶嚴寺 懿州, 寧昌軍節度使, 古遼西郡柳城之域, 遼聖宗女燕國長公主初古所建 公主納國舅蕭孝惠以從嫁戶置市城市, 遂爲州焉 舊名廣順軍

15.

庚戌, 移宿於返照庵 是庵, 蓋僧介殊之故居也 子嘗兩過寧昌, 皆宿於此, 故北軒有子「自平州別駕審刑北道假宿寶嚴詩」 北軒雜花爛熳 所恨主僧行腳未歸 不得款接晤語 爲留三絶句 且圖他日重來 不爲生客 實大定甲午暮春二十有二日也 塞路飛沙沒馬黃 解鞍投宿贇公 主人何事歸來晚 滿院落花春草長 桃李山僧手自栽 不應容易向人開 綠苔滿院重門鎖 爲問東風底處來 樹頭樹底花開盡 擺撼春風略不停 耐久何如種松竹 歲寒相對眼終靑 大定丁酉 子貳漕遼東 以朝命按治冤獄 復寓於此 是時始識殊公過 從者連日臨分殊 乞言甚懇 因用前韻 是歲四月十二日也 杏子靑靑小未黃 綠陰如染可禪房 腹搖鼻息平生足 更覺空門興味長 僧者道機元自熟 楞嚴塵掩不須開 擁爐諦聽談無上 天雨花隨麈尾來 枕簟淸和消日永 軒窓明快喜風停 道人不埽階前地 愛惜莓苔一徑靑 明昌改元之三月 子又以使事按部經此 自甲午抵今凡十有七年 雖屋宇依然而主僧示滅久矣 北軒花木蕪廢殆盡 感念存亡令人氣塞 遂複用前韻 此與劉夢得三過玄都觀留詩 況味殆相似焉 梁上遺經古硬黃 前身僧永後僧房 葛洪澤畔中秋月 此夕相逢話更長 穠李夭桃滿院栽 當年留宿正花開 而今樹老僧行上 前度劉郎又獨來 露電浮生何足恃 風鐙短景若爲停 卻尋舊日經營處 撲地楊花葉已靑

16.

辛亥, 僧上首性潤, 邀子啜茶於東軒壁閑, 有張譚王樂之皇統乙醜歲「遊山詩碑」中有「遊輞川問山神詩」雲,:"古棧松溪曲繞岩 亂山隨步翠屛開

不知摩詰幽棲後 更有何人曾到來" 代山神答詩雲"好山好水人誰賞 古道荊榛鬱不開 一自施僧爲寺後 而今再見右丞來" 按公自序雲 頃在闕下閱摩詰所畫輞川圖 愛其山水幽深 恐非人世所有 疑當時少加增飾 暨奉命來長安暇日 與都運劉彥謙總判李願良 同遊此川 將次藍田 望玉山 已覺氣象清絕 自川口至鹿苑寺 左右峰巒重複 泉石清潤 花草蒙茸 錦繡奪目 與夫浮空積翠之氣 上下混然 宛如在碧壺中 雖顧陸複生 不可狀其萬一 方知昔之所見圖本 乃當時草草寓意耳 時公方爲行台尚書右丞 以王摩詰亦唐之右丞也 故尾句及之 又鹿苑寺詩雲"前旌臨輞水 一雨霽藍關"子戲謂坐客曰"前旌之說大 似松下喝道"至其次雲"怒浪平欺石 晴雲猶戀山"子曰賴有此耳坐上爲之絕倒 然觀其遊高冠古詩中有 "人閑無此景 樹下悟前生"之句 平淡渾成意趣高遠 向使生晉唐閑 必當升陶彭澤之堂 入韋蘇州之室矣 蓋公胸次自有一邱一壑 故信口肆筆絕無俗語 自公仙去於今三十年 未嘗見如此人 物縱有亦未易識也悲夫

17.

壬子, 飯素於經閣 座有老衲悟公出示法書數幅, 皆古銘文「衣銘」曰; 桑蠶苦女工 難得新捐 舊後必寒 幾銘曰 安無忘危 存無忘亡 熟惟二者 後必無殃 杖銘曰 輔人無苟 扶人無容 又杖銘曰 身之疲杖以扶之 國之危賢以圖之 觴銘曰 樂極則悲 沈湎致非 社稷爲危 鏡銘曰 以銘自照者見形容 以人自照者見吉凶 櫛銘曰 人之有髮旦旦思理 有身兮有心兮 胡不如是 枕銘曰 或枕或欹 有安有危 勿邪其思 凡此七銘皆人之服食器用 旦夕不可闕者 求其源蓋出湯之盤銘 使行住坐臥見之 愀然不敢懈惰 豈小補哉 故並錄之 亦將以自警耳

18.

癸丑, 飯罷, 登閣 上有熾聖佛壇 四壁畫二十八宿, 皆遼待詔田承制筆 田,

是時最爲名, 手非近世畵工所能及 子以九曜壇像設殘缺, 乃盡索行槖中得十千, 付寺僧溥公令補完之 徘徊登覽, 顧謂溥公曰:"此寺額寶嚴, 人複呼爲藥師院者, 何故?"溥公曰:"嘗聞老宿相傳, 此遼藥師公主之舊宅也 其後, 施宅爲寺, 人猶以公主之名呼之 今佛屋, 昔之正寢也：經閣, 昔之梳洗樓也"感其事而作一詩：富貴刹那頃 興亡瞬息中 當年秦女第 浩劫梵王宮 翠閣鉛華歇 朱門錦繡空 給園與祇樹 千古共高風

19.

甲寅, 僧溥公出示故人王平仲所集「和蒙求始末」皆用舊韻, 至於對屬事類, 親切不減前書 向其弟乞子爲序, 將鋟木行世, 子辭以不能, 亦且不暇, 將俟他日 平仲才學俱優, 卒不爲世用, 而遂與草木共盡, 惜哉

20.

乙卯, 觀「銀字藏經」上題雲:"高麗王王堯發心敬造 大晉開運三年丙午二月日"又「大般若波羅密多經」一部, 卷首雲:"菩薩戒弟子高麗國王王昭, 以我國光德四年歲在壬子秋, 敬寫此經一部 意者, 昭謬將冲幼獲嗣, 宗祧機務既繁, 安危所系, 是以每傾心於天佛, 因勤格以祈求所感, 必通事無不遂, 故欲報酬恩德, 輒有此願, 謹記"子按宣和六年, 徐兢撰進「高麗圖經」, 首著高麗王王氏宗系雲：王氏之先蓋高麗大族, 當高氏政衰, 國人以王建賢, 共立爲君長 時後唐長興三年也, 請命於明宗, 封高麗國王 石晉開運二年建卒, 子武立, 乾佑末武卒, 子昭立, 自昭而下, 凡十一傳至於堯, 堯之襲封, 歲月雖不可考, 以其父運立於趙宋神宗元豊六年, 運立四年卒, 子堯立, 即是堯立於哲宗元佑二年也 今「銀字經」卻雲:"大晉開運三年丙午, 高麗王王堯發心敬造"以予考之, 堯即建之十三代孫 即建卒於開運二年, 豈有堯造經於開運三年耶, 斷無是理 況堯父名運, 雖高麗用中原正朔, 在本國亦當回避, 此必妄耳 昭之所書經雲, "以本國光德四年歲在壬子秋, 敬寫

此經" 據「圖」所載, 昭之父武卒於乾佑末 按「五代史」劉知遠即位之明年, 改元幹佑, 終於三年而已, 既雲武卒於乾佑末, 是必乾佑三年也 計昭之嗣立, 當契丹嗣聖滅石晉之後, 終劉漢之世, 昭未嘗朝貢 至郭周廣順二年, 昭方遣廣評侍郎徐逢來, 今經之跋文雲:"以我本國光德四年, 既當時高麗未臣, 中國宜止用本國年號也 然光德年號, 當更考於他書, 則真贗可知矣

21.

丙辰, 寶嚴僧上首溥公, 出示墨竹四幅, 且求詩焉 餘以紛紜簿領中, 草草作此雲:"橫枝出叢林, 獨得回光照 慎勿作長竿, 寒魚不受鈞"〔右『弄晴』〕"法雨漬雲梢, 點點甘露滴 舌本自清涼, 西江不須吸"〔右『洗雨』〕"風過即安閑, 風來即招颭 青青自真如, 塵色終不染"〔右『披風』〕"尊者老不枯, 魁然挺高節 求心已無心, 斷臂猶立雪"〔右『古節』〕

22.

丁巳, 晨發懿州 是日大風, 飛塵暗天, 咫尺莫辨 驛吏失途, 至東北山下, 橫流洶湧, 深不可濟 乃問路於耕者, 卻立謂子曰:"我非力田, 無以為生, 官人顧不得安閑耶" 乃熟視一笑而去 子愧其言, 作詩以自責雲:"逆風吹面朝連暮, 蓬勃飛塵漲煙霧 前驪杳不辨西東, 駐馬臨流不能渡 卻尋川崦問津焉, 山下野老方耕田 舉鞭絕叫呼不得, 俯首傴僂驅烏犍 可憐野老頭如葆, 龜手扶犁赤雙腳 為言生理固須勤, 蓋避今朝風色惡 已而野老笑回頭, 我自家貧仰有秋 官人富貴年如此, 胡不收身覓少休 我初無意聊自謔, 不意此翁反見誚 莫嗔瀧吏笑吾儂, 自揣吾儂也堪笑"是夕, 寄宿於靈山縣之佛寺

23.

戊午早, 解鞍於慶雲縣 縣本遼之祿州, 皇統閑, 始更今名 子方解衣盤礴, 從者攜束蒲以獻曰:"適得雙魚, 鮮可食也" 發而視之, 氣息奄奄, 然即命

貯之盤水中, 少頃, 植鬐鼓鬣, 頗有生意 子歎曰:"爾相濡以沫, 相呴以濕, 苟延斯須之命, 何如相忘於江湖哉"乃命長須持送於遼河之中流, 圉圉然, 洋洋然, 幸不爲校人之欺也 戲作小詩以祝之雲:"我哀濡呴輒晨羞, 持送東城縱急流 此去更饑須閉口, 莫貪香餌弄沈鉤"

24.

己未晚, 達榮安縣, 昔在遼爲榮州 借榻於蕭寺僧舍 壁閑有『施食放生記』, 乃 墨蠟石本裝飾成軸, 三複其文, 辭理俱妙 大概假賓主問答雲 有大沙門於佛誕施食放生時, 一居士謂沙門曰:"聚食施食, 眞汝慳貪, 取生放生, 眞汝殺害 彼餓鬼等, 以慳貪故, 彼畜生等, 以殺害故, 不應利彼而隨墮彼, 雲雲"沙門卽應之曰:"以實不食, 施少分食, 作無數食, 一切餓鬼, 無不能食 以實不生, 放今日生, 令無盡生, 一切畜生, 無不能生"此其大略也, 餘不具錄 其後雲:"至和二年四月八日, 嘉禾陳舜俞記 熙寧七年五月七日, 眉山蘇軾書"子以宋史考之, 至和二年, 仁宗朝乙未歲也 熙寧七年, 神宗朝甲寅歲也 又按三蘇『文集』, 熙寧四年冬, 東坡通守餘杭, 七年秋移守高密, 以九月二十日辭天竺觀音去杭之密 今此記雲:"熙寧七年五月七日, 蘇某書", 卽是猶在杭州時也 東坡忠厚不妄, 許可如歐陽永叔作『韓魏公德威堂記』, 範仲淹作『狄梁公神道碑』, 皆公手書, 自餘非文章議論有大過人者, 未嘗容易作一字 今陳公所記施食放生事, 坡公特爲之書者, 意可知矣 公往在黃州時, 率錢救不擧之, 子在儋耳時, 臨江放垂死之魚 以是觀陳公之記, 意必有會於心者, 故爲書之 其字端謹, 大小頗與『枕中經』相類, 眞所謂傳世之墨寶雲

25.

庚申, 以軍民田訟未判 爲留再宿 午飯後, 信手取故書遮眼, 乃『韓文公集』開帙得詩雲:"居閑食不足, 從事力難任 二者俱害性, 一生恒苦心"三

複其言, 掩卷爲之太息 非韓公飽閱窮通, 備嘗艱阻, 斷不能作是語 予丁醜筮仕, 凡四十年, 俸入雖優, 隨手散去, 家貧累重, 生理索然, 汗顏竊祿, 則不免鍾鳴漏盡之罪, 謀身勇退, 則其如嗁饑號寒, 行藏未決, 閔默自傷 爲作五十六字雲：“舉家千指食嗷嗷, 不食誰能等系匏 掠剩大夫湯沃雪,定交窮鬼漆投膠 春蠶已老不成繭, 社燕欲歸猶戀巢 莫待良田徑須去, 移山聊解北山嘲”

26.

辛酉, 次歸仁縣, 宿南城道院 歸仁, 在遼時爲安州, 本朝改降爲縣 抵暮, 得季弟元微書, 及『未央宮花頭瓦硯詩』

27.

壬戌, 追念吾友高公無忌, 天德辛未歲, 嘗爲歸仁簿 予時赴會寧禦試過此, 高公館子甚勤, 於今四十年矣 公大定丙午爲尚書右司郎中, 扈從之金源是歲, 公之夫人與子相繼而歿, 婢仆死者又數人 公自是絕無生意, 期月之閑, 一夕暴卒 公平生知我最深, 故予悲傷不能已也 遂作詩, 且傷其不幸雲：“晚景桑榆方見用, 秋霜蒲柳已先雕 虞兮命矣甘爲土, 鯉也天乎竟不苗 奇禍一門曾未見, 旅魂萬裏若爲招 傷心此地鸞棲棘, 不見摶風上九霄”

28.

癸亥, 次柳河縣, 舊韓州也 先徙州於奚營州, 後改爲縣, 又以其城近柳河, 故名之 子寄宿僧舍, 視其榜曰：澄心庵 子以周金綱公案, 戲爲短頌, 以問主僧雲：“心動萬緣飛絮, 心安一念如冰 過去, 未來, 見在, 待將那個心澄？”僧雖嘗講經, 絕不知個中消息, 問之茫然, 卒不能對也

29.
甲子, 以妙香供旃檀金像

30.
乙丑, 次韓州, 宿於大明寺 韓州, 遼聖宗時並三河, 榆河二州爲韓州 三河, 本燕之三河縣, 遼祖掠其民於此置州, 故因其舊名 而改城在遼水之側, 常苦風沙, 移於白塔寨 後爲遼水所侵, 移於今柳河縣 又以州非沖塗, 卽徙於舊九百奚營, 卽今所治是也 是日路傍, 見俗謂雞兒花者, 子爲駐馬久之 吾鄉原野閑, 此物無數, 然未嘗一顧, 今寒鄉久客, 忽見此花, 欣然有會於心 退之所謂 "照壁喜見蠍"者, 亦此意歟? 其花形色與雞絶不相類, 不知何以得此名也 爲賦一詩: "花有雞兒號, 形殊意卻同 封包敷玉卵, 含藥啄秋蟲 影臥夜棲月, 頭駢曉舞風 但令無夭折, 甘作白頭翁

31.
丙寅, 老兵自遼陽來, 得兒子欽哉安信, 又附到葛次仲集句詩 亞卿平日喜作此, 是亦得文章遊戲三昧者 至於事實貫串, 聲律妥帖, 渾然可愛, 自非才學該贍, 豈能自成一家如此 其『卽事』雲: "世路山河險, 權門市井忙"『田家』雲: "雀語嘉賓笑, 蟬鳴織婦忙"『僧釋子』雲: "有營非了義, 無事乃真筌"『送別』雲: "世界多煩惱, 人生足別離" 又雲: "寂寞憐吾道, 淹留見俗情"『晦日』雲: "百年莫□□回醉, 三月惟殘一日春"『春望』雲: "楊, 王, 盧, 駱真何者, 許, 史, 金, 張安在哉"『寄死達』雲: "舉世盡從愁裏老, 何人肯向死前休"『秋郊寓目』雲: "不堪回首, 還回首未合白頭今白頭" 其偶對精絶多此類, 東坡所謂 "信手拈得俱天成"者, 亞卿有焉

32.
丁卯, 子臥榻圍屛四幅, 皆著色畫大曲故事, 公餘少憩, 各戲題一絶句『湖

渭州』雲："相如遊倦弄琴心，簾下文君便賞音 犢鼻當年舊偕老，不防終有『白頭吟』"『新水』雲："徐郎生別一酸辛，破鏡還將淚粉匀 縱使三年不成笑，祇應學得息夫人"『薄媚』雲："深知歲不利西行，鄭六其如誓死生 異類猶能保終始，秦樓風月卻無情"『水調歌頭』雲："牆頭容易許平生，繩斷翻悲覆水瓶 子滿芳枝亂紅盡，東君不管盡飄零"

33.

戊辰，予晝寢，夢到故山，幅巾藜杖，盤桓於柳溪之上 既寤，予意謂造物者，責以漏盡鍾鳴，夜行不休，故神報如此 作詩以訟雲："嘗聞勞生佚以老，不謂區區老更忙 自笑頑軀楦青紫，誰求絕足鑒驪黃 苦無長策裨神主，大有閑山著漫郎 夢到故鄉猶可喜，幾時真個是還鄉"

34.

己巳，次胡底千戶寨，宿溫迪罕司獄家 胡底，漢語山也 以其寨居山下，故以爲名 路傍有野花，狀如金蓮而差小，其葉瑣細，大率如魚藻，土人謂之耐凍青 生於祁寒，撥雪而見之，已青青然 予攜以歸，置之坐上，終日相對，傷其背時失地，爲賦一詩："耐凍雖微物，嚴冬不敢侵 蘂嫌宮額淺，色勝羽衣深 戲點人閑鐵，閑鋪地上金 臘梅甘丈行，霜菊許朋簪 風雪窺天巧，泥沙惜陸沈 分無春借力，徒有歲寒心 采摘香盈把，歔欷淚滿襟 栽移損生理，汝勿念知音"

35.

庚午，次南謀懶千戶寨 南謀懶，漢語嶺也，以其近分水嶺故取名焉 借宿於術勃輦家，屋壁有兩橫幅畫，江天風雪，水鴨鸂𪄠鵝，相對於枯荷折葦閑 其水禽毛羽毫發可數，似有生意，乃命拂去塵埃，上有蠅頭細字，仿髴可見，雲："前翰林賜緋待詔劉邊，七十七歲寫生" 既稱前翰林待詔，是必宣政閑人, 因本朝混一之後, 流落於漠北時所作也 予且觀且歎, 爲賦一詩雲: "枯荷不禁風, 水鴨行且飮 折葦半敲雪, 鸂鸂鷜相對寢 風雪意未已, 寒氣猶凜凜 屋煤昏細字, 熟視僅可審 翰林前待詔, 年過七十稔 想見宣政閒, 紆朱給官廩 權門收短幅, 軸玉囊古錦 縱非列神上, 猶足入能品, 丹靑雖由學, 精絶固天稟 蛟螭失江湖, 魚鮪初不淰 蘭孫遭踐履, 生意羨葵荏 當年方得志, 驕侈無乃甚 晚爲口腹累, 吮墨博凡飪 畫工屹如堵, 見此當斂衽 我欲與題跋, 材非曹與沈 興廢姑置之, 投床就高枕"

36.

辛未, 次松瓦千戶寨 松瓦者, 城也 寨近高麗舊城, 故以名之 是日山行, 始見水碓, 予踟躕良久, 且歎其機巧, 而傷其太樸之散也 作詩以紀其事雲: "世人多機心, 技巧變淳古 水碓誰始有, 石臼而木杵 決流注其尾, 尾抑首自擧 其法如權衡, 輕重司仰俯 浮沈刻漏箭, 動息記裏鼓 木牛轉芻粟, 標弓殪貙虎 碾磑出一律, 桔槔何足數 我昔居村落, 升合給爨釜 晨吹課婢僕, 繭足辭艱苦 是時此未識, 自笑愚且魯 細思乃詭道, 抱甕應不取 文公圬者傳, 信矣無浪語 食焉怠其事, 殃禍嘗因睹 耕鋤瀝汗血, 猶水旱風雨 況爾飽無功, 天意恐不與"

37.

壬申, 宿特撥合寨 特撥合, 漸地也 晩登小山, 山南杏數株, 方蓓蕾矣 忽憶舊年京洛閒, 才元宵後, 時有賣花聲 今春將盡, 方得見此, 爲賦三絶句雲: "柳色含煙凍已回, 杏花迎日暖初開 須知造化無南北, 更遠春風也到來" "杏梢如怯曉寒輕, 相對無言卻有情 憶得上都春睡足, 隔牆時聽賣花聲" "朔漠杏花初破蕾, 南州梅子已垂枝 寒鄕倍費生成力, 但得陽和莫恨遲"

38.

癸酉, 宿辟羅寨, 渤海高氏家 辟羅, 漢語暖泉也 以山閑流水一股, 經冬不冰, 故以是名寨 子方解衣盤礴, 忽聞簷閑燕語, 亟視之, 蓋自春山行未見也 因念燕以炎涼, 兒女之計, 不免羈棲於萬裏之外, 可嗟也 "平生便靜今衰老, 黃雀傍簷嫌喧噪 忽聞燕語絕可憐, 亟出披衣任顛倒 呢喃似說經歲別, 念我窮愁加慰勞 飛雲軒在容借不 故裏故園聊一到 不然為我達一信, 問訊平安卻相報 黎明與汝當遠別, 汝可低頭聽吾告 稻粱多處足羅網, 閉口忍饑無抵冒 芹泥深累要安穩, 艾葉儻來休急躁 明年按部定經此, 與汝相期永為好 臨行叮囑主人翁, 千萬莫將天物暴"

39.

甲戌, 次叩畏千戶營 叩畏, 漢語清河也 宿耶塔剌處寨, 漢語火鐮火石也 是日, 曲折行山溪之閑, 溪上有挑菜女三四輩, 皆素面潔服, 絕無山野塵俗之態 中有一人, 植立於道側, 尤非尋常八字眉可比也 馬上漫成四詩: "手攜籃子滿新蔬, 霧鬢風鬟立暝途 約束前驅休問訊, 羅敷嫌笑使君愚" "蕎芽蒲筍繞溪生, 采掇盈筐趁早烹 想得見郎相斌媚, 飯籮攜去餉春耕" "蹋青挑菜共嬉遊, 不識風前月下羞 落日暖歌攜手去, 新聲爭信錦纏頭" "羞將明媚鬭春妍, 顧影徘徊祇自憐 消得風流黃太史, 國香流落歎隨緣"

40.

乙亥, 次和魯奪徒千戶 和魯奪徒, 漢語松山也 宿蒙古魯寨, 蒙古魯, 漢語缽盂子也 是日, 子以疲驁長路, 困於跋涉, 自念躍馬食肉, 壯年之事, 今老矣, 尚作此態宜乎, 不勝其勞也 乃作詩以自慰雲: "深攙烏帽障黃塵, 髀肉消磨浪苦辛 按轡澄清須我輩, 據鞍矍鑠奈吾身 祇憑忠信行蠻貊, 豈有文章動鬼神 南徹淮陽北遼海, 可能無地息勞筋"

41.

　丙子, 次鼻裏合土千戶營 鼻裏合土, 漢語範河也 是日, 方作書, 命取筆硯, 主人攜一瓦龜, 其闊六寸, 長則倍之, 至首尾蓋足皆具, 去其蓋, 則水貯其肩, 墨磨其背, 然子未嘗見也 因作『龜研引』: "材家瓦硯伏靈龜, 意謂天產非人爲 足趺首尾如欲動, 蓋畫八卦從庖犧 刳腸貯水濡毛錐, 削背如砥磨玄圭 中邊俯仰皆中規, 十手對面寧容遲 得非匠氏中野觀壞碑, 揉泥想象得意生新奇 我知此物雖異制, 其所由來非近世 陶泓乃祖爾苗裔, 中表羅文□其弟, 何不捧玉堂閣老金蓮底, 夜草麻辭拜房, 魏 又不隨春房場屋集計吏, 衡石低昂較才藝 胡爲流落沙漠之窮鄉, 何異越人章甫逐臭之都梁 苟不覆醬瓿, 將支折腳之木床 惜也不爲世用, 而令人悲傷 嗟子與汝兮, 此生齟齬 雖欲自效兮, 不知其所 明日啟行, 則吾將以佩刀易汝, 徑攜以歸, 要注蟲蝦於環堵 硯兮, 硯兮, 行當渡遼鼓枻於洪波, 汝勿念枯魚之過河 倏然踴躍兮, 如陶壁之飛梭 回首眷眷兮, 蹢躅於蛟鼉 使子瞻望不及矣, 涕泗滂沱 嗚呼! 汝轉棄子兮, 子將如何?"

42.

　丁丑, 次咸平, 宿府治之安忠堂 鹹平, 禹別九州, 其地則冀州之域, 舜置十二州, 即幽州之分 周封箕子, 始教民以禮義, 秦並六國, 置爲遼東郡 及高麗既強, 侵據其地, 唐高宗命李績東征高麗, 置爲安東都護府 其後爲渤海大氏所有, 契丹時既滅大氏, 卒入於遼, 遂爲咸州, 以安東軍節度治之 本朝撫定, 置咸州詳穩司, 後升爲咸平府, 兼總管本路兵馬事 昔子運漕遼東居此者, 凡二年, 以是遷移區並, 粗得知之 是日易傳於山下民家, 旁有古城甚大, 問路人, 雲: "此高麗廢城也" 子駐立於頹基, 極目四顧, 想其當時營建, 恃以爲萬世之計, 後不旋踵已爲人所有, 良可歎哉 乃作詩以吊之: "句麗方竊據, 唐將已專征(原注: 謂李績也) 國破千年恨, 兵窮百戰平 信知宗子固, 不及眾心誠 試望含元殿, 離離禾黍生"

43.

　戊寅, 吾鄉人王生者, 見訪 生善星水, 初爲人擇葬來此, 因循不歸, 餘二十年矣 今再見之, 其貧如舊, 所異者, 蒼顏華發耳 予欲勉其歸, 以短詩贈之："憶昔分攜如隔世, 相逢驚見兩茫然 松楸河朔三千裏, 萍梗天東二十年 白髮可憐浮海粟, 青囊不博買山錢 明年會約同歸去, 裏巷追隨作散仙"

44.

　己卯, 子公餘塊坐, 因念舊年逐食於此, 嘗遊李氏園 時牡丹數百本, 方爛熳盛開, 內一種萼白蘂黃者, 風韻勝絕, 問其名曰："雙頭白樓子" 子惡其名不佳, 乃改曰："並蒂玉東西" 後日複往, 則群芳盡矣 所謂玉東西者, 雖已過時, 其典刑猶在 竚立久, 少休於小亭, 亭中有幾案, 置小硯屏, 乃題絕句於硯屏上, 今不知在否？ 因詢其家李氏子, 取以示子, 醉墨宛然, 計其歲月, 十有七年矣

45.

　庚辰, 數日前, 李花方破蕾, 子命以瓶貯之, 既而爛開, 今日已複飄零 方歎息間, 適有獻桃花者, 於是以桃易李, 桃以新泉漬而沃之, 欣榮轉甚, 照映李花, 粉光如玉 予謂桃李之品, 素不能低昂, 今一爲棄物, 一爲珍玩者, 無他, 蓋時與不時耳 因物感情, 爲賦一詩, 且以雪李花之恨雲："江陵二月李花飛, 安東三月花尚稀 春寒要勒開未得, 枝上的礫團珠璣 秘壺滿插猶嫌窄, 紅紫紛紛厭俗格 朝夕調護易新泉, 約束不容纖手摘 縞裙練帨正可憐, 遽爾玉減春風前 已恨色衰甘棄擲, 桃花無賴鬪芳妍 李被桃欺休懊惱, 豈有先開不先老, 桃花得意能幾時, 咫尺醱醾開更好"

46.

　辛巳, 予晝寢, 既覺, 觀臥屛上三僧圍棊於松下, 二老者對弈, 一騰者旁觀, 一小僧洗滌茶具, 一童子負韋山笠立於坐側, 衣裾體貌, 種種不凡, 至於勝負之態, 似見於顔色 惜乎不知畫手爲誰也 爲題一詩於屛上云:"人間龍象風骨奇, 騰者精悍老不疲 得非石林, 洪覺範, 參寥, 佛印相追隨 茶瓜卻去香火冷, 曦馭不轉松陰遲 口鉗未欲作詩債, 坐隱聊爾逃禪癡 黑矜驟勝見顔色, 白負少衄方低眉 宣州一著太容易, 瓜葛爭道眞兒嬉 吾聞懶瓚有道者, 寒涕不收從垂頤 又聞作止俱是病, 況此念念傾人危 何如四脚棋盤一色子, 一局輾轉無成虧"

47.

　壬午, 問囚旣罷, 因詢故吏:"予舊識王本者, 今在何地?"吏曰:"棄家久矣, 今住松山尹皮袋之舊居"又問:"尹皮袋何人也?"吏曰:"本陝右人, 居此山者, 凡五十年, 無貴賤少長, 皆以尹皮袋呼之 自稱曰'得得'或問得得之說渠云:'知得來處, 知得去處'世以此爲達人 有素約, 雖風雨不愆 一日, 山下渤海民家召飯, 陰置蠱毒, 旣覺, 輒嗽新泉, 危坐數日, 所苦良已 旣而複召, 複去, 門人婁先生者, 事尹歲久, 切戒之曰:'今中毒凡五, 幸無恙, 當辭以不赴'尹曰:'予不諾其請, 則是家必不滿意也'後竟爲蠱所困, 乃閉目不食, 嗽水凡七晝夜 晨起謂婁先生曰:'汝嘗吾糞穢否?'婁有難色 尹笑曰:'汝尙有此爾'乃自取以舐之, 曰:'無穢矣, 吾將行上矣'婁且泣且懇, 曰:'願師見教'尹曰:'少吃鹽, 莫吃醋, 別人愛你, 你休做跏趺'而逝後數歲, 有人持尹書以遺婁先生曰:'吾待汝於華山, 汝宜速來'婁即往焉, 後不知其所終 尹屍經三十年, 兀坐如枯株, 亦不腐 大定丙午歲, 咸平集眞觀劉道士, 載歸本觀, 火其屍而葬之 有識者, 無不爲之歎恨也 且又說:初奉迎出故山時, 冠服儼然, 及臨風, 衣袂飄揚, 翩翩如飛蝶焉 獨幅巾宛然, 無纖毫敗朽 市民郭氏者, 以新巾易之, 秘藏於家, 晨昏香鐙, 奉事彌謹 初道友往來見時得瞻

頂 自後其家頗厭人事, 托以羽化焉"

48.

癸未, 登紫霞山, 觀宇文叔通撰『劉司空神道碑』劉公, 名宏, 字子孝, 唐燕王仁恭之七世孫也 仕遼, 任懿州寧昌軍節度使 收國初, 以闔境歸附本朝, 懿之生齒數萬, 無跨履之喪, 公之力也 古人謂活千人者必封如公, 又豈止活千人而已 則劉氏之昌也, 無疑矣

49.

四月甲申朔, 以先考諱日, 飯僧於禪 會齋罷, 易衣於方丈壁間, 有著色維摩居士像, 其隱幾示病, 揮犀語道, 俱有生意 詳其顧盼領略, 是必與文殊對談之際 惜乎兩幅之失其一也 予因以兩偈贊之雲: "不悟維摩其病, 卻將天女相猜 要識本來面目, 化身金粟如來" "登玉座餘半席, 香積飯惟一杯 可笑曼殊空利, 區區卻爲食來"

50.

乙酉, 宿清安縣治之生明堂 清安, 世傳遼太祖始置爲肅州, 本朝改降爲縣 驛卒告予曰: "堂之北軒, 有櫻桃正發" 予亟往視之, 乃朱櫻數株, 長五尺許, 每枝才三四花, 憔悴有可憐之色 予問其故? 答曰: "此方地寒, 經冬畏避霜雪, 輒埋於地, 以是頓挫如此" 予因念丁未歲, 嘗假守淮西, 廳事之後, 朱櫻四合, 璀璨炫目, 嘗夜飲其下, 月色如畫, 疏陰滿地, 笙歌間作, 都不知曙星之出也 感懷今昔,爲作詩雲: "前年守淮西, 官府頗雄壯 園池通遠近, 亭榭分背向 炎方得春早, 二月花已放 白紅與青紫, 奪目紛萬狀 得非造物者, 爲出無盡藏 朱櫻結嘉實, 炫耀極一望 錢王錦繡樹, 金穀紅步障 予時籍清陰, 坐待住月上 老妻勸我飲, 稚子儼成行 長腰蘆花白, 賓廚薦新釀 肴核既狼籍, 膾炙庖夫餉 烏烏長短句, 付與雪兒唱 眼花亂朱碧, 世事齊得喪 兒童雖見

誚, 官守幸不曠 年來客遼海, 黃塵沒飛鞅 芳時因奔走, 安得有佳況 一從出山穀, 風色如挾纊 春歸櫻始華, 生意未敷暢 冬藏苦冰雪, 所幸今無恙 我將話南州, 人或疑誕妄 繞枝三歎息, 回首一凄愴 退坐想繁華, 蕭然覺神王

51.

丙戌, 複歸咸平, 路經西山崇壽寺 昔予官守於此, 寺已荒廢, 今十有五年 頽毁殆盡, 又非曩昔之比, 低徊感愴, 遂留詩於寺壁雲: "紫霞山寺久不來, 往昔破碎今摧頹 一缽殘僧飫藜藋, 百身古佛眠莓苔 門楣金烏經雨泣, 殿脊鐵鳳含風哀 安得使君鞭紫馬, 咄嗟檀施隨緣來"

52.

丁亥, 謁先師宣聖廟 學生呂陽, 衙作尹等, 陪位禮畢, 少憩於營道堂, 程考諸生月課, 既而話及與予友善者, 楊´王´李三秀才, 相繼下世 又當時春秋二仲同來者, 轉運副使郭重元, 幕客趙彬, 趙莘, 亦成鬼錄 念念不覺惘然, 因成一絕句: "舊僚郭, 趙身爲燼, 先友王´楊骨已枯 莫笑囁嚅翁不達, 人間闟在不如吾"

53.

己丑, 謁侍禦史範元濟於西塔寺 既別, 登九曜閣, 有蔡正父所撰『弘理大師碑』

54.

庚寅, 宿銅山縣 銅山, 遼之銅州也, 本朝改爲東平縣焉

55.

壬寅夏日劍舟居士屬館上供事從永樂大典中錄出遼東行部志一卷金王寂

撰寂字符老薊州玉田人海陵天德二年進士世宗大定二年為太原祁縣令十五年嘗奉使往白霅治獄十七年以父艱歸明年起復真定少尹兼河北西路兵馬副都總管遷通州刺史兼知軍事又遷中都副留守二十六年冬由戶部郎出守蔡州二十九年被命提點遼東路刑獄章宗明昌初召還終於轉運使中州集稱其著有拙軒集北遷錄諸書拙軒集館臣在大典中輯成六卷付聚珍板印行又有畿輔叢書本金源叢書本而此錄亦在大典中錄出四庫並未著錄僅載明昌元年二月十二日在提點遼東路刑獄任於二月十二日出按至四月七日止一月零二十五日所經之地所辦之事所作之詩文均載焉於地理並未詳述而所載詩五十七首文三首均拙軒集所不載可補一卷金源著述傳世日稀梓而存之亦考古者所欲快睹也志中年月屢經傳寫不無訛舛今取辛楣先生四朝朔閏表核之表云金章宗明昌元年歲次庚戌二月朔為乙酉十二日丙申與志合三月朔宋丙辰金乙卯四月朔甲申則金與宋同與首一條干支恰合餘皆據表訂定庶不貽誤讀者詩別鈔出轉貽吳仲怡中丞附刻拙軒集之後宣統紀元閏花朝日江陰繆荃孫跋于對雨樓下之南窗

압강행부지(鴨江行部志)

압강행부지(鴨江行部志)

남 주 성 역주

금(金) 왕적(王寂) 지음
(『遼海叢書』本)

● 목 록
    지절본서(志節本敘)
    압강행부지(鴨江行部志)
    발(跋)

● 압강행부지절본서(鴨江行部志節本敍)¹⁾

앞서 읽은 『만주원류고(滿洲源流考)』에서 인용한 『압강행부지(鴨江行部志)』는 『요동행부지(遼東行部志)』와 같이 『영락대전(永樂大典)』에서 나온 것임을 알 수 있는데 일을 잘 처리하는 자가 없어서 집(輯)으로 만들기 위하여 꺼내고도 잃어버린 지 오래였다. 근래 비로소 이 책이 『집본(輯本)』에 있었으며, 이 『집본(輯本)』이 성백희(盛伯熙) 제주(祭酒)의 집에 보관되다가 뒤에 해염(海鹽) 주씨(朱氏)에게 전해졌다는 것을 알게 되었다. 이는 진나라 분서의 화를 당하지 않고 공씨(孔氏)의 벽에 남아서 모두 갖추어져 있다는 말을 듣고 기뻐했다는 것을 보고 알 수 있었다. 주씨는 이 책을 매우 비밀히 하여 아쉽게도 간행토록 하지 않았다. 공이 사람들에게서 얻어서 볼 수 있었던 것은 겨우 주씨가 쓴 '고증 일편'[원명은 『압강행부지지리고(鴨江行部志地理考)』인데 이를 잘라서 지학(地學) 잡지(雜志) 제20년 제1기에 넣었다]이라 부르는 것이었다. 기문(記文)을 인용한 것이 매우 간략하여 가장자리를 보는 듯하다.

『만주원류고』를 고찰해 보면 무릇 세 번 이 책을 인용하였다. 하나와 둘은 모두 탕지현(湯池縣)이고 셋은 소주(蘇州) 관련으로 모두 이 편에 갖추어져 있다. 모두 원래 『대전집(大典輯)』에서 나온 요동과 압강 두 『행부지』를 편철한 것이며 본래 『원류고』를 쓸 때 보여진 것보다 충분치 않다. 또한 겨우 이것뿐이나 이것도 가히 귀한 것이다.

『요동행부지집본』은 이미 강음(江陰)의 무씨(繆氏)가 간행하였기에 주씨가 보존하고 있는 이 책이 실로 세상에서 유일한 책이다. 서신을 보내

---

1) 금나라 왕적이 쓴 『압강행부지』 중 지리에 관한 것을 주희조가 (고증하여 『압강행부지절본』이라) 이름 붙인 것으로서 김육불이 主編이 되어 1933~1936년 사이에 심양에서 간행한 『요해총서(遼海叢書)』에 실었다. 번역에 사용한 자료는 국학도항(国学导航)에 실린 것을 저본으로 하였다.(역자주)

빌려서 베끼겠다고 요청하였으나 오랫동안 허락받지 못하였기에 우선 『요동행부지』 뒤에 붙여서 간행한다.

　푸줏간을 지나가니 마음껏 맛보고 싶은데, 설령 고기를 얻지 못할지라도 없는 것보다 오히려 나으니, 이로 인하여 원본이 빨리 나오기를 바란다.

　여럿이 끝내 광릉산(廣陵散)을 완성하는 데는 이르지 못하였다.

　김육불(金毓黻)[2])이 교정을 마치고 쓰다.

---

2) 김육불(金毓黻) : 1887~1962, 만주 요양 출생. 북경대 졸업. 역사학자, 남경대사학과 교수 역임. 주요 저서로 『발해국시상편』, 『중국사학사』, 『동북통사』, 『요해총서』, 『총목제요』 등이 있다.(백도백과)

● 압강행부지 본문

금(金) 왕적(王寂) 지음
해염(海鹽) 주희조(朱希祖)3) 고증

1일차

2월 기축일, 동료가 송별연을 열어주어서 망해문(望海門) 백학관의 학명헌에 모여서 식사하였다. 백학은 대개 정령위의 고사에서 취한 것이다. 동남으로 화표산(華表山)이 보이는데 구름과 연기가 피어나 돌아보고 인사를 할 겨를도 없다.

주석1 : 살피건대 『요동행부지』에 이르기를, "내가 사신으로 관하 주군을 돌아보러 갈 때 동료가 요양 서곡문의 단정에서 송별하였다."고 하였다. 왕적은 이때 제점요동로형옥(提點遼東路刑獄)이었는데, 순시를 나가지 않았을 때는 필히 요양에 한철 머물렀을 것이다. 『요동행부지』의 서작문과 『압강행부지』의 망해문은 필히 모두 요양부 성문이다. 『요사』 「지리지」에는, "신책 4년(919년) 요동 고성을 고쳐서 발해 한호(漢戶)로써 동평군(東平郡)을 세웠다. 천현 3년(928년) 동란국민(東丹國民)을 옮겨서 거주케 하여 남경으로 승격시키고 성의 이름은 천복(天福)이라 하였다."고 되어있다.

여덟 개의 문이 있는데 동은 영양, 남동은 소양, 남은 용원, 서남은 현덕, 서는 대순, 서북은 대요, 북은 회원, 동북은 안원이다. 궁성은 동북 모서리에 있고, 외성은 한성(漢城)으로 불렀다. 남북으로 시가를 나누었으며 서쪽에는 유수아문 호부 사군순원이 있다.

---

3) 주희조(朱希祖) : 1879~1944. 절강성 가흥부 해염현 출생. 북경대학, 청화대학 등 교수 역임. 사학자

천현 13년(938년) 남경을 동경으로 개명하고 부(府)는 요양(遼陽)이라 하였다. 『금사』「지리지」'동경로' 요양부에 그 연혁이 약술되어 있는데 『요지(遼志)』와 같고 오직 호칭만 태종 천회 10년(1132년)에 남경로로 고쳤다고 하였다. 대정 원년(1161년) 금 세종이 요양에서 즉위하였으며 또 동경이라 불렸다. 『금사』「완안복수전(完顔福壽傳)」에 "세종이 동경에서 즉위하였다."는 것이 이것이다. 『금지(金志)』에는 실리지 않았으나 금의 동경은 요나라 옛 자리이니 즉, 요양 한성의 순원(巡院)은 곧 제점요동형옥아서(提點遼東刑獄衙署)임을 의심할 바 없다.

요나라 요양 여덟 개 문의 이름을 금대에 이유가 있어서 고쳤는데, 서작문과 망해문은 어느 문을 바꾼 것인지는 『금지』에 실려 있지 않다. 요양의 여덟 개 문의 이름은 이런 연고로 고찰할 수 없다. 오로지 이 두 문의 이름은 다행히 여기 두 행부지에 남아 있어서 『금지』에서 빠진 부분을 보완해 준다.

또 살펴보건대 강희 『성경통지』에 화표산(華表山)은 요양성 동쪽 60리에 있다. 『요사』「지리지」에 학야현(鶴野縣)은 발해 때 계산현(雞山縣)이었다. 옛날 정령위(丁令威)의 집이 이곳이다. 집을 떠나서 천 년 뒤에 학이 되어 돌아와서 화표주에 내려앉아 부리로 화표주에 새겨 말하기를, "새여 새여 정령위여, 집을 떠나 천 년 뒤 이제 돌아오니, 성곽은 그대로이나 사람은 아니로다. 어찌 신선술을 안 배워 무덤만 총총한가?"라고 하였다.

영암사(靈巖寺)에서 묵었다.

주석2 : 『금사』「지리지」에서 "흥정 3년에 석성현 영암사가 암주(巖州)가 되고 그 의곽현은 동안(東安)이라 하고 행성을 두었다."고 하였다. 『만주역사지리』 2권 (202쪽) '금나라 강역 요양부' 조에는, "『요동지』에, 요양 동남쪽으로 80리에 있는 안평(安平)의 광산(礦山)에 행성비가 있다."고 되어있고 "금나라 암주를 비정하면 지금의 안평이다."라고 되어있다. 그러므로 영암사는 지금의 안평(安平)에 있고 요양의 동남쪽 80리에 있다.

2일차

경인일, 상방(上方)으로 놀러 갔다.

3일차

신묘일, 다시 이 산의 정관당에 올랐다. 다른 해에 영암(靈巖)이 되었는데 일단의 아름다운 이야기.

4일차

임진일, 용천곡(龍泉谷)에 놀러갔다. 곡은 절에서 3리 떨어져 있어 가깝다.

주석3 : 살펴보건대, 상방과 용천곡은 모두 영암사 부근에 있다. '정관당' 조에 이르기를, "다른 해에 영암이 되었는데 일단의 아름다운 이야기가 있다."라고 하였고, '용천곡' 조에 이르기를, "곡은 절에서 3리 떨어져 있어 가깝다."라고 하였기에 가히 증명이 된다.

5일차

계사일, 징주(澄州)로 갔다.

주석4 : 징주는 요나라 해주(海州)이고 지금의 해성현(海城縣)이다. 『금사』「지리지」에 "천덕 3년(1151년) 해주를 징주로 고쳤다."고 되어있는데, 그 치소가 임명현(臨溟縣)이다."

6일차

갑오일 명수정(明秀亭)을 출발하였다.

주석5 : 살펴보건대, 징주에 있다.

10일차⁴⁾
무술일, 석목(析木)의 법운사(法雲寺)에 묵었다.

주석6 : 『금사』「지리지」에 "석목현은 요의 동주(銅州) 부곽현(附郭縣)이다. 황통 3년(1143년) 징주에 소속되었다."고 되어있는데, 지금의 이름은 석목성이다.
  도(道)는 계산에서 나온다. 선인의 계산시(雞山詩)에 이르기를, "어린아이 데리고 이 땅에서 유람하니 계산은 홀로 우뚝한데 냇물은 동쪽으로 흐른다. 이제 다시 산을 지나 앞길로 나아가니 산의 색깔은 푸른데 사람은 흰머리로다."
  『요사』「지리지」에 "학야현(鶴野縣)은 발해 계산현인데 금나라에서 그대로 하였다."고 한다. 즉 계산이 학야현이다. 『요동지』에 "학야현 유지가 요양 서쪽 팔십 리에 있다."고 되어있다.

11일차
  기해일, 탕지현(湯池縣) 호국사에서 묵었다. 탕지는 본래 요나라 때 철주(鐵州)이다. 그 동쪽에 철령이 있어서 이름이 되었다. 요주(耀州)에 예속되었다. 지금의 신향진(神鄕鎭)이다.

주석7 : 탕지현은 지금의 개평현(蓋平縣) 동북 칠십 리에 있는 지명 탕지가 이것이다. 『금사』「지리지」에 "개주 탕지현은 요나라 철주 탕지현이다. 진이 하나로서 신향이다."고 되어있다. 이에 의거하면 요나라 요주는 곧 금나라 신향진이다. 『요사』「지리지」에는 "요주가 해주에 예속되는데 동북 해주까지 이 백리이다."라고

---
4) 6일차가 갑오일이고, 곧바로 4일이 지나서 무술일을 기록하였기에 일수는 10일차가 된다.(역자수)

되어 있다.『만주역사지리』제2권 '요나라 강역 요주' 조에 이르기를, "요주는 지금의 해성현이다. 남쪽에 대석교, 북쪽 부근에 악주성(岳州城) 한 촌이 있는데, 곧 옛 요주이다."라고 한다. 악은 요의 음이 변화된 것이다. 지금의 해성과 악주성은 서로 약 오십여 리 떨어져 있다.『요사』에서 말하는 "요주의 동북 이백 리에 해주가 있다."는 것과 지리가 맞지 않다. 살펴보건대, 요나라 요주는 금나라 신향진이고, 요나라 해주는 금나라 징주이다. 징주에서 탕지에 이르기까지 불과 하루 일정이다. 신향진과 탕지는 가깝다.『요사』에 '서로 이백 리'라고 한 것이 틀렸다. 요주는 지금의 악주성촌(岳州城村)이라는 설이 거의 가깝다.

13일차
신축일, 진주(辰州)로 갔다.

주석8 :『금사』「지리지」"개주(蓋州)는 본래 고구려 개갈모성(蓋葛牟城)으로 요나라 진주이다. 명창 4년(1193년)에 갈소관(曷蘇館)을 없애고 '진주요해군절도사'를 세웠다. 6년 진(陳)과 발음이 같기에 고쳐서 개갈모성을 취하여 이름 지었다. 그 치소는 건안현이다.", 이에 의하면 금 명창 6년 이전에 그 땅은 여전히 요나라 진주의 이름을 썼다. 6년 이후에 고쳐서 개주가 되었다. 왕적이 명창 2년에 순행하여 이곳에 이르렀을 때는 여전히 진주라 칭하고 갈소관로에 속하였다. 지금은 개평현이 되었다.

16일차
갑진일, 웅악현(熊岳縣)에 가서 흥교사에 묵었다.

주석9 :『금사』「지리지」에 "개주 웅악현은 요나라의 노주(盧州) 웅악현이다. 요나라 때 남여직탕하사에 속하였다.",『요사』「지리지」에는 "웅악현 서쪽 바다까지 시오 리이고, 곁에 웅악산이 있다."고 되어있다. 살펴보건대, 웅악현은 원나라 때 폐지하고 명나라 때 웅악보라 불렀다. 지금 이름은 웅악성으로 개평현 서남 육십 리에 있다.

17일차
을사일, 용문산(龍門山) 운봉원(雲峰院)에 갔다. 용문의 남쪽에 큰 산이 있다. 높이 우뚝 솟아 있는데 다른 산이 둘러싸서 수십 리 이어져 있다. 뜻으로 보아 이곳이 필시 웅악이다. 이에 지방 사람에게 물었으나 아는 이가 없다. 용문과 비교하면 여러 산이 큰 산을 가리고 품어서 고요하고 아늑한 느낌이다.

주석10 : 강희 『성경통지(盛京通志)』에는 "용문 탕산은 개평성 남쪽 일백 리에 있다."고 기록되어 있다.

18일차
병오일, 북암갈소관 절도사(北巖曷蘇館節度使)로 놀러 갔다. 이곳에서 삼십 리가 되지 않는다.

주석11 : 살펴보건대, 『여씨춘추』 「불광편」 주에, "고사 행군은 삼십 리를 하루 여정이라 한다."고 하였다.

19일차
정미일, 갈소관(曷蘇館)으로 가서 부서의 공명헌에 묵었다. 절도사 흘석열명원이 제목을 붙였다.

주석12 : 『만주역사지리』 제2권, '금의 강역 개주' 조에 이르기를, "개주 치소는 건안현으로 요나라 진주[지금의 개평현]이다."고 한다. 금대에 일찍이 갈소관로의 치소였다.[203쪽] 또 '갈소관로' 조에 이르기를, "갈소관로 치소는 지금의 개평현이다."[186쪽] 또 이르기를, "지금의 요양부 학야현 장의진에 갈소관이 있다."고 한다. 그러나 이것은 작은 지명으로 갈소관로는 따로 있다.[187쪽] 또 이르기를, "『금사』「지리지」갈소관로는 이미 상경로에 들어갔다. 동경로 개주, 진주는 본래 갈소관이다. 명창 4년에 두었다."고 한다. 옛 갈소관로는 명창 4년 이전에는 거의 상경로에 속하였고, 4년 이후에 진주로 고쳐서 동경로에 편입하였다. 그러나 갈소관 동방 압록강변의 파속로는 시종 동경로에 속하였다. 그것으로 보아 이는 곧 갈소관로인데 어찌 홀로 날아서 동경로를 떠나 상경로에 속하겠는가? 이는 지리에서 매우 이해할 수 없다. 또한 적당한 설명을 할 수 없다.[188쪽]

살펴보건대, 『만주역사지리』에서는 개주를 명창 6년 이전에 진주로 명명하여 갈소관로 치소가 되었다고 하는데, 이는 첫 번째의 오류이다. 갈소관로는 명창 4년 이전에 상경로에 속하였고, 이후에 진주로 이름을 바꿔서 동경로에 편입되었다는 것이 두 번째의 오류이다. 『압강행부지』를 보면 곧 갈소관로 치소가 웅악현 용문산 북암 부근 삼십 리이다. 웅악은 개평 남쪽 육십 리이다. 용문은 또 웅악 남쪽 사십 리 갈소관서(曷蘇館署)에 있다. 또 용문 북암 남쪽 또는 서남 삼십 리이다.

왕적의 행정을 보면, 가히 추측할 수 있다. 대개 왕적이 간 곳이 갈소관부서(曷蘇館府署)의 공명헌(公明軒)이다. 헌의 이름은 금나라 갈소관절도사 흘석열명원(紇石烈明遠)이 제목을 붙였다. 『압강행부지』본 조와 위의 문장 '북암에 놀러 갔다'를 보면 알 수 있다. 그러나 갈소관로 치소는 웅악현 용문산 북암 부근 삼십 리 떨어져 있다. 지금의 개평은 곧 금나라 진주이다. 뒤에 개주로 고친 것은 백 수십 리 떨어져 있는데 이것으로 가히 그 오류를 증명한다. 왕적이 갈소관절도사부서에 도착한 것은 명창 2년이다. 즉 명창 4년 이전 동경로에는 확실히 갈소관로가 있었다.

『금사』「지리지」'상경로' 편을 고찰해 보면 "갈소관로에 절도사를 두었다. 천회 7년 치소를 영주(寧州)로 옮기고 도통사를 두었다가 명창 4년에 폐지하였."고 한다. 주(注)에 이르기를, "화성관(化成關)이 있는데 금나라 말로 갈철한유(曷

撤罕酉)라고 한다."고 하였다. 또 『금사』 「태종 본기」를 고찰해 보면, 천회 7년 11월 경술일, 갈소관도통사 치소를 영주로 옮겼다. 또 「지리지」 '동경로' 편에 개주는 요나라 때 이름이 진주로서, 명창 4년에 갈소관을 폐지하고 진주요해군절도사를 세웠다. 각 절에 의거하여 보면, 갈소관절도사 아래에는 일찍이 도통사[이 관칭은 『금사』 「백관지」에 볼 수 없다]를 두었다.

아마도 초기에는 절도사와 치소가 같았을 것이다. 천회 7년 도통사 치소를 영주(寧州)로 옮겼는데 영주에 화성관(化成關)이 있다. 명창 4년 갈소관절도사를 진주요해군절도사로 고치고 동시에 갈소관도통사를 폐지하였는데, 오직 영주의 지명은 『금사』 「지리지」에서 볼 수 없다. 『요사』 「지리지」 '상경도'에는 "임황부는 지금의 서랍목륜하 북쪽 파라성이며 금나라 북경이다."라고 하였다. 영주가 있는데 상경 동북 350리로 지금의 찰로특기 동쪽 변두리이다. 『금사』 「지리지」를 지은 사람이 오인을 해서 요나라 상경의 영주를 금나라 상경의 영주로 보아서 마침내 갈소관로를 다시 상경로에 나오게 하였으니 이 사실을 쉽게 알 수 있다. 요나라 동경도에 또한 영주가 있는 것을 알지 못하였다. 『요사』 「지리지」 '동경도' 영주는 순화성 아래에 있으며 병사에 관한 일은 모두 동경통군사 예하이다. 영주에는 화성관이 있으니 즉 영주는 필히 요나라 소주 부근이다. 『금사』 「지리지」 복주 화성현은 요나라 소주로서 황통 3년 현으로 강등하여 소속시켰다. 정우 4년 5월 승격하여 금주가 되었다(지금의 이름 또한 금주이다).

『압강행부지』 '3월 병진' 조에 "여러 야로를 방문하였다."고 하는데 이 소주관이다. 요나라 소주(蘇州)는 지금 화성현(化成縣)이 되었는데 관은 설치가 금지되었다. 요나라 이래로 그 남쪽에서 배가 들어왔는데 이 길로 나가지 않으면 뭍에 오를 수 없다. 그런즉 「지리지」에서 소위 화성관이라고 하는 것은 곧 요나라 소주관임이 이로써 증명된다. 영주와 소주는 실제 서로 가깝기에 함께 동경도에 예속하였다. 그렇지 않고 만약 상경의 영주라면 즉 금나라 상경로에는 실제 영주가 없고, 요나라 상경도의 영주 또한 없다. '금나라 상경로 내'라는 『금사』 「지리지」는 이미 잘못으로 영주가 금의 상경로에 있다고 마침내 중복하여 열거하고 갈소관로가 상경로에 있다고 하였다. 『만주역사지리』에는 또 곡해하여 "명창 4년 이전 갈소관로가 상경로에 속한다."고 하였다. 4년 이후에 진주로 개명하고 동경로에 편입했으니 이곳의 그 오류는 이 책과 『요지(遼志)』로써 증명된다.

24일차

삼월 임자일, 복주(復州)로 가는 도중에 이날 저녁 다시 보암사에 묵었다.

주석13 : 복주는 곧 지금의 복주인데 그 치소는 영강현(永康縣)에 있다.

28일차

병자일5), 영강(永康)에서 순화영(順化營)으로 가는 도중 서남쪽을 바라보니 해상에 뜬 것같이 우뚝 솟아 있는 두 개의 산이 있다. 여러 야로를 탐방하니 말하되, "이것은 소주관(蘇州關)이다."고 한다.

요나라 소주는 지금 화성현(化成縣)6)으로 고쳤다. 관의 설치가 금지되었다. 요나라 이래로 그 남쪽에서 배가 들어오는데 이 길로 나가지 아니하고서는 뭍에 오를 수 없다. 전하는 바로는 수나라와 당나라가 고구려를 정벌할 때 군량을 실은 전함 또한 이곳으로부터 왔다.

남쪽으로 백 리 떨어져서 산이 있는데 철산이라 부르며 항상 갑사(甲士) 칠천 명이 주둔하여 해로를 방비하고 매일 저녁 평안하다는 뜻의 불빛 신호로 보고하는데 이곳에서 시작한다. 서남쪽 바닷길로 오백여 리에 홍랑자섬이라는 산이 있다. 섬 위에서는 밤에 등주와 래주 연해 주민의 닭과

---

5) 원문은 병자(丙子)로 되어 있으나, 병진(丙辰)의 오기이다.(역자주)
6) 화성현(化成縣) : 현 대련시(大連市) 금주구(金州區)에 치소가 있었다.(백도백과)

개 짖는 소리가 들린다.

주석14 : 『금사』「지리지」에 의하면 복주(復州) 영강현(永康縣)은 옛날 이름 영녕(永寧)에서 유래한다. 대정 7년 다시 순화영이 되었으니 곧 요나라 순화성과 영주, 소주는 모두 서로 가까이 있다. 그래서 소주관 소주를 개명하여 화성현이 되었다. 옛 관 또한 화성으로 개명하였다. 화성이라는 이름과 순화성은 비슷한데 또한 관계가 있다.

29일차
정사일, 신시(新市)로 갔다.

30일차
무오일, 용암(龍岩)에 묵었다.

31일차
기미일, 용암을 떠나니 산 앞 수십 리 북쪽에 큰 산이 끊어지지 않고 이어져 있는데, 몇몇 봉우리는 서 있는 모습이 푸른 병풍과 같아서 뛰어난 모습이 움켜잡을 수 있을 듯하다. 마을 사람들은 마석산이라 부르는데 마석(磨石)이 나기 때문이다. 나는 그 이름이 아름답지 못함을 싫어하여 경수암(競秀巖)이라 고쳐 불렀다. 한스러운 것은 산촌의 백성 중 일 벌이기를 좋아하는 사람이 없으니 어찌 이 말을 만족하는가.

주석15 : 살펴보건대, 위는 모두 순화영(順化營)에서 대령진(大寧鎭)으로 가는 도중의 지명이다.

32일차

경신일, 대령진으로 가는 도중에 산들이 중복하여 여기저기 흩어져 있어서 사람의 종적이 겨우 통하고 있다. 모두 작은 언덕이어서 볼만한 것은 없다. 다시 동쪽으로 사십오 리를 가니 남쪽에 산봉우리가 층층이 거듭하고 푸른 하늘에 솟아 있는데 비가 내리니 모든 길이 흐릿하고 냇물은 나는 샘이 되어 산록을 휘감아 흐른다.

[이하 결문]

주석16 : 『금사』「지리지」에 "개주(蓋州) 수암현(秀巖縣)은 본래 대령진(大寧鎭)이다. 명창 4년 수암현으로 승격하였다."고 되어있다. 동쪽으로 사십오 리를 가면 도중에 파속부로(婆速府路)에 이르게 되는데 곧 지금의 구련성(九連城)으로 압록강 변에 닿게 된다."고 한다. 이 행부지의 '압강(鴨江)'이라는 이름은 순행하여 이른 곳이 금나라 동경로에는 나오지 않는다. 금나라 동경로의 북계는 상경로이고 서쪽으로 북경로에 이르는데 요수를 경계로 하며, 남쪽으로 요동반도에서 끝난다. 동쪽은 합라로(合懶路) 및 고려의 압록강구와 경계를 한다.

『고려사』「유소전(柳韶傳)」에는, "덕종 2년 유소가 북방 경계에 관방을 설치하였는데, 서해 바닷가의 옛 국내성(國內城)의 경계로서 압록강이 바다로 들어가는 곳에서부터 시작하여 동쪽으로 위원(威遠)·흥화(興化)·정주(靜州)·영해(寧海)·영덕(寧德)·영삭(寧朔)·운주(雲州)·안수(安水)·청새(淸塞)·평로(平虜)·영원(寧遠)·정융(定戎)·맹주(孟州)·삭주(朔州) 등의 13개 성(城)을 거쳐 요덕(耀德)·정변(靜邊)·화주(和州) 등의 세 성(城)에 이르렀다."고 하였다.

이것이 소위 고려의 북계 장성이다. 지금의 지리로 살펴보면 대체로 서쪽은 압록강구에서 시작하여 동행하여, 현 조선의 의주, 정주를 지나고 청천강을 북쪽으로 지나서 영원을 지나고 또 동남으로 가서 정평의 동쪽 바다에 도달한다. 이 장성의 경계는 서쪽으로 금나라 동경로를 경계로 하고, 동쪽은 금나라 합라로와 경계를 한다. 그러므로 압록강 하류 바다로 들어가는 곳은 비록 고려와 경계를 하나 압록강 중류는 실제 동경로의 중부를 관통하게 된다. 대체로 압록강 좌안은 현 조선의 함경남도, 평안북도 등지이나 큰 반은 모두 금나라 동경로에 속하였다.[7)]

명창 2년 왕적의 순행이 대체로 동경로를 한계로 하나 또 스스로 "나는 압록강을 순행하는 직무를 받았다."고 하였으니 그러므로 『압강행부지』라고 이름한 것이다.

『압강행부지』 끝.

[7)] 함경남도, 평안북도 등지의 반이 금나라 동경로에 속한다고 주석을 붙이고 있으나 청대의 『성경통지』, 『동북여지석략』, 『긴림통지』 등에서 금나라 해란로(갈라로)의 범위가 '영고탑(흑룡강성 영안시)에서 두만강까지'라고 기술하고 있어서 주석의 내용과 나르고, 일제 관하자들의 견해와 같다. 윤관의 동북9성 위치와도 관계되므로 유의할 필요가 있다.(역자주)

● 압강행부지발(鴨江行部志跋)

　옛 초본 『압강행부지』 1권은 금나라 왕적이 쓴 것으로 이전에 청의 종실 성욱(盛昱)이 개인적으로 인쇄한 것이다.

　살펴보건대 왕적은 『졸헌집』 여섯 권이 있는데 『영락대전집』에 나온 것이다. 이미 모아서 총서 판으로 새겼는데 무전(繆荃)의 손자 우령(藕零)이 수습하여 『요동행부지』 1권을 새겼다. 『영락대전집』에 나온 것이나 『사고전서』에는 실리지 않았다. 그 책은 금나라 명창 원년 2월 병신일에 시작하여 4월 경인일에 이르기까지 무릇 한 달 25일의 일정을 기록한 것이다. 일기체 형식인데 당시 왕적은 제점요동로형옥(提點遼東路刑獄)으로 관할 각 부를 순행 안무하고 그 일을 기록하였으므로 '행부지(行部志)'라고 한 것이다. '행부지'에는 광녕공에 제사를 지낸 것이 실려 있는데 그 제문에 이르기를, "모(某)는 각 부를 두루 살피도록 왕명을 받았으니, 눈 속에 갇히고 홀로 궁하여도 말할 곳도 없으니 원통하다. 남의 물건을 뺏는 좀 벌레를 없애야 한다."고 했으니 그 임무를 가히 알 수 있다.

　이 『압강행부지』는 곧 요동을 둘러보고 안무한 다음 해에 쓰기 시작한 것으로 명창 2년 2월 기축일부터 3월 경신일까지 무릇 한 달의 일정을 기록한 것이다.

　이 두 책은 금나라의 상경·동경·북경 등 세 개의 지리에서 자못 이문(異聞)이 많아서 『금사』 「지리지」를 보정하게 했다. 따로 있는 『요동행부지』 「지리고」와 『압강행부지』 「지리고」는 여기서 덧붙여 기술하지 않는다.

　『행부지(行部志)』는 금나라 원나라 무렵에 각본 된 원호문(元好問)의 『중주집(中州集)』에 「왕적 소전(小傳)」으로 언행이 실려 있다. 그 선인(先人) 계산시에 이르기를, "어린아이 데리고 이 땅에서 유람하니 계산은 홀로 우뚝한데 냇물은 평평히 흐른다. 이제 다시 산을 지나 앞길로 나아가니 산의 색깔은 푸른데 사람은 흰머리로다."고 하였다. 이 시는 이제 『압강행부지』에서 볼 수 있는데 오직 평류(平流)가 동류(東流)로서 조금 다르다. 원씨가 행기라고 부른 것은 곧 『행부지』임을 의심할 바 없다.

『요동행부지』는 『영락대전』에서 나왔는데 『대전』은 필히 송나라 본(本)에서 뽑은 것이다. 이 『압강행부지』는 『대전록』에서 나온 것과 유사하다. 건륭 43년 칙찬한 『만주원류고』는 일찍이 『요동행부지』와 이 책 삼월 병진일 조 "영강에서 순화영으로 가는 도중에서 서남쪽에 두 산을 바라다보니 높고 우뚝하여 해상에 떠 있는 것과 같은데 야로를 방문하니 이르기를, 이곳이 소주관이라 한다."는 것을 인용하였다.[『만주원류고』 권 11]

즉 이 두 책은 일찍이 내부에 들어가서 모두 『대전』에서 나온 것임을 의심할 바 없다. 그러나 총서에 모아져서 새겨지지 않았고, 또한 『사고전서』에 들어가지 못하였다. 사고관 신하가 『졸헌집』 제요 작업시에 당시 왕적의 저술을 또한 다루지 아니하여 이 두 책은 실전된 지 오래이다. 『요동행부지』는 이미 무씨가 간행하였으니 이 책은 세상에 나오지 않은 것이다.

나 또한 그 『중주집』에 전하는 것을 비교해서 간행한다. 왕적의 저서는 『졸헌집』, 『북천록』이 있으나 두 『행부지』는 말하지 않았다. 거의 『행기』를 인용하고 있어서 생략하고 말하지 않았다. 『중주집』 권2, 광숙이 장중모에게 보낸 사삼한시(使三韓詩)의 주(注)에는 염자수(閻子秀)의 『압강행기(鴨江行記)』가 있으나 지금은 전하지 않는다. 이 세 책은 모두 김문조(金門詔)와 노문초(盧文弨)가 보완한 『금사』 「예문지」에 실리지 않았으나 증거를 가지고 다시 보완한다.

『요동행부지』에는 왕적의 시 57수, 문장 3편이 실렸는데 『졸헌집』에는 실리지 않았다. 『압강행부지』에 또한 시 26수와 문장 3편이 있는데 『졸헌집』에는 실리지 않은 것이다. 이에 별도 한 권으로 묶어서 『졸헌집』의 뒤에 붙인다.

민국(民國) 임신(1932년) 일월 삼십일 해염 주희조 씀.

부록 : 『졸헌집』 6권(『영락대전』본)

금나라 왕적이 짓다.
　왕적의 자는 원로(元老)로서 계주(薊州) 옥전(玉田) 사람이다. 천덕 2년 진사가 되어 책력관, 중도로전운사를 지냈다. 시호는 문숙이다. 『금사』에는 전(傳)으로 들어가지 못하였다. 원호문(元好問)의 『중주집(中州集)』에 그 시가 실려 있는데 '을집(乙集)'에 들어있다. 벼슬의 이력 또한 겨우 개략을 볼 수 있는데, 왕적이 시문을 지은 연월 사적을 참고하여 서로 고증할 수 있다.
　왕적이 급제한 뒤 세종 대정 2년(1162년)에 태원의 첫 현령이 되고, 15년 봉명 사신으로 백습(白霫)으로 가서 옥사를 다스리고, 17년 부친의 상을 마치고 돌아와서 다음 해 진정소윤겸하북서로병마도통총관이 되었다. 통주자사겸지군사로 자리를 옮겼다가 또 중도부유수로 옮겼다. 26년 겨울 호부랑을 거쳐 채주 수령으로 나갔다. 29년 명을 받아 제점요동로형옥(提點遼東路刑獄)이 되었다. 장종 명창 초에 소환되어 전운사의 직으로 마쳤다.
　『집(集)』 가운데 대홀(帶笏)을 내려준 데 감사하는 표문에는, 세종이 국신과 연회를 하여 간원의 말을 들었다는 것이 있으니, 즉 또 당연히 간관이 된 것이다. 또 무리의 말을 뒤섞어서 신하들을 멀리하니 깊이를 알 수 없는 말이다. 정미년 사면시(赦免詩)에는 "만 리 소상에 매이니 스스로 새롭다."는 싯구가 있다. 정미는 대정 27년이다. 「세종 본기」에는 이해 삼월 신해일 황제 장손이 방자함을 용서받았다고 되어있는데 집합(集合)을 나란히 보면 이때 왕적이 채주(蔡州)자사로 갔다고 하였으므로 당연히 사람들이 나라를 떠났다고 말한 것이다. 『집(集)』에는 사정이 실려 있지 아니하여 그 전말을 알 수 없다.

『중주집』에는 왕적의 저서가 『졸헌집』, 『북천록』 등의 책이 있다고 하였는데 지금 『북천록』은 전하지 않고 원호문이 가린(選) 왕적의 시는 겨우 일곱 수이고, 또 「요효석전(姚孝錫傳)」의 뒤에 한 수가 붙어 있다. 기타는 실전(失傳)된 지 오래이다. 오직 『영락대전』에 실린 왕적의 시문이 다수 남아 있다. 비록 원호문이 떼어낸 것과 별도로 곽희민(郭熙民)의 시 여러 연(聯)과 장일규(蔣一葵)가 엮은 『전장안객화(鐫長安客話)』에 실린 노식묘시(盧植墓詩)의 뛰어난 시구는 모두 전편(全篇)에 보이지 않는다. 또한 빠지거나 벗어난 것에서 끝까지 면할 수 없다. 각각에서 남아 있는 것은 모두 17수이다.

왕적 시의 경지는 맑음을 새기고 바늘이 드러나며 서로 맞지 아니하여 부딪치는 독창적 기풍이 있다. 고문(古文) 또한 넓고 크며 탁 트이고 후련하다. 대정·명창 연간의 작자로서 탁월하고 부끄러움이 없어서 금조(金朝)의 일대 문사이다. 『중주집』에 보이는 것은 백 수십 가(家)에 모자라지 아니하나 이제 오직 조병문(趙秉文), 왕약허(王若虛)의 몇 가문이 아직까지 전한다.

본래 나머지는 인멸하여 없으나 오직 왕적만이 다행히 묻히고 갉아 먹히었으나 묶여져서 남은 것이 있다가 다시 세상에 드러났다. 문장의 체격 또한 족히 『호남집(滹南集)』과 『부수집(滏水集)』을 서로 겨루어 가듯이 삼가 차례로 모아 정리하고 엮어서 6권으로 하였다. 독자로 하여금 그 경계를 둘러보아 얻음이 있게 하려는 것이다. 남아 있는 금나라 문헌을 살펴보면 이 또한 귀한 보배이다.

(『사고전서』 총목·집부·별집류)

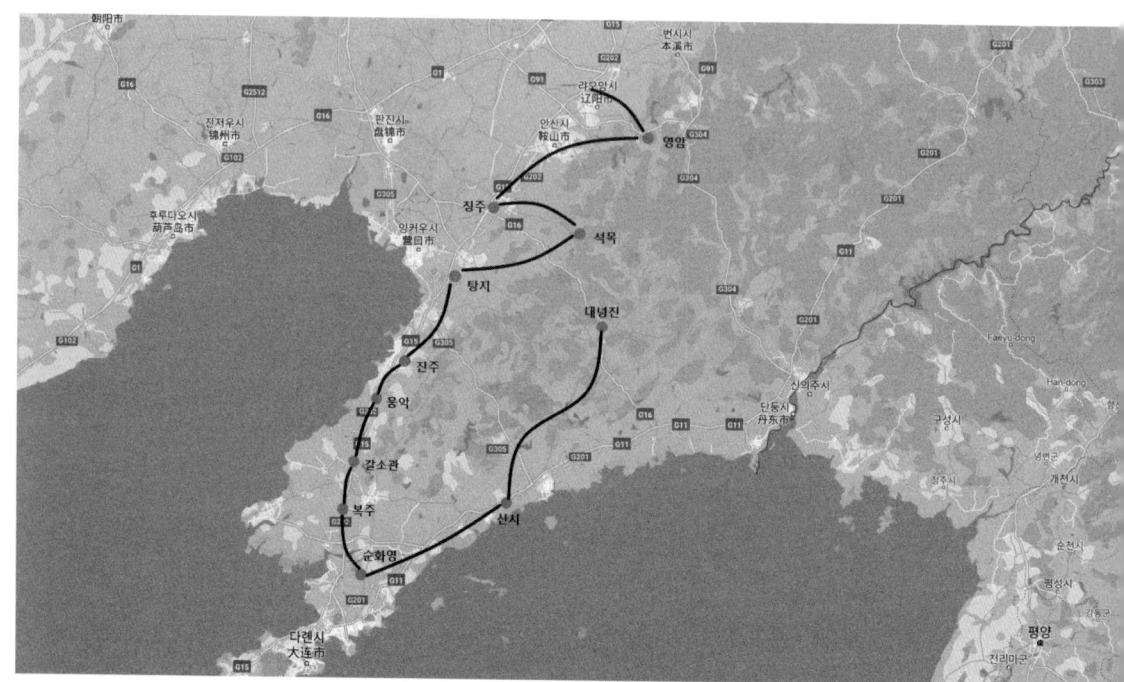

[지도] 『압강행부지』 왕적 행로

鴨江行部志

(金) 王寂 撰
(遼海叢書 本)

● 目　錄

志節本敘

鴨江行部志

跋

● 鴨江行部志節本敘

曩讀滿洲源流考引鴨江行部志知其必與遼東行部志同出於永樂大典以為無好事者為之輯出其亡佚也久矣近始知此書尚有輯本舊藏盛伯熙祭酒家後展轉入海鹽朱氏譬如孔壁遺書尚不隨秦火以俱盡聞之喜可知也第朱氏頗祕惜此書迄未付刊以公諸世人所得見者僅朱氏所撰考證一篇【原名鴨江行部志地理考截入地學雜志第二十年第一期】稱引記文甚簡可見厓略而已考滿洲源流考凡三引此書其一其二皆為湯池縣其三為蘇州關而皆具於是篇蓋原自大典輯出之遼東鴨江兩行部志皆非足本撰源流考時所見亦僅此此其所以可貴也遼東行部志輯本既經江陰繆氏刊行而此書見存於朱氏者實為人間孤本函商借鈔久未得請姑以是篇附刊於遼東行部志後過屠門而大嚼縱不得肉猶勝於無仍望原本早出庶不致終成廣陵散也金毓黻校竟記

● 鴨江行部志節本

　　金　王寂　撰
　　海鹽 朱希祖 考證

1일차

二月己丑僚屬出餞望海門會食於白鶴觀之鶴鳴軒白鶴者蓋取丁令威故事也東南望華表山雲煙出沒顧揖不暇

주석1：按遼東行部志云予以使事出按部封僚吏途別於遼陽瑞鵲門之短亭王寂時提點遼東路刑獄則未出巡時必駐節遼陽遼東行部志之瑞鵲門及鴨江行部志之望海門必皆為遼陽府城門遼史地理志神冊四年葺遼東故城以渤海漢戶建東平郡天顯三年遷東丹國民居之升為南京城名天福八門東曰迎陽

東南曰韶陽南曰龍原西南曰顯德西曰大順西北曰大遼北曰懷遠東北曰安遠宮城在東北隅外城謂之漢城分南北市街西有留守衙門戶部司軍巡院天顯十三年改南京為東京府曰遼陽金史地理志東京路遼陽府其沿革略與遼志同惟稱太宗天會十年改南京路然考大定元年金世宗即位遼陽又稱東京金史完顏福壽傳稱世宗即位於東京是也金志失載金之東京既仍遼之舊則遼陽漢城之巡院即為提點遼東刑獄衙署無疑惟遼代遼陽八門之名金代必有因有革瑞鵲門及望海門不知何門所改金志不載遼陽八門之名故已無可稽考惟此二門之名幸賴此二行部志遺留尚可補金志之缺耳

又按康熙盛京通志華表山在遼陽城東六十里遼史地理志鶴野縣渤海為雞山縣昔丁令威家此去家千年化鶴來歸集於華表柱以味畫表云有鳥有鳥丁令威去家千年今來歸城郭雖是人民非何不學仙塚纍纍

宿於靈巖寺

주석2 : 『金史』「地理志」興定三年以石城縣之靈巖寺為巖州名其倚郭縣曰東安置行省滿洲歷史地理第二卷金之疆域遼陽府條云遼東志遼陽東南八十里有安平之礦山行省碑在焉【二百二葉】金之巖州定為今之安平【二百二葉】然則靈巖寺在今之安平在遼陽東南八十里

2일차
庚寅遊上方

3일차
辛卯復登此山之正觀堂 他年為靈巖一段佳話

4일차
壬辰遊龍泉谷 谷去寺三里而近

주석3：按上方龍泉谷皆在靈巖寺附近正觀堂條云他年為靈巖一段話佳龍泉谷條云谷去寺三里而近可證

5일차
癸巳次澄州

주석4：澄州遼之海州今之海城縣金史地理志天德三年改海州為澄州其治所為臨溟縣

6일차
甲午發明秀亭

주석5：按在澄州

10일차
戊戌宿析木之法雲寺

주석6：金史地理志析木縣遼銅州附郭縣皇統三年屬澄州今名析木城
道出雞山先人雞山詩云記得垂髫此地遊雞山孤立水東流而今重過山前路山色青青人白頭
遼史地理志鶴野縣渤海為雞山縣金仍之則雞山為鶴野縣矣遼東志鶴野縣之遺址在遼陽西八十里

11일차

己亥宿湯池縣護國寺湯池本遼時鐵州以其東有鐵嶺故名之矣隸耀州今神鄉鎮也

주석7 : 湯池縣在今蓋平縣東北七十里地名湯池是也金史地理志蓋州湯池縣遼鐵州湯池縣有鎮一曰神鄉據此則遼之耀州即金之神鄉鎮也遼史地理志耀州隸海州東北至海州二百里
滿州歷史地理第二卷遼之疆域耀州條云耀州今海城縣南大石橋北附近有岳州城一村即古之耀州岳為耀之音轉今之海城與岳州城相去約五十餘里遼史謂耀州之東北二百里有海州與地理不合按遼之耀州金名神鄉鎮遼之海州金名澄州自澄州至湯池不過一日程而神鄉鎮與湯池近遼史謂相去二百里誤也耀州為今之岳州城村其說殆近之

13일차

辛丑次辰州

주석8 : 金史地理志蓋州本高麗蓋葛牟城遼辰州明昌四年罷曷蘇館建辰州遼海軍節度使六年以與陳同音更取蓋葛牟城為名其治所曰建安縣據此金明昌六年以前其地仍遼辰州之名六年以後改為蓋州寂在明昌二年巡行至此尚稱辰州屬曷蘇館路今為蓋平縣

16일차

甲辰次熊岳縣宿興教寺

주석9 : 金史地理志蓋州熊岳縣遼盧州熊岳縣遼屬南女直湯河司遼史地理志熊岳縣西至海一十五里傍有熊岳山按熊岳縣元廢明稱熊岳堡今名熊岳

城在蓋平縣西南六十里

17일차
乙巳次龍門山雲峰院龍門之南有大山焉崇高峻拔諸峰環列皆北面事之連延數十里意謂此必熊岳也然詢及土人無有知者比龍門具體而微其掩抱窈窕則又過之

주석10：康熙盛京通志龍門湯山在蓋平城南一百里

18일차
丙午遊北巖曷蘇館節度使距此不及一舍

주석11：按呂氏春秋不廣篇注軍行三十里為一舍

19일차
丁未次曷蘇館宿府署之公明軒　節度使紇石烈明遠所題

주석12：滿洲歷史地理第二卷金之疆域蓋州條云蓋州其治所為建安縣遼為辰州【今之蓋平縣】金代曾為曷蘇館路治所【二百三葉】又曷蘇館路條云曷蘇館路治所今之蓋平縣【一百八十六葉】又云今之遼陽府鶴野縣長宜鎮有曷蘇館然此為小地名與曷蘇館路有別【一百八十七葉】又云金史地理志曷蘇館路既列入上京路又列入東京路蓋辰州本為曷蘇館明昌四年置故曷蘇館路在四年以前殆屬於上京路四年以後改名辰州乃編入東京路然而曷蘇館東方鴨綠江邊之婆速路始終屬於東京路以彼視此則曷蘇館路何獨飛離東京路而屬上京路此於地理甚不可解今亦不能得適當之說明矣【一百八十八葉】

案滿洲歷史地理以蓋州明昌六年以前名辰州為曷蘇館路治所此一誤也曷蘇館路在明昌四年以前屬上京路四年以後改名辰州乃編入東京路此二誤也觀鴨江行部志則曷蘇館路治所在熊岳縣龍門山北巖附近三十里熊岳在蓋平南六十里龍門又在熊岳南四十里曷蘇館署又在龍門北巖南或西南三十里觀王寂行程自可推測而知蓋寂所次曷蘇館府署之公明軒其軒名即金曷蘇館節度使紇石烈明遠所題見鴨江行部志本條及上文遊北巖條然則曷蘇館路治所在熊岳縣龍門山北巖附近三十里離今之蓋平即金之辰州後改蓋州者百數十里此可以證明其誤者也王寂至曷蘇館節度使府署在明昌二年則明昌四年以前東京路確有曷蘇館路考金史地理志上京路篇曷蘇館路置節度使天會七年徙治寧州嘗置都統司明昌四年廢注云有化成關國言曰曷撒罕酉又考金史太宗本紀天會七年十一月庚戌徙曷蘇館都統司治寧州又地理志東京路篇蓋州遼名辰州明昌四年罷曷蘇館建辰州遼海軍節度使據各節觀之曷蘇館節度使下嘗設都統司【此官不見於金史百官志】

蓋初與節度使同治所天會七年都統司徙治寧州有化成關明昌四年改曷蘇館節度使為辰州遼海軍節度使同時並廢曷蘇館都統司惟寧州之名不見於金史地理志而遼史地理志上京道【臨潢府在今西喇木倫河北波羅城為金之北京】有寧州在上京東北三百五十里今扎嚕特旗東邊作金史地理志者誤以遼上京之寧州為金上京之寧州遂將曷蘇館路重出於上京路此事實之顯而易見者也不知遼之東京道亦有寧州遼史地理志東京道寧州在順化城下兵事皆隸東京統軍司寧州有化成關則寧州必在遼之蘇州附近金史地理志復州化成縣遼蘇州皇統三年降為縣來屬貞祐四年五月陞為金州【今亦名金州】

鴨江行部志三月丙辰條訪諸野老云此蘇州關也遼之蘇州今改為化成縣關禁設自有遼以其南來舟楫非出此途不能登岸然則地理志所謂化成關即遼之蘇州關此可證寧州與蘇州實相近而同隸於東京道也不然若為上京之寧州則金之上京路實無寧州遼上京道之寧州亦不在金上京路內金史地理志既誤以寧州在金上京路遂重列曷蘇館路於上京路而滿洲歷史地埋又曲解為明昌四年

以前曷蘇館路屬上京路四年以後改名辰州乃編入東京路此其誤又可以此書及遼志證明之矣

24일차
三月壬子行復州道中是夕宿于復之寶嚴寺

주석13：復州即今之復州其治所在永康縣

28일차
丙子自永康次順化營中途望西南兩山巍然浮于海上訪諸野老云此蘇州關也遼之蘇州今改為化成縣關禁設自有遼以其南來舟楫非出此途不能登岸相傳隋唐之伐高麗兵糧戰艦亦自此來南去百里有山曰鐵山常屯甲士七千人以防海路每夕平安火報自此始焉西南水行五百餘里有山曰紅娘子島島上夜聞鷄犬之聲乃登萊沿海之居民也

주석14：金史地理志復州永康縣倚舊名永寧大定七年更順化營即遼之順化城與寧州蘇州皆相近故可望蘇州關蘇州改為化成縣故關亦改名化成而化成之名與順化城似亦有關係

29일차
丁巳次新市

30일차
戊午宿龍巖

31일차

己未發龍巖山前數十里北望大山連延不絕數峰側立狀如翠屏秀色可掬里人謂之磨石山以出磨石故也予惡其名不佳欲改之曰競秀巖所恨山民無好事者何足與語此哉

주석15：按以上皆自順化營赴大寧鎮途中地名

32일차

庚申赴大寧鎮中路亂山重複人跡僅通然皆培塿無可觀者又東行四五十里南望層巒疊嶂空翠溟濛百道飛泉環流山麓【下缺】

주석16：金史地理志蓋州秀巖縣本大寧鎮明昌四年陞今為岫巖縣又東行四五十里尚在途中蓋將赴婆速府路即今之九連城已抵鴨綠江邊矣
此志所以名鴨江者以巡行所至不出金之東京一路金之東京路北界上京路西至北京路以遼水為界南盡遼東半島東則與合懶路及高麗之鴨綠江口為界高麗史柳韶傳德宗二年詔始置北境關防起自西海濱古國內城界鴨江入海處東跨威遠興化靜州寧海寧德朔雲安水清塞平虜寧遠定戎孟州朔州等十三城抵耀德靜邊和州等三城此所謂高麗北境之長城也以今地理按之蓋西起鴨綠江口東行今朝鮮之宜川定州北越清川江經寧遠又東南行於定平之東達於海此長城之境界西與金東京路為界東與金合懶路為界故鴨綠江下流入海之處雖與高麗為界而鴨綠江中流實貫乎東京路之中部蓋鴨綠江左岸今朝鮮之咸鏡南道平安北道等地大半皆屬於金之東京路也明昌二年寂之巡行蓋以東京一路為限且自言予以職事有鴨綠江之行故以鴨江行部名焉

鴨江行部志終

● 鴨江行部志跋

　　舊鈔本鴨江行部志一卷金王寂撰前有清宗室盛昱私印按寂有拙軒集六卷由永樂大典輯出已刻於聚珍版叢書繆荃孫藕零拾又刻其遼東行部志一卷從永樂大典輯出然不載入四庫全書其書作於金明昌元年起二月丙申訖四月庚寅凡一月又二十五日為日記體時寂提點遼東路刑獄巡按各部記其所事故日行部志志載其祭廣寧公文云某祇服王命周按部封雪孤窮無告之冤去乾沒橫行之蠹可以見其職掌矣此鴨江行部志即巡按遼東次年所作起明昌二年二月己丑訖三月庚申凡一月有二日此二書於金上京東京北京三路地理頗多異聞可以補正金史地理志余別有遼東行部志地理考及鴨江行部志地理考此不贅述行部志在金元之際似有刻本元好問中州集王寂小傳言行記載其先人雞山詩云記得垂髫此地遊雞山孤立水平流而今重過山前路山色青青人白頭此詩今見鴨江行部志惟平流東流稍異元氏所稱行記即行部志無疑遼東行部志出於永樂大典而大典必鈔自宋本此鴨江行部志似亦由大典錄出乾隆四十三年敕撰滿洲源流考曾引遼東行部志及此書三月丙辰條自永康次順化營中途望西南兩山巍然浮於海上訪諸野老云此蘇州關也等句【滿洲源流考卷十一】則此二書曾入內府而皆出於大典無疑然不刻於聚珍版叢書亦不收入四庫全書四庫館臣為拙軒集提要時臚陳寂之著述亦未嘗齒及則此二書失傳久矣今遼東行部志已由繆氏刊行此書則尚未行世余亦擬付刊以廣其傳中州集言寂所著書有拙軒集北遷錄而不言二行部志殆既引其行記故略而不言耳中州集卷二王寂送張仲謀使三韓詩注有閻子秀鴨江行記今已不傳此三書皆金門詔盧文弨補金史藝文志所不載可據以再補者也遼東行部志有寂詩五十七首文三首為拙軒集所不載而鴨江行部志亦有詩二十六首文三首不載於拙軒集可以錄出別為一卷附於拙軒集之後民國壬申一月三十日海鹽朱希祖記

附錄：拙軒集六卷（永樂大典本）

　　金王寂撰寂字元老薊州玉田人登天德二年進士歷官中都路轉運使諡文肅金史不爲立傳元好問中州集載其詩入乙集中而仕履亦僅見梗概今以寂詩文所著年月事蹟叅互考証知寂自登第後於世宗大定二年爲太原初縣令十五年嘗奉使徃白霤治獄十七年以父艱歸明年起復眞定少尹兼河北西路兵馬副都總管遷通州刺史兼知軍事又遷中都副留守二十六年冬由戶部郎出守蔡州二十九年被命提點遼東路刑獄章宗明昌初召還終於轉運使之職而集中謝帶笏表有世宗享國臣得與諫員語則又嘗爲諫官又有羣言交搆擠臣不測之淵語而丁未肆眚詩有萬里湘纍得自新句丁未爲大定二十七年世宗本紀載是年三月辛亥以皇長孫受冊肆赦並與集合是寂之刺蔡州當以人言去國而集中情事不具其顚末莫能詳也

中州集稱寂著有拙軒集北遷錄諸書今北遷錄已失傳而好問所選寂詩僅七首又附見姚孝錫傳後一首其他亦久佚不見惟永樂大典所載寂詩文尚多雖如好問所摘留別郭熙民詩諸聯及蔣一葵長安客話所紀盧植墓詩逸句皆未見全篇亦不能盡免於脫闕而各體具存可以得其什七矣寂詩境清刻鐫露有戞戞獨造之風古文亦博大疏暢在大定明昌間卓然不愧爲作者金朝一代文士見於中州集者不下百數十家今惟趙秉文王若虛數家尚有傳本餘多湮没無存獨寂是編幸於沈埋晦蝕之餘復顯於世而文章體格亦足與滹南滏水相爲抗行謹次第裒綴釐爲六卷俾讀者攬其崖畧猶得以考見金源文獻之遺是亦可爲寶貴矣（四庫全書總目·集部·別集類）

인하대 고조선연구소 연구총서 ❻
13세기 만주고찰을 위하여